【知行文丛】

群星的足迹

——创新育人中的北航

□北航文化与艺术传播研究院／编

北京航空航天大学出版社

《知行文丛》出版前言

为纪念北航建校60周年，我们策划编辑了这套《知行文丛》（第一辑，共4册），以期从不同角度，辑录这所新中国创建的巍巍学府弦歌不辍、薪火传承的历史片段，辑录北航人对母校深厚的情怀、阐释与理解以及对未来发展的构想，辑录那些年、那些人、那些事——那些不经意间铭刻于岁月发梢的生动记忆。

“知行”二字，取自50周年校庆之际确定的校训“德才兼备、知行合一”。从先秦到当代，人们对知与行的关系，有诸多深刻的辨识。明代思想家王阳明认为：“知是行的主意，行是知的功夫；知是行之始，行是知之成。只说一个知，已自有行在；只说一个行，已自有知在”，他首次提出“知行合一”说，既主张“知中有行，行中有知”，又强调“以知为行，知决定行”。纵观北航的发展变迁，一代代北航学人求真治学、教书育人，勤奋踏实、勇于创新，在辛勤耕耘中求达知行合一、进取无止境的境界。可以说，北航的校训，一方面吸纳了中国传统哲学思想的文化精髓，另一方面也是北航人敢为人先、报效国家的精神寄寓与生动写照。

一所大学的历史文脉，总是同每一名师生个体的发展紧紧交织在一起的。大学因为大学人的存在，才具有生命的气息；大学因为大学人的理想追求，才彰显出科学精神、人文精神和时代价值。

《精神的见证——薪火传承中的北航》一书分为上、下两篇，其中“甲子自述”，系我们在迎接学校60周年华诞之际，约请部分70岁以上的建校元勋、大师学者撰写或口述的北航情结，这部分文章按作者的出生年月先后排序；“岁月抒怀”，则收录了北航人撰写的关于建校初期重要人物、重要事件的回忆或考证文章，细节的探究中浸着岁月的沧桑，朴质的文风中透着深深的感念。无论是前辈们的自述文字，还是讲述建校伊始的北航故事，无疑都是薪火传承中北航精神的最好注解与见证。

《群星的足迹——创新育人中的北航》一书，以创新和育人为主线，辑录了新世纪以来，我们曾重点报道过的师生中涌现出的部分典型事迹。上篇“治学楷模、为人师表”，反映的是当代北航教师中优秀代表的品德与学识、智慧与创造，他们在教学和科研工作中追求卓越、引领风尚的勇气，他们日复一日在教书育人过程中爱岗敬业、无私奉献的足迹与信念。下篇“莘莘学子、成才表率”，选取了近几年在校学子中求学、修身、成才的典型代表，他们是在北航校园里绚烂初开的花朵，他们注定将带着科学与人文的芬芳，在未来服务国家和社会发展的人生旅途中，散发出北航独有的精神气韵，成为国家的栋梁和母校的骄傲。

一所大学的长远发展，总是同科学的战略指针及行动规划密切关联的。大学因为秉持传承、开放、超越的观念，才不断焕发出新的生机；大学因为大学人的不停思考与自我反省、在变革中不停步、迈大步，才会离未来的目标越来越近。

《思想的魅力——战略视野中的北航》一书即着眼于这样的视角，描绘的是学校领导及各学院领导对未来发展的战略构想与总体思路。全书以北航第 15 次党代会报告作为开篇，因为该报告以构划“建设空天信融合特色的世界一流大学”的宏伟蓝图，在学校发展史上留下了里程碑式的印记，是北航人开始新世纪二次创业的战略指针。社会媒体对学校现任书记、校长的专访，基于继承和创新的主线，既总结了近几年的主要成绩，也明确了学校今后的发展方向、对工作的整体要求和部署。对全校 28 个学院级单位负责人的访谈，则选自一年前《北航校报》策划开设的“聚焦‘十二五’”栏目，充分反映了各学院为实现学校远景目标、贯彻落实“十二五”战略发展规划的深入思考与行动举措，可谓一部运筹帷幄、谋篇布局、跨越前行的思想交锋。

《时代的聚焦——媒体视线中的北航》一书，摘编了新世纪以来，社会新闻媒体对北航重大活动、重要事件、典型人物以及特色和亮点的报道，分为综合发展篇、人才培养篇、科技创新篇、社会服务篇、文化传承篇。近十年的新闻宣传，基于学校的跨越发展和核心竞争力的实质性跃升，可谓亮点频出、精彩不断，每年都有数百、近千篇次外宣报道，做到了“月月有新闻、专题有深度”。从社会舆论的视角看待北航的建设和发展，作为一种客观的时代聚焦与成果展示，同时也具有回顾总结、凝聚氛围、继承发展的文本价值。

需要说明的是，囿于编辑时间、篇幅的限制和编者目力、能力所限，第一辑《知行文丛》所含的上述四本书，并不是一套全面涵盖北航历史和发展的系统丛书。各书在选择文章时疏漏和偏颇之处在所难免，更有许多精彩的人物和事件、论述与篇章此次并未能收入，尚祈望读者批评指正。

或许，《知行文丛》（第一辑）的问世，只是北航精神和文脉传承研究过程中的良好开端。我们希望以此为基点，继续挖掘母校的精神财富，透过今后《知行文丛》的不断推出，让更多的读者从阅读中诠释蕴含在字里行间的大学精神的力量。这或许也是我们纪念校庆的一种特别方式，是我们传承薪火、展望未来的文化意义所在。

编　者

2012 年 8 月

目录

Contents

下篇：莘莘学子 成才表率

上篇：治学楷模　为人师表

你是这样的人

——记可靠性工程专家、北京航空航天大学杨为民教授

□ 黄敏 蔡劲松 郑彦良

杨为民教授

一个大学教授，一个谜。

有的人不相信他的真实存在，有的人无法接受他的离去；有的人认为他高不可攀，有的人觉得他像父亲一样亲和……

北京航空航天大学杨为民教授溘然长逝的消息像一股龙卷风，将许多人感情的潮水旋成一线喷涌的水柱，弥漫在大脑和双眼。

2002 年 1 月 30 日凌晨，全国可靠性工程专业的奠基人和开拓者杨为民乘风而去，留下了他对未竟事业的无限眷恋。损失，不但在熟悉他的人的感情上，不但在北航，而且在全国武器装备系统，在全国可靠性工程的研究应用之中。

"英雄就是这个爷爷……"

"他是一个将科学、技术、工程、管理与人品综合于一体的非常特殊的知识分子。"

"在事业和人生的道路上，杨老师是我的引路人；在感情上，他就像我的亲人"

航空集团公司的一位老总听到噩耗时正在大洋的彼岸，电话还未放下就已泣不成声；

国防科工委副主任栾恩杰填词痛悼杨为民，悲叹"天意何公之有"；

一座2米高的大花篮缀满美丽的白菊，带来了李鹏委员长的深情问候；

数十位部长、将军带队出席追悼会，全国各地的军工单位纷纷来人悼念；

两根长长的绳线挂在灵堂的外面，随风飘摆着各种各样的纪念文字；

一个杨为民的网上纪念馆已经办成了名牌栏目，2个月6000人访问，400人下帖子、点歌送花。

………

2002年2月5日，北京八宝山公墓第一告别室。上千人的追悼会，哀乐沉沉泪眼婆娑。

北航教师退掉全家旅游的飞机票来了；

工程系统工程系的博士生退掉回家度假的火车票来了；

协和医院的护士捧着洁白的百合花来了；

北航的司机们身着黑西服排着整齐的队伍来了……

亲密的友人肝肠寸断，数面之交的人也难以割舍。杨为民教授到底是一个什么样的人？

2001年12月2日晚，胰腺癌晚期的杨为民给北航工程系统工程系副主任康锐打来电话，了解“十五”预研综合论证中可靠性学科的情况，阐述“十五”预研可靠性项目的发展重点等。

康锐一直站着听杨为民的电话，与他交流讨论。康锐心里明白，电话的那边是一个正在与胰腺癌顽强搏斗的令人尊敬的师长。

放下电话后，康锐发现已经严重腹水、每天全靠3升营养液维持的杨为民竟与自己说了40多分钟。

6岁的女儿问他：“是谁打来这么长时间的电话？”康锐说：“是一个生病的爷爷。”孩子奇怪：“生病了怎么说话还这么大声？”康锐脱口而出：“因为爷爷是个英雄。”孩子又问：“什么是英雄？”康锐的泪水已经涌上来，他说：“英雄就是这个爷爷……”

杨为民铜像在北航落成

在康锐的脑海里，英雄活生生地就在身边。

杨为民教授是北航工程系统工程系的主任，北航可靠性工程研究所的所长，同时还有总装备部、国防科工委、中国航空学会、中国质量管理学会等十来个组长、主任的兼职。

他是国家有突出贡献的科技专家、航空工业总公司航空金质奖章的得主、全国五一劳动奖章获得者、全国先进工作者、全国优秀科技工作者、北京市优秀共产党员十杰之一、北京市劳动模范、中共十四大、十五大代表，曾两次荣立我军一等功。

原航空工业总公司总经理朱育理说："杨为民是我国可靠性工程学科建设的奠基人、开拓者，他在事业上倾注了全部的心血。"

空军科技部副部长李帆说："在杨为民的带动下，我国整个武器装备的水平提升了一个台阶。他是一个将科学、技术、工程、管理与人品综合于一体的非常特殊的知识分子。"

杨为民领导的北航工程系统工程系的青年教师姜同敏说："对于杨老师的离去，我至今还难以接受。他才 67 岁啊！坐在电脑前，一想起他就忍不住落泪，夫人和孩子默默地看着我一同伤心。在事业和人生的道路上，杨老师是我的引路人；在感情上，他就像我的亲人。"

与杨为民一起奋斗了几十年的老同事石荣德说："老杨是燃烧自己生命的人，他是累死的。"

杨为民的学生在网上留言："仔细读完讣告，最大的感觉竟是语言的贫乏。我们不知道用什么样的词汇来充分描述杨老师这个整体的人。报纸杂志上的很多词语，在别人身上已经用过了，我们总觉得有水分，不足以用在杨老师的身上。说句实在话，如果说杨老师不是生活在我们身边，很难相信在这样的社会里还会有这样的人。"

有一天中午，采访完杨为民身边的几位教师已经将近一点了，我们下楼走出了教学区，工程系统工程系曾声奎教授又骑着自行车追了过来，他说："刚才我想到了一个词——纯粹，毛主席写张思德是个纯粹的人，我觉得杨老师就是一个纯粹的人。"

那么，杨为民走过了一条怎样的人生道路，让人有这样的评价、这样的怀念？

学子缅怀杨为民教授

“国家的需要就是我们的研究方向！”

“个人的兴趣应服从大局的需要，我还是提倡干一行，爱一行”

20 世纪 50 年代初，杨为民在哈尔滨军事工程学院和北京航空学院火箭系学习，1958 年毕业后留校工作。

留校以后，杨为民下过干校。屠庆慈教授回忆说，杨为民干什么事情都要干得最好。那时他们在郊区的农场，杨为民担任了炊事班班长，屠是副班长。杨为民炒的菜、蒸的馒头至今仍让人回味。他还琢磨温度、酵量、发酵时间等的关系，画了一张表，贴在墙上供其他同志对照使用。杨为民无师自通，杀猪一刀准，并经常自己开着拖拉机去买菜。

60 年代末，西方大国搞霸权主义，其高空无人驾驶飞机不断侵犯我国领空。毛泽东主席指示：“国外有的我们要有，国外没有的我们也要有”。周恩来总理说：“一定要把中国的航空事业搞上去”。

为增强我国空军的实力，实现党和国家的期望，原国防科工委向北航下达了研制我国自己的高空高速无人驾驶照相侦察飞机的任务。

这项重大的无人机研制任务动员了北航的上千名师生。1968 年，33 岁的杨为民受命担任了无人机的总设计师兼总体研究室主任。他运筹帷幄，指挥若定，带领大家奋斗了近 10 个年头。从测绘、设计到生产、试验直至总装、试飞，他们克服了重重困难，解决了大量的技术难题。虽然正处于“文革”期间，杨为民和师生们顶住压力，没有虚度青春。

那时的人哪里需要哪里干起来，都是多面手，杨为民也跟大家一样属于“八大员”，即设计、描图、材料、工艺、检验、试验、试飞、外协等工作样样都干。杨为民 1 米 8 的个头，穿一件飞行员的皮夹克，头戴无线通话设备，轮廓分明的脸上沉着而刚毅，在指挥塔上发布命令并亲自操作，他的身影在许多人的脑海里至今仍历历在目。

与杨为民共事了 30 多年的老同事翟光明教授仍清楚地记得，

1977年，杨为民在机场指挥无人机试飞，看见用来装吊发动机的手摇吊车似乎太陈旧，他们俩就一块儿去检查、试用。果然吊车的摇把失灵，飞旋之中掀起了杨为民脸上的一大块皮肉，缝了40多针。炎炎夏日里，杨为民在机场硬撑了40多天，顾不上化脓的伤口与持续的低烧，结果脸上留下了永久的疤痕。

1980年，高空无人机研制成功并通过了设计定型，该机能在1.8～2万米的高空拍摄地面的清晰图像，使作战效益大大提高，经受了实战的检验。该机的研制成功填补了国内空白，获得了国家科技进步二等奖，并装备了我国空军第一支无人机部队。该项成果已被镌刻在中华世纪坛青铜甬道上，成为中华民族绵延不绝辉煌历史的写照。

80年代初，我国实行改革开放政策，国内外形势发生变化，北航无人机研究所也面临着新的发展方向的选择。是“等、靠、要”，还是自己开创新的事业？是做“短、平、快”的小项目，还是攻克国家航空事业发展最迫切需要解决的难题？

终于有一天，杨为民把大家召集到一起，带领同志们下工厂、访部队、走三线，通过调研瞄准了我国航空工业系统工程的研究，进而发现了我国高新技术产品研制亟需的可靠性工程这个空白领域。一个快50岁的人抛开轻车熟路的专业，改行去搞新兴的边缘学科？好心人劝他别冒那个险，可杨为民有自己的战略眼光。如果一架飞机飞得高、飞得远，作战性能也不错，但是总有这样那样的问题不能起飞或者寿命很短，这架飞机的作用就得大打折扣了。80年代初，我国空军就处于这种状况，飞机“趴窝”率50%左右，严重影响了我军的战斗力。杨为民因此意识到了可靠性工程的紧迫性和巨大的发展空间，不光是飞机，海、陆、空、天都得有可靠性的保证，才能使产品在规定的条件下和规定的时间内完成规定的功能。

杨为民教授介绍研究成果

我国早在20世纪60年代就已引入国外可靠性工程的理论，但发展缓慢，尚未进入工程领域。“国家的需要就是我们的研究方向！”

杨为民斩钉截铁的话掷地有声，他充满信心要开垦这块处女地，大家也服气。

当时，系里的年轻人曾经跟杨为民探讨过兴趣与工作的关系，说："工作要有激情，当然得爱一行，干一行。选自己喜欢的事做，多爽啊。要是兴趣转移了，不妨改行、跳槽。"杨为民意味深长地说："个人的选择应该与祖国的需要相结合，这才能成大事。在国防战线上，个人的兴趣应服从大局的需要，我还是提倡干一行、爱一行。"

对于祖国急需的事业、自己精心选定的方向，杨为民一直激荡着饱满的热情。

80年代初，可靠性工程这项崭新的事业在北航从零起步，理论学习和实践应用是双拐。他们首先学习可靠性的理论，互相讲课，补充讲义。杨为民早就先行一步，他给大家划分领域，作技术指导，并身先士卒带头试讲。

对飞行服进行定寿延寿工作是他们开展的第一个可靠性工程科研项目。过去飞行员抗荷服的使用寿命为2年，更新快、浪费大，库房的衣服重重叠叠堆积。从1983年到1986年间，杨为民和屠庆慈、贺国芳等同事一起，多次到部队和湖北襄樊的生产厂家，同工程技术人员一起搜集和分析数据，做了大量的调研和试验工作。

贺国芳教授回忆说，那几年，他们经常在火车上进行方案论证和计算，最终成功地把医学上的残存比例法理论借鉴过来，用随机残存比例法解决了这一难题，使抗荷服的寿命从2年提高到5年。

1986年，该项目获得了部级科技进步奖，这也是航空领域的第一个攻克定寿延寿问题的实例。

杨为民在可靠性工程领域展开的第一次重大战役是对运7飞机的定寿延寿。

20世纪70年代，我国就自行研制了客机运7，并进行了小批量生产，由于缺少可靠性工程研究，生产厂规定运7飞机机载设备的寿命仅300～500飞行小时，而国外同类飞机的机载设备寿命为5 000飞行小时。为了扶持民族航空工业，每架飞机国家都要给予不菲的补贴，按当时的价格，国产运 7 飞机出厂要带 33 万元的备件。但是，一到“寿限”飞机就得全面拆卸、检修和更换机载设备。因此，民航部门不愿用运 7 飞机，宁愿花宝贵的外汇进口外国飞机。

杨为民的心在隐隐作痛。

面对民族航空工业遇到的困难，邓小平同志在中央政治局会议上提出了“国内航线上的飞机要考虑自己制造”的要求，这也使杨为民和他的同事们下定了决心，积极投身到运 7 飞机的寿命研究中。

一个大学的老师，搞搞科研、搞搞教学，本在情理之中。杨为民却带着他的研究集体走出象牙塔，确定了“面向工程，结合实际”的研究路线，并不断提醒大家：我们的任务不只是理论研究，而是解决工程实际问题。

杨为民从此将毕生的心血投在了可靠性工程之中，无怨无悔。

他的女儿说：“爸爸是个快乐的人。他以贡献为快乐，以对国家、对民族做出了有益的事情为快乐。”

为解决运 7 飞机中数百个机载产品的寿命问题，杨为民组织科研人员和部内几十个厂家合作，分别了解各个产品的内外场故障信息，分析故障模式及原因，研究解决途径，指导各单位进行了长期的寿命试验。经过近 5 年的努力，终于使运 7 飞机机载设备的首次翻修期限由原来的 300 ~ 500 飞行小时延长到 2500 ~ 5000 飞行小时，达到了国外同类飞机的水平。

运 7 飞机定延寿的成功，提高了国产飞机在国民心目中的地位，使之成为我国航空港内最大的国产机群。据统计，仅机载设备延寿一项，“七五”期间就为国家节省经费超过两亿元！

杨为民善于总结经验加以推广。“运 7 机载设备的定寿延寿技术”成果相继在其他十多个民用、军用机种中得到应用和发展，为提高我国军用、民用航空装备的寿命和可靠性做出了重大贡献，获得部级科技进步一等奖。

李鹏总理与杨为民教授（左）在中国共产党第十五次全国代表大会上交谈

1991 年 3 月，李鹏总理在中南海接见了参加中国民航总局和原航空航天工业部召开的“运 7 飞机安全飞行双十五万”表彰大会的全体代表，北航可靠性工程研究所在这次表彰会上荣获先进集体，杨为民等十几人荣获先进个人称号。

“在国防系统，杨老师把北航的一个系办得
甚至比北航更有知名度。”
“我们是‘怪物’，小系大中心。
这种特殊的中心在世界上也是独一无二的。”
“他没有攻不下来的山头”

杨为民教授将我国可靠性工程从萌芽状态推向了山花烂漫。

他所提出的可靠性系统工程理论与方法在航天、舰船、兵器等国防科技工业领域同样得到了广泛的应用，有力地推动了我国武器装备可靠性事业的深入发展。

飞机、导弹、火箭、飞船、卫星、核潜艇、坦克……杨为民用心哺育过的装备全都听见过他铿锵有力的豪爽之声，全都见证过他孜孜以求的探索足迹。他参与了几乎所有武器装备新型号的可靠性工作，许多重大的海陆空事故都请他分析判断原因。

在国防系统，他是声名赫赫、一言九鼎的专家。从 1993 年起，他担任了航空工业总公司（后改为航空第一、第二集团公司）可靠性工程技术和管理中心主任；从 1996 年起，他担任了原国防科工委武器装备可靠性工程技术中心主任；2000 年起担任总装备部武器装备可靠性工程技术中心主任和国防科技工业可靠性工程技术研究中心主任。同时，他还兼任总装备部、国防科工委科技委委员、总装备部可靠性技术专业组组长、国防科工委质量与可靠性专家组组长、中国航空学会可靠性专业委员会主任、中国质量管理协会常务理事兼学术教育工作委员会主任、国防科工委可靠性标准化技术委员会主任、国防科技军用产品质量保证体系认证委员会委员等职。

杨为民（右三）和北航研究生 SY403 班毕业生合影

但是，在北航，他只是一个系的系主任，而且是一个规模不大的系。

干工作关键在人。为了促进人才的培养，1985 年，北航工程系统工程系应运而生，成立之时是全国独一无二的系。尽管系统工程一度很热门，但真正在大学里培养工程系统工程人才的建制却是杨为民的首创。

该系坚持走产学研相结合的发展道路，从开始的50多名教师、30多个本科学生已发展为现在的上百名教学科研人员，上百名本科生，67名硕士、博士生，建成了国内最大的一支可靠性工程研究队伍。这里至今仍是全国唯一的一个系统培养可靠性工程人才的基地。

空军装备部的一位负责人说："在国防系统，杨老师把北航的一个系办得甚至比北航更有知名度。"这个知名度和权威性显见于几个一体的"可靠性中心"上。杨为民曾经开玩笑说："我们是'怪物'，小系大中心。这种特殊的中心在世界上也是独一无二的。"

关于中心的设立，当初竞争也很激烈。涉及到的国防系统的几个领导当时还颇有一番"肥水流了外人田"的压力。原国防科工委的同志说："我们自己也有搞可靠性工程的，都穿着绿军装，为什么选个穿'蓝褂子'的？"航空部也有同志说："我们的信息、质量研究所照样做可靠性，可靠性中心干嘛选个北航的人？"

鉴于北航与工程型号长期结合的实践经验，管理完备，专业配置齐全，综合实力强，也应该说考虑到了杨为民的主动工作与奉献精神、组织能力与人格魅力，北航在竞争中占据了优势。这些可靠性技术中心下设元器件部、环境工程部、信息工程部、可靠性系统工程部、中心办和机关等，协调合作，善打硬仗。

当初刚刚跨入可靠性工程领域，杨为民也曾经为了见某个厂所的领导而苦等好几个小时，中午到小饭馆吃碗面条接着等。好朋友劝他："你稳稳当当讲课做学问有什么不好？搞什么工程？何苦来？"可杨为民只有一个心愿："一定要把我国的可靠性事业搞上去！"

20世纪80年代中期，部队的武器装备特别是军用飞机，可靠性、维修性较差，故障多，寿命短，机毁人亡的事故时有发生。对此，部队领导也很着急，而我国连可靠性的指标都没有，使用方对承制方说不出个一、二、三，提不出可靠性的要求，更别说检查考核了。

杨为民便出面出钱，将使用方、承制方和从事可靠性工程研究的同仁们首次召集到一起，在青岛开起了研讨会，介绍了国外的研究与应用状况，大家共同探讨我国武器装备的可靠性标准。

甲乙方自然都有各自的利益与考虑，使用方希望指标控制得越细越好，承制方要求内部掌握的余地越大越好。

当时北航属于航空部，是研制方的一员。但杨为民心中只有国家利益这一杆秤，他以自己公正无私的人品和学术上的精深造诣，总结出了可靠性指标，并合理地对生产与验收环节有争议的可靠性指标作了判断和区分。

经过不断努力，总装备部和国防科工委系统都下发了红头文件，规定新立项的武器装备均应有可靠性参数与指标要求。从此，可靠性工作有了制度的保证，从设计开始，可靠性就要贯穿始终。可以说，对于我国武器装备可靠性参数与指标的国家军用标准的制定，杨为民立了首功。

可靠性工程在我国起步较晚，经费也有限，经过杨为民等同志的多年努力，开辟了可靠性共性技术预研新领域，到"十五"预研时，已经成为一个"可靠性共性技术预先研究"的专项，包括几十个小的专题。

杨为民所在的工程系统工程系和可靠性中心与国家的可靠性工程事业同步发展，不断创新。

他们已经将产品的可靠性发展为五性，即可靠性、维修性、测试性、安全性、保障性。

为了科学严谨地做好可靠性试验，杨为民带领一班人建起了集机械、电子、计算机、控制于一体的高新技术密集型复杂系统"温度、湿度、振动、低气压"四综合实验室、失效分析实验室、软件可靠性实验室。其中四综合实验室耗资 4000 万元，用以试验各产品在不同温度、湿度、振动以及低气压或真空环境下的工作状况。

这些国内一流水平的实验室，在国防和国民经济主战场发挥着不可替代的作用。除了海、陆、空、天的武器装备，现在许多民用产品，包括天安门广场的升旗杆，也来这里做试验。

2000 年 9 月至年底，杨为民带着中心的一批精兵强将，协助国防科工委进行了重点型号诸项目的质量与可靠性检查，通过全面的调查，总结了取得的成绩和存在的问题，向科工委主任刘积斌做了汇报。在 2001 年 5 月举行的全行业十大集团的质量工作会议上，检查专家组所做的这份质量可靠性工作报告获得了普遍的好评。

2001 年初，这一班人马协助总装备部进行了重点工程的质量可靠性大检查，涉及到各军兵种海陆空天的数十个大项目，他们设计方案，确定检查大纲，安排实施计划，举办培训班并派出专家到重点型号深入检查，然后将数据统计汇总，认真分析，提出了共性问题的分析、解决办法，历时七八个月，影响面很广。

工程系统工程系党总支书记刁怀军说："杨老师工作起来总是充满信心，精益求精，他没有攻不下来的山头。"

有两个跟了杨为民 30 多年的老部下甚至肯定地说："杨为民从来没有打过败仗。每次开会，他总是先从世界形势、国防大事讲起，再剖析到我们目前的工作。他信息灵通，大局在胸，这样的人怎么会打败仗呢？"

"推广可靠性，育人用才最关键。"

"世界上好地方多的是，哪儿好你往哪儿去，这不算本事。真本事是把不好的地方办成最好，让大家都想来。"

"其实，我给杨为民穿过小鞋的，他竟然这样待我"

北京第一届可靠性、维修性、安全性国际年会（主席台右数第二位是杨为民教授）

为了将可靠性工程的重要性在国防系统广为宣传，将可靠性的标准严格地推广执行，杨为民亲自主持，组织国内十几位专家编写了近 200 万字的《可靠性、维修性、保障性》一套 9 本的技术丛书，还先后为全国有关部门举办了 200 多期培训班，培训了上万人次可靠性工程技术人才。

杨为民说："推广可靠性，育人用才最关键。"

杨为民教授在北京第一届可靠性、维修性、安全性国际年会上发言

上至中南海的领导、国防科工委、总装备部、国防十大集团的部门负责人，下至各场所的工程师、技术员，都被杨为民生动的语言所感染。

他说，一个孩子聪明可爱，但是身体不好，病病歪歪，甚至很快夭折了，行吗？武器装备的可靠性就是给武器看病、治病的，很多装备没有可靠性设计和检验，要补课。孩子已经生下来了，再治病，那是没办法的事情，最好就是防患于未然，优生优育。所以，飞机、导弹在设计和生产当中就要贯穿可靠性的思想。

一支航空、航天、兵器、船舶、核工业，以至于民品机械、电器行业的可靠性工程的队伍，就在理论培训与工程实践中渐渐成长。杨为民走到哪里，都有人亲切地称呼他“杨老师”。

1982 年 6 月空军驻北航无人机项目的代表冯延光刚认识杨为民时，还是一个对可靠性一窍不通的热血青年。那天杨为民在总装车间第一次见她，问了两句，马上给她写了张条，让她去条上的地址听可靠性的课。当时，冯延光简直一头雾水，心想：我受军方领导，这人是谁，一见面就派我去听课？什么可靠性？及至听了课，才知道自己这个军代表必须把可靠性从头学起，才感到杨为民讲课的魅力与他平时的寡言形成鲜明的对照。

杨为民在系里为硕士、博士生讲课，十分生动、透彻，受到学生们的广泛欢迎。尽管杨为民那么忙，当“可靠性系统仿真”课的老师因故不能讲授时，他立即替上去，代课半年。

80 年代中后期以来，各高校都遇到了一个同样的难题：在社会主义市场经济大潮中，如何在比较清苦的条件下把高水平的教学科研人才留住并充分发挥他们的作用？杨为民领导的北航工程系统工程系将难题解决得较好。

从 1990 年至今，该系因照顾两地分居、出国，先后有 10 余位教师离开，但是调进来的却有 40 多人，而且主要是青年人，其中硕士、博士占 40% 以上。同时返聘了 20 多位老专家。该系的凝聚力从哪里来？杨为民说，一个集体的凝聚力，其实就是个情字维系。年轻人说，杨老师和系领导班子像强大的磁铁，用兴旺发达的事业，用诚挚的感情，把大家紧紧地吸引在一起。

杨为民教授（右）与学生合影

对于培养出的可靠性工程的好苗子，杨为民尽量要挽留和稳定他们，把他们用在刀刃上。

系里的年轻人牢牢记住了杨为民的一句话：“世界上好地方多的是，哪儿好你往哪儿去，这不算真本事。真本事是把不好的地方办成最好，让大家都想来。”

现在的中心常务副主任王自力，一直珍藏着恩师杨为民送给他的结婚纪念品——一对情侣表，这是杨为民获北京市先进工作者称号时得到的奖品。

1988 年，王自力硕士毕业想分回老家四川工作，杨为民觉得他有发展潜力，就不厌其烦地找他谈话，希望他留校发展。

“杨老师的那份真诚感动了我，让我能够继续从事可靠性工程研究。”王自力说，“杨老师无形中总有一种人格的魅力，不管是学生还是同事，都心甘情愿跟他干，尽管他有时很严厉、脾气较大，大家都没有怨言。其实，他这样都是为了事业。他对年轻人的发展都有规划，在这样的环境里工作，特别适合于年轻人的成长。”

“杨老师经常跟我们讲，可靠性系统工程要求各专业必须协同作战，没有主角和配角之分。”年轻的系副主任康锐教授说。“他总是要求我们站在国家和行业的高度看待和研究问题，鼓励我们勇挑重担，把我们推到重大项目的第一线，在实践中得到锻炼和提高。”

“杨为民求贤若渴，胸怀坦荡。”元器件实验室的郑鹏洲教授尽管不是党员，却打电话给《支部生活》杂志，强烈要求报道杨为民作为一个党员、干部的优秀事迹。他说先进典型我接触过不少，杨为民跟他们比起来，有过之而无不及。

郑教授是杨为民从航天部某单位引进来北航的，那是 1996 年，郑 56 岁。飞船、飞机、导弹等，每个产品都离不开大量的电子元器件，元器件的可靠性与整体设备的可靠性、密切相关。

郑鹏洲是全国有名的电子元器件专家，为了将郑教授尽快调来学校，杨为民多次找学校人事处、校后勤并和航天部某单位火速协调，亲自过问郑鹏洲住房的装修情况，让郑鹏洲立即乘飞机回去善后、搬家，10 天之内居然全部办妥了。

据说，后来杨为民有些难为情，琢磨着：怎么好意思见航天部的老总呢？因为挖了他的人。

郑鹏洲动情地说：“其实，我给杨为民穿过小鞋的，他竟然这样待我！过去我和老杨是竞争对手，我总竭力防止杨为民占我们的饭碗。有一次，杨为民在北京组织召开一个失效分析的会议。航天部失效分析的主任是我，我就说，大家注意了，给他穿个小鞋。开会的前一天，我派人买了张机票把会议专家押上飞机去了成都。我以为他会对我生气，一见面，他就握着我的手说：'都是为了工作。'"

事业留人、感情留人，有杨为民这样的核心，集体的凝聚力经得起风雨。

曾经有个企业来挖王德言教授，热情地接王教授去考察。对王教授来说，这是个技术上不难的任务却有 300 万人民币的年薪，不过王教授还是谢绝了。他说："要想发财，成为百万富翁、千万富翁，杨为民不是没有那个能力与条件，他早可以发了。可是杨为民说过，要那么多钱有什么用？享受了又如何？可靠性事业离不开我们哪！像我们这个年纪的人，能理解，有时就这么想。"

"你们不能光看到自己的小集体，应站在国家装备的高度想问题。他们高层做得不到位，我们就有义务去工作促进！"

"工作是集体做的，功劳是大家的，都记在我头上，有愧呀。请不要让我脱离群众"

杨为民是一个传统的人，也是一个现代的人；是一个勇于进取的人，也是一个低调内敛的人。

有时候，不必他做的事，他要力争；有时候，该他享受的待遇，他要力辞。

当可靠性工程还不为人所知的时候，杨为民"伙同"航空航天部门的干部，将全国有关厂所的老总在召开年会之际"扣押禁闭"起来，8 天里给他们连续讲课，力争给他们注入可靠性工程的思想意识。当然，课程生动而紧密联系实际，不少人豁然开朗。

可靠性保障耗时、费钱，交货的当时反应不一定明显。因此，有些人也常常有"说起来重要，干起来次要，有时候就不要"的思想。

2001 年 5 月中旬，总装备部系统搞军兵种检查，其中有个重点工程的项目，某单位的质量检查组准备不充分，缺少可靠性的专家。杨为民听说后，觉得有走过场的嫌疑，在办公室生气："这种做法是对国家的不负责任的态度！”

杨为民说话向来嗓门大，又这么激动，在场的几个骨干康锐、王自力就劝他：“我们中心将职责范围内的事情该做的都做了，上面组织不好，跟咱们也没什么关系。”

杨为民看见大家司空见惯的样子，没太当回事，不觉声泪俱下：“你们不能光看到自己的小集团，应站在国家装备的高度想问题。他们高层做得不到位，我们就有义务做工作促进！”

杨为民马上跟有关领导汇报，建议调整检查组成员，最后杨为民亲自带队，组织了三四个专家进入了工程现场。期间他还举办了2个交流会，总结前一阶段工作并提出了下一步的注意事项。他说：“既要抓，就要抓出实效，现在已经暴露了一些问题，军机性能再好，不可靠也打不了仗，宁可牺牲一些研制时间，也要确保可靠性。”

6月底，杨为民已查出胰腺癌，白天他还出来上班，晚上回医院治疗。有一天晚上，因要写该项检查的交流总结报告，杨为民就把屠庆慈教授叫到了306医院，一边挂着点滴一边口述报告，跟屠庆慈研究，写作到近11点。

“神舟号”飞船在进行了大量的可靠性工作之后，杨为民提出“要万无一失”。在他的鼓动之下，“神舟一号”还是将10多个产品送到北航做了可靠性增长摸底试验，结果发现了问题，负责导航的惯性陀螺可靠性不达标，潜含故障。

“神舟号”总设计师，北航校友戚发轫感激地说，老杨，多亏了你们的试验，可帮了我大忙了，要不然，上天后可就麻烦了。

杨为民继而担任了载人航天安全方面的负责人，开展了“载人航天安全性验证技术”的研究课题，有关实验一直在进行。

在工作中，对国家有利的事情杨为民争着去做；而在生活中，对自己有利的事情他总是要躲。杨为民曾经两次让高工，两次让教授，7次谦让出国的机会。他所获得的计算机、照相机等奖品全都用在了集体的需要之中，他所获得的各种奖金、评审费、讲课费近21万元全部上交系里，建立了青年教师奖励基金。

工作中的杨为民教授

其中最大的一笔奖励是1994年的“航空金质奖章”。在56万职工的航空企业、10万科技工作者之中，只有3人获奖，奖金10万元，这可不是个小数目，当时杨为民的工资只有每月500元左右，国家科委主任宋健在发奖时特意嘱咐："不许上交。"系里也说应遵照中央领导的指示，但谁也拧不过杨为民，他说："年轻人更需要。"

当时高校欠账多，青年教师待遇差，普遍人心浮躁。他在校内率先变革，做通老同志的工作，采取向年轻人倾斜的政策，青年教师奖励基金只是其中之一。

搞科研，按国家政策，有一定比例的劳务提成，这些年北航公工程系统工程系有6000多万元的课题费提成怎么拿？

杨为民倡导了一个《系内津贴发放条例》。在肯定多劳多得的前提下，强调走集体发展的道路，并做出了向青年科技人员倾斜的若干政策规定。杨为民规定，系内发放津贴自己只拿二等。

近年学校实行岗位津贴，给他评了一等，每年5万。可是他说："我的这些老同事们都只拿3万，我也只拿3万。"他让秘书把其余2万上交到系里了。在杨老师的影响下，这个系里已经形成了不争名利的风气。

他始终坚持和发扬的是团队精神，在管理体制、资源配置、科研型号工程中贯彻统一指挥的原则，科研的收入集中用于系里的整体发展。历年来他们投入实验室、研究室建设的自筹资金近2000万元；改善工作条件，建立两套独立网络投入290余万元。基本建设的投入为完成科研任务，为在竞争中保持优势打下了基础。

对于荣誉，杨为民也尽量绕着走。

"全国五一劳动奖章"的材料是系里趁他出差时偷着报的，等他出差回来时，生米煮成了熟饭，杨为民还跟系里党支部的几位同志吵了一顿；杨为民被北京市党员投票评选为"共产党员十杰"，照相时却躲在了一边，后来才被人叫了回来。

他曾在支部会议上掉眼泪，动情地说："工作是集体做的，功劳是大家的，都记在我头上，有愧呀。请不要让我脱离群众。"

杨为民获得的航空奖金10万元，获奖后杨老师就将奖金全部捐献给青年教师奖励基金

从1989年至今。全国各大新闻媒体曾三次重点报道杨为民的事迹，刊发了几十篇稿件和多部电视专题。有时，这些报道都是记者们

从不同渠道在杨为民不愿意宣传自己的情况下“深挖”出来的。记者要来采访他，他力拒，甚至将找上门来的记者往外推。

1999 年“七一”前夕，中宣部下了在全国学习、宣传杨为民等三位同志的通知，校党委书记亲自做工作，杨为民才勉强见了记者。但是他没跟记者说太多的话，而是按当时的工作日程安排，给校领导汇报工作、开项目研讨会、讲课、指导博士生，记者们等于上了一天可靠性工程的科普课。

从 80 年代开始，杨为民就有很多机会担任更高级的领导职务，他都一概回绝了。

他曾对同喝延河水长大、友谊深厚的原航空工业总公司总经理朱育理说，我还是踏踏实实搞点技术好，我们这一代人里，搞技术的不多，当官，很多人都能胜任，可靠性工程更需要我，我还是在这里更能发挥自己对国家和人民的作用。

“那么精干睿智的一个人，做的又是可靠性工作，
怎么就不知道注意自己身体的可靠性呢？”
“大凡得了绝症的人，都是享受生命的每一天，
杨老师却是利用生命中的每一天，好像工作就是他的享受”

光从表象上来看，杨为民身上有那么多背道而驰的内容。他的心、肺、肠胃、肩、胰腺都有毛病，却能长期像一部精力旺盛的“永动机”一样，不知疲倦地工作；他能将一组人精确地安排好任务，流水作业，环环相扣，即便火车与飞机上也不让你闲着。可是，他自己却常常找不到自行车，记不起吃没吃饭。他的注意力根本就不在这些生活琐事上。

有人不解：“那么精干睿智的一个人，做的又是可靠性工作，怎么就不注意自己身体的可靠性呢？”

其实，杨为民知道自己的年龄和身体状况不饶人，早在几年前就制定了集体接班的方案，他本打算再扶持年轻人三年，到自己 70 岁时就完全脱手。不曾想病魔已经迫不及待了！不但他自己，系里的人也没想到啊。一工作起来，杨为民比年轻人更精神饱满，更能苦熬苦打，怎么看也不像患了绝症之人，更何况系里的同志一谈到他的身体，他的威严就容不得你的下文。

还真有一次屠庆慈教授拉着他一起去了医院，参加了为专家们单开的每年的例行体检。杨为民到医院一看，做B超和透视的地方排着长队，转身就走了。

为什么杨为民不舍得抽时间看病和保健身体?

2001年6月，就在杨为民被确诊为癌症之前不久，有一阵特别忙，他已经发低烧十多天了，每天完全靠药物顶着坚持工作。在连续干了几个通宵之后，一同加班的年轻人孙宇锋听到杨为民表扬自己带病工作，回答说：“比起您来，我这点小病又算什么呢？”

接着，他劝起老师来：“您这样工作太劳累了，需要好好休息几天。”杨为民却告诉他：“谁不想休息啊，可型号工作急，都等着呢，我不能休息啊！”

系里的好几位老师说，杨为民身上的担子太重，责任太重了，他停不下来，没法停啊！

在心底里，他别无选择，自己的事情再大也比不上国家的事情大，他心甘情愿做一个和时间赛跑的人。

为了争取时间，历来简朴、从不追风的杨为民以第一速度率先配上了“时髦”的呼机、手机，包了一辆学校的普桑小轿车。车队的司机大部分都给杨为民开过车，纷纷介绍他的怪事：

“给杨老师开车，我们得一月一换，有一段时间更换不及时，累得我走哪儿睡哪儿，他怎么就不困呢？”

“车上，他不停地打电话，说起数据来那记性好得没治！日程安排紧紧的，去这儿去那儿，门儿清。”

“晚上他要车，经常是去药店买药，他的抗生素吃得太狠了，好几年以前就大把吃先锋6，所以生病治疗时抗药性大。”

“有一天半夜3点了，他打电话说今晚不用车了，看来真是忙糊涂了。”

“有天早上杨老师让我接他时买些早点，我才知道他从头天中午起就没有吃饭。有时候他叫来盒饭摆在桌子上，凉了几个钟头都忘了吃。”

杨为民跟司机师傅称兄道弟的，从来没有高干、教授的架子，司机们在与杨为民的接触中体会到了他对工作的投入和对自己的疏忽。听到噩耗，悲情难抑，他们全部身着黑西服，排着队参加了追悼会。

在生命的最后半年，杨为民住在协和医院的特需病房，他很清楚自己的病情，2001年7月11日做手术时，他告诉秘书小杨：“大约下午两点出来。”大夫开腹一看，癌症晚期，大动不便，只做了姑息治疗，12点就出了手术室。杨为民知道属于自己的时间不多了，他坦然面对3个月到半年的“最后通牒”。

杨为民对身边的几个亲密朋友多次说，我不怕死。我是彻底的唯物主义者，死没有什么。可是很多工作还没有完。

在最后的日子里，他总是叫人到医院开会，把病房变成了办公室。他还常常规规矩矩地写假条，请假出去开会、办事。可是，他胸口的止痛膏从进院的0.25个单位增加到了2个单位，变成了当初的8倍。

护士长王俊清说：“大凡得了绝症的人，都是享受生命的每一天，杨老师却是利用生命中的每一天，好像工作就是他的享受。”

护士小刘发现杨为民是一个特别专业的病人，每次都是叉着胳膊或者伸展着腿打针。他说：“我还叉得动就叉，什么时候叉不动了，也就完了。”

在杨为民去世前两个月全靠营养液维持的时候，小刘常来陪杨为民聊天，缓冲这枯燥的病中生活。小刘只知道杨是导弹专家，有一次就问：“杨老师，你说我国驻南斯拉夫使馆被炸，是导弹误炸吗？”杨为民斩钉截铁地说：“不可能！导弹可以命中一个铜钱眼，你说它怎么会误炸？”“那……它真敢炸我们的使馆？”杨为民苦涩地说：“国家不强大就要受人欺负。”这时，他的目光放得很远，思绪也许飞到了那些未完的型号上，他多想还能继续工作一段时间呀！

2001年9月，杨为民回到北航参加总装备部可靠性技术专业组会，之后到系里的干部会上讲了话。他说：“为了可靠性事业，大家还是要玩命干，不要怕得病，就算是得了癌症，也不会跟我的一样，也会是可以治好的癌症。我这个人特别，得的癌症也特别！”

同事们最深的感受是：杨老师无形中又一次用自己的行为激励大家要为了可靠性事业的发展而继续拼搏啊！可以看出，杨为民觉得自己累死也无憾。

不过，他也说过，如果能好了，想回家住几天。他在家的时间太少了。

“这般关爱对一个远离家乡、远离亲人的我来说是多么的可贵，真令我有受宠若惊的感觉。”

“他是一个性情中人”

杨为民只有一个女儿，钟爱有加。可是孩子考大学时，他没有时间在生活和学习上为女儿“进补”，到后来，有时一、两个月女儿才能见着父亲一次，还得提前预约。

对于亲朋好友，若是与他的可靠性工作无关，杨为民也常常没时间相见。有一次，一个与杨为民在延安就相熟的朋友从南方过来看望他，他愣是挤不出时间相见。

有的人以为杨为民不食人间烟火，有的人觉得他六亲不认。可是，他身边的人却深有感触：“杨为民是个性情中人。”

动情了会伤心落泪，关心人无微不至，生气了发火，批评起来很严厉，说错了还登门道歉。关键是他的喜怒哀乐源自一个博大的胸怀，一份崇高的追求。

郑鹏洲教授从西安调来北航以后，收入下降了40%，杨为民说：“我想办法补偿你的损失。”很快，系里为他安装了电话，那时电话不好装，不但要托人情，还要交3800元装机费。

郑教授作为电子元器件方面全国知名的专家，来北航后建起了全国一流的破坏性实验室，总装备部很多重大型号的元器件都到这里来做试验，有些贴着合格标签的元器件在这儿就查出了问题，避免了事故的发生。

杨为民动员老郑当实验室的主任，郑教授认为自己年纪大了，对北航情况也不熟，坚决不肯。有一天两人呛起来，互相拍桌子：“你为什么不干？”“我就是不干！”不欢而散。

晚上11点，杨为民来到了郑鹏洲家里，连连道歉说："我太过火了，不要放在心上。"郑教授担任室主任后，工作出色，多次受到领导机关表扬。

学生陈云霞第一次见到杨为民时，杨让她和孙宇锋老师为总装备部做一个数据库，一个做界面，一个做数据的处理。杨为民说："这个数据库好比一座高级宾馆，小陈负责建造这个外表华丽的宾馆，宇峰负责安排各种各样的客人。"多么形象的比喻，陈云霞在心中赞叹。

随后，杨为民与小陈唠起家常，当听到这个来自农村的小姑娘，刻苦努力考入北航和直接攻读博士的经历时，杨为民鼓励她"年轻就是优势，只要肯干一定会有作为"。这成了她后来在学习的过程中碰到"拦路虎"的激励器，也是她在患"学习综合症"时的一剂良药。

杨为民点起一根烟，问起小陈的生活情况。听说她是依靠姐姐支持读书到现在时，杨为民沉默了一会儿，然后说："只要好好学习，认真做课题，生活的费用我来承担。"这时，杨为民转身对孙宇峰说："宇峰，小陈的事你多照顾点，我若忙忘了，你记着提醒我。"

一想到这里，小陈常常会热泪盈眶："这般关爱对一个远离家乡、远离亲人的我来说是多么的可贵，真令我有受宠若惊的感觉。"

系里的年轻人说："我们系是制度有情。这个'情'字是通过杨老师提议的'关心群众送温暖'的12条，通过'系青年奖励基金'条例，通过好的风气来实现。"职工过生日、生病、退休、婚丧嫁娶等等，应该怎么问候和表达组织的关心，都有章可循。不过杨为民自己是个例外，他过60岁生日时，就不许系里按规定送蛋糕，自己忙得连家门也没进。

对于制度的温暖，大家深刻地体会在1995年的分房上。长期以来，高校教师的住房是一个大难题，有些青年教师结婚了还"牛郎织女"各一方，有些教师生了孩子老少三代挤在一间筒子楼里，人心不稳。

杨为民建议系里拿出自有资金100余万元，参加学校建房集资，在校内外买了一、二、三居室各种规格的房子33套，分给无房和缺房的教职工，通过轮流"推磨"搬家，大约三分之二的职工都不同程度地改善了住房条件，切实解决了教工的住房困难，体现了集体的凝聚力。

“把我的骨灰撒在长城脚下。”
“不要因为我，停下你手中的工作”

清明节的时候，有些北航的师生想去给杨为民教授扫墓。后来一打听，才知道杨为民的骨灰早就由家属遵从他的遗愿悄悄地撒在了长城脚下。

长城——中华民族的象征，在这里撒下的是中华儿女对祖国至诚的热爱与眷念。杨为民就在这里，在长城脚下与他父母的骨灰和灵魂交融、会合了。

杨为民的父亲杨秀峰在学生时期就参加了地下党，抗战时曾任抗战学院的院长、晋察冀边区的主席等职。杨为民生于1935年，是父母的独生子。童年与少年时跟随父母辗转于革命根据地，从小受到父辈严格的教育和艰苦环境的熏陶与磨炼。他说，延河水的清纯，宝塔山的峻拔给他留下了终生难以忘怀的记忆。

在早期自传中，他曾叙述了小时候跟随父母辗转于太行山抗日根据地的往事："当时在山地行军不能骑马，我也只得走，人小走不动，他们就用皮带捆住我的腰，一个在前，一个在后，上山时前面的人拉我，下山时后面的人拉我。我亲身体会到叔叔阿姨们都是自己的亲人，我生活在大家庭中。有时，我们住到老乡家，老乡都给我们做点好吃的（小米饭），可是他们却吃野菜，爸爸又把饭送回去，让他们自己吃，我知道老乡对我们真好。"

母亲带着杨为民过封锁线的时候告诉他，一直往前跑，哪怕我被敌人打死了，你也不要停下来，要跑去找爸爸和叔叔继续战斗。

杨为民的父母均是老一辈革命家，解放后，父亲杨秀峰曾任高等教育部部长、最高人民法院院长、全国政协副主席，被誉为“共产党人的楷模”；他母亲曾是国家教委机关党委书记、副部级干部。清廉的家风与严格的管教促进了杨为民的成长。

年纪稍大，杨为民便能够理解父母当初给他取名“为民”的含义和期望，从父母及其他老一辈革命家的言传身教中，深刻地感悟到应如何去实践和奉献有意义的人生。

杨为民 18 岁加入中国共产党，将自己的一生毫无保留地献给了党的事业、祖国的需要。

1983 年冬天，杨为民的父亲病危住院，杨为民作为独子必须陪床。但他丢不下手里的工作，又不愿告诉任何人，自己坚持白天上班，晚上陪着操劳一生的父亲。

半个月后，父亲离开人世。在临终前，父亲叮嘱杨为民：“不要因为我，停下你手中的工作。”

1994 年夏天，杨为民的母亲因病离开了人世。他在劝阻系里的同事们参加他母亲的遗体告别仪式时说：“我已经耽误了工作，如果因为家事再让大家也误了工作，我父母在九泉之下也不会安心的。”

杨为民生病住院以后，也这样对自己的女儿说：“我这里护士照顾得很周到，你不必陪着了，有这么宝贵的时间，干点什么不行？”

时间！杨为民最珍惜的是时间。

北航工程系统工程系总支书记刁怀军指着杨为民办公室的沙发说：“有一次，杨老师连着 8 天没有回去，累了就在这个沙发上歇着，书柜里有床旧被子，浓茶、咖啡和烟为他提神。”

杨为民的助手杨崇颐拿出了杨为民的日程表，分几种颜色密密麻麻地标记着，有时一周要飞全国几个地方。杨崇颐说：“我们甚至拿着机票在机场等他转飞。他的事情太多、太重要了，停不下来啊。要不是已经虚弱到难以支撑了，他是不会去医院检查的。查出了癌症，等最后确诊的几天里，他还去了一趟沈阳、一趟密云。到密云是主持一个重要会议，他已经吃不下什么东西了。他是被校领导派车接回来治病的。”

是谁，一息尚存，奋斗不止？是谁，生命未尽，关爱不断？

杨为民教授生命的最后几天，北航工程系统工程系的几位主要干部接到了他问候和安排工作的电话，他们原以为已时常昏迷、睡睡醒醒的杨为民体力与精神有所好转，不曾想这是他在作最后的告别，将自己难以割舍的可靠性工作郑重托付！

2002年1月29日，杨为民教授临终的前一天上午，杨为民将协和医院特需病房的护士长叫进来，形销骨立、喘着粗气的杨为民断续地说："我知道我没有多少时间了，我住这儿半年多了，你的角色像带兵打仗的，你带的这些兵都挺好的，我感谢他们。你要好好爱护他们。"

杨为民就是这样随时随地关心着身边的每一个人，他将生命中的最后一句话留给了护士。护士长出来以后，跑到配药室大哭了一场。

杨为民生病住院以后，北航校领导非常关心，嘱咐要全力以赴抢救。北航新上任的党委书记杜玉波和校长李未在病床前看望他，夫人流着热泪回答校领导的关怀："我们家没什么事儿，但老杨一直有块心病，那就是他们系的教学科研楼还没有盖起来。"书记和校长难过地说："老杨，你放心吧，系楼我们一定会盖起来，就叫'为民'楼；可靠性工程事业在学校的支持和大家的努力下，也一定会推向前进。"

很快，1月29日晚，杨为民陷入昏迷，再也没有睁开他睿智的眼睛。

杨为民去世后几天，他的女儿找到学校的领导，边递钥匙边说："爸爸早就交代过了，学校分给他的那套一居室的房子，让我收拾好了交还北航，他说那是国家的。"

清明时节雨纷纷，路上行人欲断魂。博士生章文晋在网上给敬爱的老师开设了一个纪念馆，受到师生们的欢迎。

"你开创的可靠性事业为祖国的国防建设筑起了钢铁长城。"

"一生不逐名与利，唯愿国家富又强。是你正直高尚的人格魅力使我对你的离去万分悲痛。"

"天碍英才，永失我师！"

"在邓小平同志逝世的时候，我落泪了。今天，我再次落泪！"

"再多的话语，诉不尽对杨老师的崇敬；再多的热望，阻不住杨老师离去的脚步；再多的热泪，模糊不了杨老师高大的身影；再多的文章，表达不了对杨老师无尽的哀思！"

……

杨为民网上纪念馆里贴出了那么多感人至深的文章。

纪念馆主持人章文晋面对前来采访的中央电视台两个正在做清

明节目的记者说："若让我光讲怎么给爸爸建网上纪念馆，我就不接受你们的采访了。因为给爸爸建过，所以，杨老师一过世，我马上就想到要给杨老师建个网上纪念馆。爸爸的纪念馆我并不常去，可是我每天早晚都要上杨老师的纪念馆看看。杨老师洗涤我们心灵的灰尘，杨老师给我们力量。"

杨为民去世后第二天，校党委就决定在全校深入开展向杨为民学习的活动，随后下发了《关于开展向优秀共产党员杨为民同志学习的决定》，称颂他是一位卓越的教育工作者，杰出的科技工作者，模范的共产党员，优秀的领导干部，号召学校各级党组织把向杨为民同志学习作为"三个代表"思想教育的重要内容和加强党的建设，尤其是党的作风建设、提高干部素质的重要举措。半年以来，学校学习杨为民精神的热潮持续，各种纪念文章纷至沓来，师生感情真挚。"七一"前后，学校组织了多场杨为民事迹报告会，在全校师生特别是党员同志中引起强烈反响。

2002 年 5 月 23 日，国防科工委在全行业下发了《关于开展向杨为民同志学习的决定》，称颂他"为国防科技事业做出了不平凡的业绩，不愧为中国共产党的模范党员，国防科技工作者的优秀代表。""是一位勤廉兼优的典范。"号召国防科工委系统各单位把向杨为民同志学习作为树立干部正确的世界观、人生观、价值观，更加深入地开展党风廉政建设和精神文明建设，顺利实施国防科技工业"十五"计划的重要举措。

捧着一颗心来，不带半根草去，心中装着的是国家和可靠性事业，关心的是集体和他人，唯独没有自己——这就是人们心目中的杨为民——理想主义与现实主义的结合，科学精神与人文关怀如影随形，将自己的生命最大限度地奉献给了他热爱的这一片土地与人民。

爱因斯坦说过：一个科学家的人格魅力对人类的影响，远大于科学本身。熟悉杨为民的人从他身上就常常感受到这种迷人的人格魅力。

"为民精神永存"，人们无数次地提到这句话。春雨润物细无声，杨为民精神的辐射滋润了许多晦涩的心田。

话剧《杨为民》剧照

毕业多年的学生朱小梅在网上撰文："无论我走到哪里，这里已成为我的精神家园。"

杨为民给我们留下的不仅是他所开创的可靠性事业，更有一份宝贵的精神财富。

（原载《北航校报》2002 年 5 月 15 日第 587 期）

永不疲倦的结构疲劳专家

——记北航航空科学与工程学院高镇同院士

□ 贾爱平

高镇同院士

题记：

为祖国每完成一项任务，无论大小都是一份业绩，很有价值，可以伴随历史一直到永远。为人民大众做好一件事，可使精神境界得到一次升华，在做人方面向前迈进一步。

——高镇同

高镇同，北京航空航天大学教授，1991 年当选中国科学院院士。40 余年来从事结构疲劳和可靠性研究。科研成果 4 项分别获国家科技进步一等奖、二等奖、三等奖；1 项获国家自然科学三等奖；9 项获部级奖励。培养了 40 余名研究生，其中多名已晋升为教授、博士生导师。3 名学生当选院士。他提出了中国专有的飞机结构寿命预测理论，与厂、所合作建成结构寿命可靠性评定的专家系统，已成功地用于歼击机、强击机、轰炸机、客机、运输机、直升机等 20 多种机型数千架飞机的定寿和延寿。他创立了“疲劳统计学”分支学科。提出了一系列疲劳性能测试方法，优于国际上通用方法，已列为航空工业标准（HB/Z112-86）。10 多年来，高先生从自己的积蓄中，拿出很大一部分用于慈善事业，据不完全统计，捐献的现金达 68 万余元。作为一名优秀的共产党员，高先生为我们、为全体党员干部树立了一个学习的榜样，曾被人称作“永不疲倦的结构疲劳专家”。

高先生在70多岁时开始喜欢写诗，开始用诗歌记录自己多彩的人生。在三月这个充满诗情画意的季节，让我们走近高镇同院士，来慢慢细读他的诗话人生。

航空报国 以国家需求为导向

1928年，高镇同院士生于北京。少年时代的高镇同目睹衰败的中国被列强瓜分，人民陷于水深火热之中，深受丧权辱国之苦。“七七事变”后，北京沦陷，那时高镇同正在北京师范大学附属第二小学读书。学校大门面对一个日本军营，日本兵在这条街上横冲直撞，小同学们每天上、下学提心吊胆。从那时起，他幼小的心灵蒙受了亡国的屈辱，同时也激发了一种朴素的爱国主义思想。盼望中国自己能生产飞机、大炮，抵御强敌，逐渐萌生了长大后学习航空的夙愿。

1950年，高镇同毕业于北洋大学航空系，毕业后在清华大学航空系任教。1952年国家进行院系调整，组建新中国第一所航空高等院校——北京航空学院，高镇同随之参加北航的建设。那时高镇同年方24岁，年轻人的热情一旦和报效祖国的目标相结合，便会产生无穷的动力。他曾写诗“中华学子，生于盛世，上报国家，下辅黎庶，岂不绚丽一生！”北航创建之初，不论工作条件还是生活环境都十分艰苦。当时的北航校园里还没有宿舍，交通又不便，他为了减少往返路途上所耗费的时间，就把实验室和办公室当成了家，没有床就用办公桌椅拼，没有被褥，就用大衣一裹，有时连早饭也省掉了。就这样只用两年的时间，从无到有，他开出了全部“材料力学”的实验课。随后，我国第一台自行设计、自行制造的光弹性仪和第一枚电阻丝应变片，也从高镇同的手中诞生了。1956年高镇同被评为“北京市青年社会主义建设积极分子”。

高屋建瓴 提出飞机结构定延寿理论

1960年前后，高镇同除了主讲“材料力学”、“塑性力学”等课程外，开始涉及结构疲劳领域。结构多次重复受力后会在某些薄弱部位产生裂纹，随着使用时间的增长，裂纹不断扩大，达到一定使用期限，最终完全断裂，该使用期限就称为疲劳寿命。若飞机达到结构疲劳寿命，就会在没有任何先兆的情况下断裂解体，机毁人亡。1958年北航首次开展对飞机座舱模拟的疲劳实验研究，高镇同是主要研究人员。

1970年7月16日，我国一架直升机发生重大事故，当时周恩来总理指示一定要查明事故原因，高镇同被任命为事故分析小组成员。经调查研究，确认事故原因是直升机轴颈疲劳断裂，并由他在“全国疲劳大会”上作疲劳强度方面的报告。会议结论：如何提高飞机结构疲劳强度，科学合理地确定各类飞机使用寿命已成为我国航空工业重要的任务。我国建国以来生产的数千架飞机都未曾给出寿命，对飞机的使用存在很大的盲目性。至20世纪70年代有些飞机已服役了20多年，经常由于结构疲劳破坏造成机毁人亡的事故，飞机定寿、延寿工作已刻不容缓。面对如此严峻形势，国家需要就是个人志愿，从此高镇同全身心投入飞机定寿和延寿的研究。

他查阅了大量外文资料，借助于澳大利亚科学家A.O.P.ayne用92架战斗机的疲劳试验的结果和美国A.M.Freudenthal教授等人20世纪70年代初的研究成果，率先提出了具有中国国情的飞机结构寿命可靠性定延寿理论。空军技术主管部门确认：“高镇同院士创建的飞机结构寿命可靠性评定理论与美国等一些技术发达的国家相比，具有原创性和先进性，研究成果用于指导我国飞机定寿、延寿至今已30余年，与众多厂、所合作完成的歼击机、轰炸机、客机、运输机、直升机等20余个机型数千架飞机结构的定寿和延寿，经济效益已达数百亿元。

“坦白地说，国产飞机的寿命不如国外的长，但我们定寿定得准，维修到位，管理得当，飞机飞得最安全！”谈到此处他十分欣慰。他在艰苦奋斗中的感悟是：为祖国每完成一项任务，无论大小都是一份业绩，可以伴随历史一直到永远，意兴长存。

三尺乒台　开辟出疲劳统计学学科

在中国，今天凡是从事疲劳领域的科技人员和专家学者，大都将高先生的《疲劳统计学》当做经典著作来读。实际上，这本书是高

高镇同院士在做实验

先生在三尺乒台上写出来的。20 世纪 70 年代初，当时的科学技术不像今天这样进步，没有计算机，没有打字机……，北航办公楼西侧有两间材料试验室，里面有一台瑞士生产的疲劳试验机，还有一张乒乓球台，先生的早期几本著作都是在这张球台上完成的。在三尺乒台上，有一支铅笔、一块橡皮，还有一本方格纸。书稿都是用铅笔写出来的，一字一句，工工整整，包括曲线和图表都是先生自己完成的。

20 世纪 70 年代中期，在国家和航空部的关注下，航空系统 20 余个部门，历时 10 余年完成了一项飞机典型材料疲劳、断裂性能测试系统工程。这项工程不仅仅是为我国飞机定寿延寿和结构可靠性设计提供基础数据，建立中国自己飞机典型材料疲劳 / 断裂性能可靠性数据库，而且更为重要的是培养和造就了一批疲劳领域的学者和专家队伍，开垦出了中国飞机结构定延寿新的科学研究领域。

整个系统工程是在高先生的指导下完成的，在此期间，先生提出了一系列概率统计分析方法，例如疲劳试验设计和数据处理等，经过多家单位和德国宇航研究院试用，已列为原航空部部颁标准。在此基础上，高先生出版了《疲劳性能测试》、《疲劳应用统计学》，形成一完整疲劳统计学学科，至今仍然指导着我国疲劳可靠性领域的研究。

美国克莱斯勒汽车公司根据高镇同疲劳统计学原创性研究成果，开设一门“车辆产品开发可靠性工程”课程，培训了 400 多名工程师和管理人员，并且制定一部《结构部件和系统可靠性指南》在全公司推行。美国密歇根大学 J.Pan 教授认为：“这一理论是几十年来在结构可靠性领域中取得的最重大的研究进展之一，它的应用为飞机、航空发动机和汽车等结构的可靠性和安全性提供了保障。”日本可靠性工程委员会前会长石川浩教授赞赏“高镇同是结构可靠性研究领域的开拓者和奠基人，为中国做出了重大贡献，当然也为世界做出了重大贡献。其结构寿命可靠性理论在国际上属于首创性成果，引领本世纪这一学科领域的发展方向。”还称颂“高镇同在结构安全性和可靠性方面为世界范围之领导人。”

高镇同院士被评为“感动北航”年度人物

春风化雨 努力使学生超过自己

高先生在北航执教五十余年，门下弟子人才辈出。他们中有院士、高校副校长、长江学者、国家有突出贡献专家、教授、副教授或研究员……他的奋斗目标是“努力使学生超过自己”；他的教学理念是不仅讲授书本知识而且注重培养学生的治学能力。

早在20世纪60年代，《光明日报》就介绍过他的教学成果和经验。改革开放以来，高先生更是培养了众多拔尖人才，如傅惠民、王中、费斌军、凌静、李卫东、阎楚良等，他们先后获得了国家自然科学奖和部委科技进步奖。真是人人握灵蛇之珠，家家抱荆山之玉：王中把“协同论”应用于疲劳问题，首次求得Fokker-Plank方程的封闭解，为疲劳损伤随机过程奠定了理论基础；傅惠民完成的“疲劳强度概率密度函数”获国家自然科学三等奖；李卫东参加的“强5飞机基本型结构疲劳定寿”项目，获航空航天部科技进步二等奖；凌静参加的“飞机结构可靠性定寿方法的研究”课题，获航空航天部科技进步一等奖；费斌军参加的“歼教7全机结构疲劳载荷谱”课题，获机械工业部科技进步一等奖；阎楚良在高镇同指导下建立了飞机高置信度中值载荷谱编制原理，破解了难解之谜，获得国家科技进步二等奖2项，部级成果一等奖1项，2002年获全国百篇优秀博士学位论文奖励。

高镇同院士与学生在一起

在日常教学、科研、生活中，高先生更是以自己的人格魅力、高尚品德潜移默化地影响、教育他的学生，让他们始终保持爱国、奉献的赤诚之心。上世纪80年代初盛行的出国之风，他从不干预、反对，只是反复教诲他的学生：出国是为了回国、报国，要始终牢记“宁恋家乡一捻土，勿惜他国万两金”。

他始终坚持：作为学生传道、授业、解惑的师者，教师要在研究成果奖项上，在论文的署名上把学生摆在第一位。因此，每当谈及弟子们取得什么样的成绩、做出了什么样的贡献时，高先生总是笑逐颜开：“这项成果出自学生之手，要比我自己完成的还要高兴，因为从发展的眼光来看，年轻人的成长比我重要。一代胜过一代，我们国家才能兴旺发达，我们民族才能繁荣昌盛！”

高镇同院士获评首都精神文明建设先进个人

在高先生72岁寿辰之际，他曾赋诗《五十年教学》抒怀：

校苑耕耘五十春，学位成就四十人。

莫道女儿未如愿，众多弟子皆同门。

热心慈善　为善最乐且自得

“攀越青山戏海河，世间乐趣何其多。琴棋书画皆称道，为善最乐且自得”，这首诗是高先生做善事的自述。他认为做善事也是一种享受，有利于他人，受益于自己，情趣自得，其乐无穷。

早在上世纪80年代末高先生就开始了资助困难学生的善事。身为教授，高先生不愿让学生们有接受“施舍”的感觉，所以，他会经常派些“工作”给他们，让他们得到资助的时候感觉是自食其力。

自20世纪90年代至今，高先生先后将自己平日结余的60余万元先后捐给贫困人家和受灾难民及慈善机构：2001年为江西宜春外国语实验学校捐赠了10万元设立了奖学金；2002年、2003年的春节期间，分别给中华慈善总会捐了10万元；2003年为“宏鹰助学金”捐款3万元；2004年给“希望书库”捐献3.5万元；2004年印度洋海啸捐款3万元；2008年汶川大地震，交纳特殊党费2万元。

高镇同院士捐赠善款资助贫困残疾儿童和老人

身为中国科学院院士、著名的结构疲劳专家，高先生的生活却十分简朴——书桌和书柜之间只能容下一把椅子，小小的客厅只能摆下一张餐桌，半旧的毛衣，简单的棉布衬衫……也有些好心人对他说：你捐的钱对你来说是个不小的数字，但对国家来说只是杯水车薪，何必把自己的生活搞得紧紧巴巴的？而高先生认为还是中国古语说得好：“不以善小而不为，不以恶小而为之。”“点滴甘泉，涓涓细流，润泽四方；恶如蔓草，一草不除，百草横生。”高先生曾说：“我更感到欣慰的是我们的国家，随着社会的进步，有越来越多的人献身慈善事业。我周围的人对我也越来越理解，特别是我的学生，如在江西工作的王贵宝等，他们不但深深理解并且与我一道投入到做善事的行列中来了，因此我感到由衷的高兴。”

高镇同院士荣获“首都道德模范”称号

高先生今年已经83岁了，半个多世纪以来，高先生在教学科研领域呕心沥血，是一位“为了国家和人民事业永远不知疲劳的结构疲劳专家”，并培养了一大批活跃在教育科研领域的杰出人才，但他自己却乐于过一种朴素、简单的生活，学校几次调房都被高先生拒绝，他乐于和夫人住在一栋6层的旧楼里，书房窗台上的盆景松、梅、君子兰、吊兰，默默地陪伴着这位儒雅的老人。“真知无须修饰”，高先生就是在这里考虑科研，和学生聊天，做慈善，写诗歌，“安得盛景吟佳句，桃李成荫赏翠霞”。

（原载《北航校报》2011年3月11日第811期）

安全的守护神，失效分析的“福尔摩斯”

——记北航材料科学与工程学院钟群鹏院士

□ 航 萱

钟群鹏院士

钟群鹏，男，1934年10月生于浙江省东阳市，1954年9月加入中国共产党。北京航空航天大学材料科学与工程学院教授、博士生导师、学术委员会主任，中国工程院院士，全国优秀教师，机械（电）装备失效分析预测和预防专家，我国失效分析预测预防分支学科的主要开拓者和失效分析学会组织主要创始人之一。

献身科学，创造基于实践

1952年，钟群鹏以优异的成绩考进清华大学航空系学习，同年转入北京航空学院，1957年从北京航空学院研究生毕业留校从事教学科研工作。50多年来，钟群鹏院士以坚强的毅力和对真理的执着追求，一直辛勤耕耘在教学科研第一线，桃李满天下，取得了一个又一个科研成果，1999年被增选为中国工程院院士。

作为一名杰出的科技工作者，钟群鹏院士是我国失效分析预测预防分支学科的主要开拓者和奠基人之一。

20世纪80年代初，为了推进失效分析的发展，求得广大科技工作者的共识，钟群鹏教授与几位业内骨干在全国范围内发起了一个有117名国内知名教授、专家参加的签名活动，呼吁国家加强失效分析的研究和组织工作。使我国第一个失效分析的学术组织——失效分析工作委员会于1985年得以顺利建立，钟群鹏教授被推荐担任了该委员会主任。

德教双馨，成人先于成才

人才培养是大学的根本任务和首要职责，更是钟群鹏院士的价值追求。从上世纪50年代末起，钟群鹏院士就没有离开过教书育人的第一线，助教、讲师、副教授、教授。半个世纪以来，从意气风发的青年学生到满腹经纶的白发学者，无论从事哪方面的研究，处理着什么样的事故，教师的职责一直都没有放下。

钟群鹏院士创造性地把“装备失效”的概念引入到人才培养中，形成了自己独特的“人才失效观”和人才培养观。他常用人才“失效”的理念来教育自己的学生：想要成为真正的人才，有四“基”四“成”需要做到：第一是要学会健身，打好基底，这样才能成长。第二是要学会做学问，奠定好基础，这样才能成才。第三是要学会做人，夯实了基石，这样才能成人。第四是要学会做事，练好基本功，才能成功。

钟群鹏院士打心眼里对学生真正关心、真正爱护、真诚帮助、鼓励个性发展。在长期的教学工作中，他始终坚持以人为本，以尊重学生个性特点为指导思想，遵循学生个性发展的特点，着眼于学生终身良好思想道德与行为习惯的形成，着眼于学生的全面发展，不断激励学生，帮助学生树立自信，鼓励学生战胜困难。

钟群鹏院士与学生们在一起

老骥伏枥，事业在于奉献

2002年，学校新一届领导班子上任后，年近古稀之年的钟院士毅然挑起了学术委员会主任的重任，以多病之躯全身心地投入到了学校的发展谋划之中，不倦地探索着在学科建设、学术评价、学术发展中充分发挥好学术委员会的作用。

钟院士对学校的发展倾注了极大的热忱。他积极参与学校发展战略规划，以他的远见卓识、创新思维，在北航发展关键性的战略选择过程中都提出了宝贵的具有战略性的咨询意见，为学校的重大战略决策和战略规划制定做出了重要贡献。

钟群鹏院士作报告

钟院士有超越常人的忧患意识、危机意识。钟院士利用寒假时间，找来相关科研数据和人事数据进行了科学系统分析，亲自动笔，形成了长达3000余字的报告，总结出“北航现象”6个方面的经验和启示，指出了学校在科研工作方面存在的主要不足和问题。

钟院士对学校的人才建设倾注了无数的心血。钟院士率先提出“一代人才、一代事业”，他结合北航的人才结构，对学校不同年龄段高端人才成长规律进行了深入分析。作为人才引进专家委员会的组长，他爱才、惜才，为学校把关引进了高学术水平的青年才俊，他们代表了北航的未来。

永葆本色，伟大寓于平凡

熟悉钟院士的人都知道，他是一个不折不扣的“工作狂”、“拼命三郎”。虽然已是70多岁的高龄，但他依旧奋战在学术科研的第一线。钟院士的身体并不好，他是在用“一只眼、一个肾、一条腿”来工作的。10多年前，由于患上了青光眼，他的左眼已接近失明，右眼视力0.1，矫正后仅达到0.8，对于他来说，查阅资料、撰写报告是非常困难的事情，他家里备有七八个不同倍数的放大镜，借助这些工具，常常加班到深夜。

钟院士的一生凝聚着对科学的执着，对事业的热爱，对真理的坚持，对正义的勇气，对人生必胜的信念，对党的忠诚，对祖国无私的奉献。正直、无私、严谨、豁达、幽默，这是钟院士留给所有跟他共事过的人的印象。

（原载2012年《北京市深入开展创先争优活动简报》）

钟群鹏院士在实验室

为梦想插上腾飞之翼

——记北航能源与动力工程学院陈懋章院士

□ 蔡继乐

9月2日上午，在北京航空航天大学陈懋章院士家中的书房内，当记者不经意间问他当初为什么选择航空发动机研究时，刚才还侃侃而谈的他，突然陷入沉默，极力抑制汹涌澎湃的心潮，一时间竟说不出话来。记者的提问把他的记忆拉回到60多年前。

陈懋章院士

陈懋章出生于四川成都，从他记事时起，就亲历了日本飞机的轰炸。“炸弹爆炸把死者的肢体抛挂到树枝上的场景，至今还清晰地印在我的脑海里。”陈懋章说，“我在旧中国生活过，经历过民族屈辱的历史，落后就要挨打，使我终生铭记。”

高中毕业填报大学志愿时，他毫不犹豫地选择了北航，选择了航空发动机专业，立志改变我国航空事业落后的局面。

如今，60多年过去了，陈懋章和他的团队在航空发动机研究领域取得了7项重大成果，先后获得国家科技进步一等奖、国家技术发明二等奖等奖项。

然而，他却说：“一想到我国航空发动机事业整体水平还处于落后状态，我就感到我所作的贡献还很不够。”

另辟蹊径设计国际领先的新型压气机

上世纪90年代末，陈懋章和他的团队接到一项科研任务，就是研究新型航空发动机压气机的新技术。我国航空发动机技术落后，是长期制约我国航空业发展的技术“瓶颈”，而压气机技术落后则是主要原因之一。

常规的压气机，经过多年的发展已经很成熟，不可能在现有基础上进一步大幅度提高其性能，所以必须进行根本性的创新。当时，相关技术在国外被视为必须突破的关键技术。“对于这样的核心关键技术，国外对我们严加封锁，根本得不到任何有价值的资料。”陈懋章说。

在这样的困难情况下，怎样靠自己的力量攻克技术难关，是摆在陈懋章及其团队面前的严峻挑战。“时间和经费不允许我们走传统的实验研究的老路。”陈懋章说。于是，他决定尝试走另一条新路，即充分利用计算流体力学取得的最新成果，对相关技术进行数值模拟和数值实验，最后进行验证。后来，这项技术达到了一次设计试验成功，节省了资金，缩短了研制周期。

该项技术部件试验表明，与某大国的原型相比，新型压气机性能的几个主要参数都有大幅度提高。将这种压气机装到发动机上完成整机试验，结果表明，发动机功率大幅度提高，耗油率却明显下降。

某大国著名发动机公司得知这项成果的一些情况后，曾 4 次主动与陈懋章联系，希望合作，并提出优厚的条件。“考虑到这完全是我国自己研究的成果，且有相当的先进性，应首先用于国内，于是，我们婉言拒绝了对方。”陈懋章自豪地说。

陈懋章院士调试实验设备

科研最大的幸福是困惑后的顿悟

对科研人员来说，仅有创新精神是不够的，还要有潜心钻研、敢于质疑的怀疑精神。

1979 年 4 月，陈懋章作为我国首批公派出国的学者，赴英国帝国理工学院从事科学研究。1981 年从英国回国后，陈懋章一直与国内的发动机研究厂（所）进行密切的联系和合作。有一次，某单位研制的发动机，在试飞时发生了空中熄火、空中停车等故障。技术人员反复排查，一直找不到解决办法。刚过春节，陈懋章等就来到现场，和技术人员一道分析讨论。

陈懋章院士获“科教兴国贡献奖”

当他提出故障可能出在压气机扩稳装置上时，有些技术人员表示怀疑：“发动机上用的是苏联的扩稳装置，怎么可能有问题。”

言下之意，不应当怀疑苏联的技术，因为苏联的这种装置一直被奉为经典。“但是，我经过认真分析后，确信自己的想法是对的，我还构思了一种新的工作原理和结构。”陈懋章身上那种敢于质疑的思维，这一次又发挥了作用。

在快下班时，陈懋章请人用自行车把他带到车间现场，实地考察。他围着实物认真查看，边观察边思考。“经过反复推敲和检查自己的想法后，我更进一步确信了自己的看法。这时，我已意识到这不仅可以解决问题，而且是国内外都还没有过的新东西，有它特有的灵巧。”陈懋章说。

后来的试验完全证实了他的看法，解决了故障问题。目前，这种新型扩稳装置已成功用于国内几种型号的航空发动机上。配装该发动机的某型歼击机两次参加了珠海国际航展飞行表演，获得成功。

后来，有学生问陈懋章：“你从事科学研究，最大的幸福是什么？”他想起了这件事，便回答：“我最大的幸福是困惑后的顿悟，即当你遇到难题时，经过艰苦奋斗，从困惑，寻觅，求索，达到豁然开朗、恍然大悟。我追求这样的幸福。”

陈懋章院士与学生亲切交流

慧眼识才培养年轻人不遗余力

陈懋章是一位科学家，是一位从事航空发动机研究的专家，也是一位优秀的大学教师。他慧眼识才，在培养年轻人上不遗余力；在教学上，他精益求精，即便讲过多次的熟悉教材，上课前仍要认真准备。

陈懋章院士成为莘莘学子追逐的“明星”

提起陈懋章的慧眼识才，如今已是长江学者特聘教授的北航宇航学院常务副院长蔡国飙，充满感激地说：“如果不是陈老师的无私推荐，就没有我的今天。”

1992年9月，一个偶然的机会，陈懋章了解到，当时还是大学辅导员的蔡国飙，对航天火箭技术颇有研究。

“这可是一个难得的人才。”虽然火箭技术不是陈懋章的研究领域，但考虑到当时国家缺少火箭技术人才，他决定推荐蔡国飙读博。得知陈教授的想法后，蔡国飙兴奋不已。

但是，研究生院当年的招生名额已满。于是，陈懋章亲自去找院长，要求额外增加招生指标。最终，研究生院破例招收了蔡国飙。

现在，回过头来看，蔡国飙没有让他失望，如今蔡国飙已是我国火箭技术领域小有名气的专家。

除了慧眼识才外，陈懋章还对团队育人情有独钟。他说："我赞成'染缸'理论，不仅大环境重要，小环境也很重要。我希望有一个好团队，为年轻人的成长创造条件。"在他的言传身教下，团队中有几位青年已成为能独立承担重大课题的骨干。

在教学上，陈懋章更是精益求精。陈懋章回国后，学校根据他在英国的研究，希望他讲授湍流方面的课程。他欣然接下了这个任务。

功夫不负有心人，他费尽心血完成的教材《黏性流体动力学基础》，获国家教学成果二等奖。后来，他又编写了《黏性流体动力学理论及紊流工程计算》一书。他说："这两本书确实是我呕心沥血、十年怀胎的产儿。"

（原载《中国教育报》2009 年 9 月 7 日）

春播桃李三千圃　秋来硕果满神州

——记北航航空科学与工程学院王浚院士

□黄勇

王浚院士

王浚院士是我国著名的人机与环境工程专家，自1954年考入北航以来，在这片菁菁校园，已经辛苦耕耘了五十六个春秋。王浚院士几十年来一直从事着环境控制技术、环境模拟技术、空气制冷技术和生命保障技术等领域的研究工作。承担着为我国航空航天事业发展和国防建设的重要任务，取得了丰硕的研究成果，同时也为我国航空航天事业培养了一大批优秀人才。

松间明月长如此　身外浮云何足论

中学时代，王浚先生就对科技知识有着浓厚的兴趣。一次偶然的机会，他读到了前苏联著名火箭专家齐奥尔科夫斯基的一本关于航天及火箭知识的科普读物，并被其中奥妙的航天知识所深深吸引，为奇幻的太空世界而着迷。那本书成了他当时最喜欢的读物之一。

1954年，王浚先生以优异的成绩考入了北京航空学院飞机设计系，开始了他五年的大学生活。但是，就在临近毕业的半年前，一件出乎意料的事情，使他放弃了这个已经学习了近五年的专业。那是在50年代末，正值社会主义改造刚刚完成，社会主义建设全面启动，各界都面临着社会主义建设中出现的新问题、新情况。根据我国12年科学规划的要求，许多新型学科如导弹设计、液体火箭发动机、空气动力学、无线电设备等专业纷纷建立，这些都急需专业人才的注人。当时的北京航空学院作为我国第一所航空航天高等学府，在国家的号召和整个社会建设的大气候下，也开辟了许多新的学科和专业，飞机高空设备就是其中的一项。新成立的专业需要一大批与此专业相关的品学兼优的生源注入，因此王浚就在学校的安排下转向了新专业的学习。这样的决定对已经在原专业付出了四年半辛勤汗水的学生来说显然有些仓促。但是，王浚对此并没有怨言。对他来说，国家的需求就是他的需求。党和国家哪里需要他，他就到哪里去！

正是有这种把国家集体利益放在最高点的爱国之情，王浚在工作上从来都是充满干劲儿，研究方向也积极响应国家需求，承担了多项国家大型国防及民用科研项目，为国家和人民创造了巨大的利益。无论是在科研工作还是教书育人上，他都把爱国作为自己一生的信条。课堂中或闲暇时，他常常对自己的学生说，一个人能否取得大的成就，关键看他的工作是否和国家的需求相一致，是否符合国家集体的利益。

在数十年的科研工作中，王浚先生克服了许多今天科研中难以想象的困难。1974−1984年的十年间，王浚先生扎根于偏远部队基地。那时基地准备在国内建立一个地面模拟试验室，王浚先生是项目的负责人。当时国家正处于文革后期至改革开放初期，科学研究处于长期停滞阶段，国家的经济水平也较为落后。王浚和他的同事克服了研制过程中的种种问题。在研制地面模拟试验时还曾遇到了一件令整个建造工程都不得不停滞的难题。那时，为了让试验室内部的温度调节达到要求，需要一个大型的换热器，用来完成试验室内部的冷热交换和温度调节功能。这么大型的换热器国内当时是没有的，而基地也不具备做这样一个设备的条件。经过不断地调研和走访，发现制氧行业中有一种大型换热器可以改造成试验所需要的换热器。但由于经费紧缺，购买制氧行业换热器行不通。经过多方走访，他们得知在开封某工厂有一批6000标立米空分设备的换热器刚刚被淘汰，可以用到试验室中去！几经波折联系到厂商，却得知这批换热器在几天前就已经被卖到了废品站。后来，在开封的各个废品站里出现了两个焦急寻找“废品”的身影。终于，在一家废品回收站里，王浚和同事找到了被卖掉的这一批 6000 标立米空分设备的换热器。虽然有一部分已经被处理掉了，但还是有两个幸免于难，没有被熔化。王浚和同事如获至宝，急忙把它们运回基地。经过改装，这两个换热器被成功应用到了试验室中，这才使整个工程得以继续进行，并最终获得了成功。

老树不畏风霜剑　苍鹰敢上九重天

几十年的科研工作中，王浚负责研制或改造了数十个大中型环境模拟设备，为国家航空、航天和武器装备行业的科技发展做出了卓越贡献。2001 年，王浚先生光荣地成为中国工程院院士。

这时国家正处于深化改革开放的阶段，综合国力得到较大发展，各个技术领域都需要进一步提升科技攻关能力。这时，缺乏大型的科研试验设备成了诸多领域的瓶颈问题。作为我国人机与环境工程领域唯一的院士，王浚先生肩负起更大的使命。他密切关注国家在各个重要技术领域的进展、关注影响国计民生的重大安全问题，希望能发挥自己的特长，做出新的贡献。从四代机、大飞机、载人航天、探月工程，到青藏铁路、高速铁路、特高压输电、煤矿安全、食品安全……

国家在发展特高压输电工程中，一个重要的问题就是需要对特高压输变电设备进行充分的环境试验，获得特高压线路的关键设计参数。这对特高压线路的造价和特高压线路的安全运行都影响极大。

在与中国电力科学研究院的科技人员密切沟通后，王浚院士承担起国家电网公司特高压直流试验基地污秽及环境试验室的研制工作。这是一个特大型的高原综合环境模拟设备，需要在一个约 13000m^3 的空间内，在 1000kV 的电场环境下，实现高原低气压、制冷、覆冰、融冰、淋雨、人工雾等环境，设计指标高、难度大，需要解决特大空间热物理参数的实现和控制方法、特大真空容器的设计方法以及高原综合复杂气候环境试验系统的设计方法等关键技术难题。例如，项目中所涉及的特大型真空容器，其设计指标已超出国家现有的技术标准，没有设计依据可循。只有部分参考现有的国家标准，结合以往设计经验，并且通过有限元分析综合考虑，最终确定了设计方案。此外，在项目执行过程中，我国南方地区发生特大冰灾，造成输电线路瘫痪，

王浚院士在中国制冷学会年会上作报告

对试验设备的要求更加紧迫。王浚院士组织数个单位，昼夜奋战，于2009年初建设成功了一套世界电力行业规模最大、综合复杂程度最高的高性能人工气候室。在2010年6月，试验室通过教育部组织的项目鉴定，项目总体技术水平达到国际先进，部分技术指标达到国际领先水平。试验室建成后，不仅对特高压输电工程的规划设计做出重大贡献，在高原军需装备研制、人工干预气候等不同行业也发挥了重要作用。

目前，王浚院士已经75岁高龄，依然身先士卒，奋战在科研第一线。他对不同行业的新问题充满兴趣，把这些视为对自己的挑战。他说，虽然年岁大了，太具体的工作会受到一定影响，但他还是会不断地思考，用自己的专业知识思考哪些对祖国有益，哪些有利于祖国的长远发展的问题。作为一名科学家，一名环境模拟专家，王浚院士的眼里并不是只有自己的专业范围，他所思考的也并不局限于工作业务，他为国家各方面的发展都倾注了自己的心血。

广施甘露千株翠　报与春风万点红

从大学毕业留校开始，王浚在从事科学研究的同时，还一直在大学中坚持着教书育人的工作。从讲师、副教授，到教授、博导，培养了多名硕士生、博士生以及博士后。一路走来，教师的责任和使命已经和他深深地融在了一起。他常说，严师出高徒。对学生，要严格要求，不压不成材！他让学生们多参加实践活动，将理论知识与实践活动相结合，一切从实际出发，只有这样才能获得真理、检验真理。“实践出真知，创新能进步”是他在院士格言中提出的，也是他从几十年工作经验中总结的真理，他用这句话勉励着自己，教育着别人。

如今，王浚院士不仅研制的科研设备遍布于国家各个重要的科研机构，他培养的人才也在各个不同的工作岗位上为国家做出了贡献。他的学生在工作岗位上，能够迅速脱颖而出、成为技术骨干，有些已经成为大型企业的负责人，还有一些在航空航天领域担任重要的领导职务。一些研究所的负责人常常提前向王浚院士预定毕业生，他们很看重王浚老师学生的实践能力。

王浚院士与学生面对面

此外，王浚院士还十分注重青年教师的培养，为这个领域培养新的后备力量。2004年以来，一些留校或引进的青年教师和王院士一起工作，在王浚院士的严格培养下，他们正逐步走向成熟，能够独当一面。现在，这些年轻教师大部分已经具有高级职称，有些已经成为教授和博士生导师。

去年王浚院士被评为北航优秀党员。去年也正好是他从教50周年的日子。回过头来突然觉得有些遗憾，竟然没有组织任何活动祝贺这位在北航任教半个世纪的长者。也许这正是先生的品格。他就像一棵老树，静静地伫立在那里，体会着这种宁静的幸福；它依然枝繁叶茂，但它更愿意让风把它的种子传到四面八方，长成茂密的森林。

（原载《北航校报》2010年10月11日第799期）

王浚院士在航空科学与工程学院组织落实年度工作任务讨论会上发言

显微镜下写春秋

——记北航物理科学与核能工程学院姚骏恩院士

□ 慕容素娟

姚骏恩院士

提到“院士”头衔，大家第一反应是仰慕，同时可能又觉得遥不可及，甚至很神秘。那么，就让记者带着大家与院士们近距离接触，让大家认识一位真实、普通而又值得称道的院士吧。

本次报道的是一位扫描隧道显微镜 (STM) 在我国研制和生产的首创者，北京航空航天大学教授——姚骏恩院士。

姚骏恩院士今年整整 80 岁了。小的时候父亲教导他：每人头上都有一片天，不要嫉妒别人，要自己努力，不投机取巧。享年 105 岁又一生跨越三个世纪的母亲用正直善良、任劳任怨、宽厚待人来影响他。

回顾姚骏恩院士走过的 80 载春秋，在他成长阶段，充满着艰辛也有几分传奇，在历经磨难和锤炼之后，开始收获累累硕果。

艰辛而又传奇的成长历程

在姚骏恩的成长过程中，时代留下了很深的印迹，这份印迹让他的这段成长之路充满艰辛，同时又有几分传奇。

1932 年，日本侵略中国的一·二八淞沪大战前夕，姚骏恩全家从上海闸北逃难，一路上忍受苦难和屈辱，最后暂住“法租界”。1932 年 4 月 9 日这天，姚骏恩在“法租界”出生了。

高中毕业那年，正是 1949 年上海解放，姚骏恩面临考大学报专业。

姚骏恩想到，日本侵略中国时，日本飞机经常在中国的大中城市狂轰滥炸，而我们毫无还手之力。于是，他报考了上海交通大学的航空工程系等，立志发展我国的航空事业。最后他选择了大连大学，主要是大连大学是共产党在解放区自己创办的第一所正规大学，为即将诞生的新中国培养建设人才。

《围城》中方鸿渐到大学报到时在路上辗转的情景，真实地发生在姚骏恩身上；新闻报道中印度老百姓挤火车的情景，姚骏恩也实实在在地经历过。历经 10 余天，终于在新中国成立前夕姚骏恩到达了大连。

姚骏恩先后学过英、俄、日、德和法语 5 门语言，看起来是多么令人羡慕！但这些却是在上天给姚骏恩所开的几次“玩笑”中留下的。1951 年，我国严重缺少石油，拟派姚骏恩全班同学去苏联学习石油勘探，后来因计划更改而未成行。1956 年，我国制定十二年科学技术远景规划，拟送姚骏恩去苏联学习，但因体检时发现视觉红绿色弱，不合格而作罢。1957 年初，姚骏恩被选派去民主德国学习，学了将近一年的德语。年底，一切去德的手续都已办妥，行李也送上了火车，准备第二天出发。当晚，接到紧急通知“暂不去德”。改革开放之后，1980 年的后半年，姚骏恩在北京外国语学院学习法语，准备去法国进修表面物理分析，后来又因名额有限未成。这种充满希望而又失望的玩笑，对常人来说，可谓是折磨和打击，而姚骏恩却云淡风轻地看待这一切。

建国初期，由于科学技术水平低，极为普通的常规仪器，精确度却不够。姚骏恩的第一个科研项目是研制精密电阻箱。但是电阻的阻值竟不是纸上所写的固定值，而是天天在变。在研制测量微弱电流的检流计时，经过 20 多次试验才解决了其读数不回零的问题。“这些都是书本上没有的，必须自己找出问题所在。这样的经历培养了我独立进行科研工作的能力。”姚骏恩乐观地看待这些。

姚骏恩这些成长经历，就像压缩饼干一样，都浓缩在记忆深处。虽然是 60 ~ 70 年前的事情，但是现在谈起来，仍历历在目、记忆犹新……

坚实而又厚重的累累硕果

如果把人生比作酒的话，可以说是一杯苦酒和一杯美酒。姚骏恩在人生的前半段，喝得最多的是苦酒。在后期的发力中，他则品尝到了人生的美酒。

姚骏恩 4 次被安排出国留学，都未能成行，但是留给他的却是阅读英文、德文、俄文的扎实的语言功底，再结合过硬的专业知识，姚骏恩在科研道路上发挥出巨大的能量。

显微镜是人类认识微观世界的有力工具。光学显微镜的出现，使人们发现了被称为 19 世纪三大发现之一的生物细胞，对自然界的认识有了一个极大的飞跃。诞生于 1932 年的电子显微镜和 1982 年的扫描隧道显微镜，分别作为显微镜发展史上的第二和第三个里程碑，促进了纳米科技的诞生和持续发展，和光学显微镜一起得到广泛的应用。为此，电子显微镜和扫描隧道显微镜的发明者共获了 1986 年的诺贝尔物理奖。

1956 年，我国提出要研制电子显微镜。但当时苏联顾问认为：电子显微镜难度太大，12 年内中国做不出来，不要列入发展规划。中国如要用，可向苏联买。但是姚骏恩他们没有放弃，中国科学院长春光学精密机械研究所邀请刚从德国留学回来的博士为负责人，以日本中型电子显微镜为参考，用 72 天，在 1958 年 8 月制造成功我国第一台电子显微镜，加速电压为 50kV，分辨本领达 10nm。

但当时有人质疑，你们能做电子显微镜，很好！但这是仿制的，自己设计行吗？为此，姚骏恩他们开始研制我国第一台自行设计的电子显微镜。姚骏恩熟悉磁路设计，加上有关的光学知识和阅读英、德、俄文的能力，他参考国外有关经典文献和当时世界上最先进的德国电子显微镜样本，经过 10 个月日日夜夜，1959 年 9 月末，研制出我国第一台自行设计的 XD-100 型电子显微镜。这项成果被列为中国仪器仪表行业从仿制到自行设计制造的一个标志，是“中华人民共和国四十年重大科学技术成就” 之一，并收入记载古今中外自然科学大事的《自然科学大事年表》。

姚骏恩院士在北京科技交流学术月开幕式上致辞

这台 10 万倍的电子显微镜还在北京展览馆展出。展会上，他们用抓来的一只蚊子做样品，观众十分好奇地排长队观看电子显微镜下蚊子翅膀上的“汗毛”。现在姚骏恩仍难以忘怀这个场面。

紧接着，姚骏恩的人生开始不断结出累累硕果：1960 年起在国内推广电子显微镜设计制造技术，1964—1965 年完成高分辨透射电子显微镜研制，1973—1975 年参加完成我国第一台扫描电子显微镜研制，1979 年负责发展分析扫描电子显微镜（批量生产），并荣获中国科学院重大科技成果一等奖，1987—1988 年姚骏恩率先在国内提出并主持完成扫描隧道显微镜的研制和生产，1989 年、1990 年分别获中国科学院和国家科技进步二等奖，1991—1993 年他提出并主持完成我国第一台超分辨光子扫描隧道显微镜，主持研制了原子力显微镜。

探索创新的无悔人生

2001 年，姚骏恩被选为中国工程院院士。对于一位科研工作者来说，这可谓是对其职业贡献的最大肯定。

姚骏恩在退休 11 年之后的 2003 年，进入了北京航空航天大学，任教授、校学术委员会委员和理学院物理研究所所长。

姚骏恩说：“这实现了他 54 年前报考航空系为祖国航空事业服务的愿望。”

在校期间，姚骏恩负责完成了国家自然科学基金仪器专项基金项目“纳米分辨率活细胞扫描探针原位实时显微观测系统的研究”、985 工程教育振兴行动计划 -2 期“复杂系统与空间物质结构科技创新平台”的子平台——空间物质纳米级就位测试、科技部科学仪器设备升级改造专项“扫描电镜增配聚焦离子束纳米加工系统”、国家科技支撑计划重大课题“场发射枪透射电子显微镜”的研制，并建设了“微纳测控与低维物理教育部重点实验室”……

姚骏恩这样解释“成功之路”：“对于一个人来说，在‘天赋’和社会环境已定的情况下，只有勤奋求实，宽阔胸怀；打好基础，创造条件；抓住机遇，探索创新；拼搏奉献，锲而不舍；才能有所建树。”

不过，姚骏恩心里还有点遗憾。“我毕生为之奋斗的电子显微

姚骏恩院士在中科院重大科研装备自主创新试点项目启动会上发言

镜制造事业，由于种种原因，国产电子显微镜和扫描探针显微镜的质与量至今还远远不能满足全国的广泛需求。”他说到，“先进的技术是买不来的。工欲善其事，必先利其器。为建成创新型国家，我国必须自主发展新的纳米测量方法和纳米加工技术，并装备一批纳米测量仪器和先进设备，振兴我国的电子显微镜制造事业。”姚骏恩还坚定地表示：“我将为之继续努力，奋斗终生。”

时光荏苒，转眼间80个春秋已经过去。回顾姚骏恩的人生足迹，如同一部穿越剧，从战争的中国、贫困的中国、转折的中国、起步的中国再到崛起的中国，一路走来，他见证并参与其中。

“俯仰无愧天地，褒贬自有春秋”，姚骏恩这样自勉。

（原载《中国电子报》2012年6月5日）

执迷不悔索真知

——记北航数学与系统科学学院李尚志教授

□存　磊

李尚志教授

三角函数

东升西落照苍穹，影短影长角不同。

昼夜循环潮起伏，冬春更替草枯荣。

立体几何

锥顶柱身立海天，高低大小也浑然。

平行垂直皆风景，有角有棱足壮观。

看到这两首妙趣横生的小诗，应该会让人产生对数学的一种别样的兴趣。将理性逻辑严密的数学加入浓厚的人文气息，这是李尚志教授与学生交流数学思想的另一个通道。再看李教授的另一段文字：

“金庸的武侠小说《倚天屠龙记》中张三丰教张无忌太极剑，先是张三丰通过一定的招式来演示，然后张无忌跟着学习。张无忌使出来的招式竟然与张三丰的大不相同。张三丰不但不责怪张无忌离经叛道，反而要求张无忌将他所演示的招式彻底忘掉，才算是真正学会了。这个故事虽然显得有些离谱，但是却体现了一种高明的教学方式：张无忌需要学的不是太极剑的具体招数，而是太极剑的意识和理念。然而意识和理念必须通过具体招数来体现。张无忌透过具体招数学到了意识和理念，然后又将这些招数抛弃，在实战使用中通过自己随心所欲使出来的另外的招数体现了学到的意识和理念。简而言之就是：无招胜有招，通过有招学无招。我设计的文科数学的课程就采用了这样的思路：通过数学中一些重大的问题及其解决的过程，来体现解决问题的思路。尤为重要的是：最关键的最原创的思路往往是最简单的，因而是最精彩的。”

把深奥的数学原理融汇于文采飞扬的讲解中，这是李教授的教学风格。在有如此神采的课堂上，学生怎么会不受益匪浅？一位文科学生在课后写的体会中谈到：“在经过了6周的数学大观课程的熏陶之后，令我感触颇深的是对数学这门课程全新的认识，数学原来并不只是为解题和考试服务，数学原来不仅仅是数字游戏，数学原来也不只是为一群资深而不苟言笑的专家们所独占，数学原来也是人生观，数学原来也可以是方法论，数学原来可以如此精彩。”

“不是神童”

在李尚志教授出国访问的时候，有外国学者曾经认为他出身书香门第，李教授更正说，他父母的文化程度都很低，父亲是个会计，虽然算盘打得很熟练，但只有高小文化程度，xy之类的一概不懂。母亲是家庭妇女，初小文化程度。但父母亲对教育子女非常重视，也很严格。

李教授自嘲自己“不是神童”，话头要引到他六岁时，去报考家乡四川省内江市的一所重点小学一年级。谁知道却没有被录取。因为虽然他已经会认字、写字、算算术，但考官不考这些，而是问了一大堆问题，诸如：家在哪里住，家里有些什么人，你最喜欢谁；……，等等。他小时候很怯生，不敢说话，大约给考官留下的印象不好，因而没有被录取。过了半年，他到一所民办小学考插班生。这次是考认字和算算术，正是他的拿手好戏，老师很赞赏，马上就录取了他。他不辜负信任，在班上成绩名列前茅，以后通过自己的努力脱颖而出。李教授感叹如果换在现今的教育环境，一次失足就定了终身，被打入另册，差距越拉越大；很难再有翻身的机会，这埋没了许多有潜力的孩子。

1965年，年轻的李尚志考上中国科技大学，满载着家乡父老乡亲的希望奔赴北京入学。在这名师荟萃的校园里，他如饥似渴地努力学习，学习成绩进入班上的前列。“但是，还不到一年，文化大革命开始了！全国人民都在劫难逃。我们不再读书，不再有大学二年级，三年级……。只有无休止的大批判，大斗争，大规模武斗。我内心深处希望这场大革命早日告一段落。但五年过去了，‘大革命’花样翻新，没有止境，我们的大学生涯却就此结束了。那时正值知识分子最臭的时候，我被分配到四川省达县专区，专区把我分到万源县，县把我分到一个公社小学当教员。”

万源县地处川陕边界，大巴山区。李尚志在这里一待就是八年，人生最美好的年华都付与了这里。对于他来说，苦难并不仅仅是苦难，岁月的磨砺没有磨掉他求知的锋芒。孤寂的环境，灯下读书的身影，将近三千个日日夜夜塑造了他坚强的人格和意志。在之后人生的历程中，那段岁月的点点滴滴仍不时进入他的梦境，用李教授的话说，这应该就是“巴山情结”吧。

“比梦更美好”

1978 年，大地回春。李尚志考回母校读研究生，八年的光阴，此时重回母校仿佛有隔世之感，他一心想的是怎样把失去的时间补回来。直到 1980 年，他写出了自己的第一篇论文，有的专家认为已经达到了博士水平。李尚志并没有停步不前，而是继续苦心钻研。到他终于被批准举行博士学位论文答辩时，已经写出了六篇论文，被答辩委员会的专家评论一致认为做出了系统的、完整的、富有创造性的工作。

李教授后来在文章中真切地还原了当年获得博士学位的情景：

“1982 年 6 月 17 日清晨，一阵紧急的敲门声把我从睡梦中惊醒。有人在喊：‘博士，快起来听广播！’我在前一天刚刚挤硬座车来到北京，临时住在一间实验室里。手边没有收音机。匆匆起来打开门，才知道中央人民广播电台已经广播了我们 6 个人获得博士学位的消息。这是新闻媒介首次宣布我国已经培养出了自己的博士，在全国各地都引起了强烈的反响。后来我知道，在我的家乡四川内江，以及我工作了八年的四川万源，这一消息在播送时都引起了轰动。而我本人

李尚志教授获评“感动北航”年度人物

却在睡梦中漏听了这条新闻。”

大约一年之后，1983 年 5 月 27 日，在人民大会堂隆重举行了博士、硕士学位授予大会。李尚志作为中国自己培养的首批 18 名博士的一员，站在人民大会堂的主席台上，从严济慈校长手中接过博士学位证书。他实现了一个比梦更美好的现实。

此后，李尚志在中国科技大学数学系任教二十多年。1991 年受国家教委表彰为“做出突出贡献的中国博士学位获得者”。1999 年获宝钢教育基金优秀教师特等奖。2003 年 9 月获教育部授予的“国家级教学名师奖”，是全国获得该奖项的首届 100 名获奖者之一。2004 年调入北京航空航天大学，任理学院院长。

2006 年 10 月在武汉举行的第二届大学数学论坛上，李尚志应邀向来自全国各高校的 600 多名与会教师作 1 小时大会报告。会议主持人用了 4 个数字来介绍李尚志：“李尚志教授有两个 1, 一个 2, 一个 3。两个 1 是：他是我国自己培养的第一批博士，是我国第一届高等学校国家级名师奖获得者。一个 2 是：两次获得国家级教学成果奖。一个 3 是：主持的 3 门课程被评为国家级精品课程。”值得补充的另一个数字是 101：李尚志已经应邀到 101 所高等学校去讲学介绍自己在教学改革中的经验。

“抽象并不是坏事，而是好事”

数学是抽象的，往往让人误解为枯燥、难懂、晦涩，但事实上并非如此。这是教育方法的问题。将抽象复杂的数学概念和理论变为生动的、易于接受的知识，这是李尚志教授在多年的教学中所研究的，并在实践中获得了很好的反响。尝试通过改变教学方法达到这种效果，并不是要降低对数学教学水平的要求，也不是要牺牲数学逻辑的严密，而是要让学生不再死记硬背数学定义和定理，要领会这些定义和定理中所包含的本质的、原创的想法，而这些想法往往是很自然也很显然的。这种教学思路的改变，事实上是提高了对学生的要求，一方面使学生体会到抽象的数学概念和理论其实是很显然的东西，另一方面可以使学生的逻辑日益清晰，思路变得严密。这就是李教授在

李尚志教授在北京高校创先争优先进事迹报告会上作主题演讲

教学过程中要达到的目的。

李教授在接受采访时谈到，抽象并不是坏事，而是好事，不是无用而是应用更广泛，不是枯燥而是精彩。我在课堂上经常说：“抽象”就是“难得糊涂”，就是对很多事物的不同点暂时视而不见，而抓住它们的共同点进行统一的处理，这样得到的结论具有更加广泛的适用性，这是数学的精华之所在。然而，长期以来，我们的教材和教学却不能让学生体会到这一点。在通常的基础课教学内容体系中，一般是按逻辑顺序来安排教学内容。这一点主要是因为我们的老师许多都是搞科研的，虽然新发现源于很自然很精彩的想法，但在编写教材的时候，为了便于叙述，添枝加叶，把最初简单的想法完全复杂化了，这样的内容，在逻辑上是完整的，但往往最初的原始想法却被隐藏在逻辑推理之中了。当然，可以假设读者水平很高，能够从你的逻辑当中读懂你的原始想法。但要学生这样来读，就显得勉为其难了。因此，我希望学生在学习基础课的过程中应该在一定程度上了解所学知识的来龙去脉。基于这种考虑，在线性代数教学中，我进行了从问题出发组织教学内容的尝试，希望在一定程度上让学生了解所学的知识体系是怎样从最初解决一些重大问题的尝试中一步一步建立起来的。

“不能让学生变成计算机终端”

李老师在教学实践中十分注重对学生创造性的培养。他讲课深入浅出，善于引导学生的思维，鼓励他们独立思考、勇于创新。比如在北航高等工程学院选拔考试现场，他与接受选拔的学生有这样的问答：

“你知道什么是圆锥曲线吗？”

“圆，椭圆，抛物线，双曲线是圆锥曲线。”

“它们既然叫圆锥曲线，总应当与圆锥有关系吧。不然为什么叫做“圆锥”曲线而不叫“鸡蛋曲线”或者“正方体曲线”呢？比如，我国有个女子体操运动员吴佳妮，她首创了一套体操动作，这套动作就要以她来命名，叫做“佳妮腾越”，而不能叫做马拉多纳腾越或者叫别的名字。”

李尚志教授获评“国家级教学名师奖”

“哦，……，想起来了，圆锥曲线可以由平面去截圆锥得出来。从不同的角度去截，分别得到圆，椭圆，抛物线，双曲线。”

“你面前的桌子上有一个茶杯，里面有水。请观察，水面的边缘是什么形状？”

“是圆。”

“请把茶杯端起来，稍微倾斜，现在水面的边缘是什么形状？”

“好像是椭圆。”

“真是椭圆吗？请说明理由。”

“这个杯子是圆柱形吗？”

“请自己观察。杯子的上下是一样粗吗？”

“不一样粗，而是上面粗下面细。不是圆柱，是圆台。……（思考）…… 因此，水面的边缘不应该是椭圆，应当是一头尖一头平的曲线，像鸡蛋一样。……(感到奇怪)……但是看起来怎么还是像椭圆呢？”

“只有上下一样粗的圆柱被平面截才能得到椭圆吗？你刚才不是说过椭圆也是圆锥曲线吗，能不能用平面截圆锥得到？”

“（似有所悟）哦…将杯子侧面向下面延伸就是圆锥，所以水面边缘还是由平面截圆锥得到的，应当是椭圆。”

“很好！谢谢。”

……

李尚志教授为学生上课

李教授在试后谈到问这些问题的用意：圆锥曲线是数学中的重要概念，让学生叙述书本上的圆锥曲线的定义，是一道常规的数学考试题。但这并不是我们考试的重点，而只是将它作为一个引子，埋下的一个伏笔，暗示和引导考生在以后的问答中将现实生活中的例子与书本上的圆锥和平面联系起来。我们发现，大部分考生会背诵圆锥曲线的定义，但面对现实生活中茶杯中的水面，却将刚才所背的定义忘得干干净净，不知道茶杯壁可以看作圆锥侧面的一部分，水面可以看作平面，截出来的也是圆锥曲线。不能认为只有书本上、考试卷子上的平面和圆锥才是正宗的数学，生活中的水面和茶杯就不是数学，就都是左道旁门、歪门邪道。我们这样考学生，不仅是为了选拔，更是引导学生将眼光从书本和考卷的狭窄天地中解放出来，放眼到现实生活中去体会数学。当然，各个考生对我们所提的问题并不是都是像前面那样回答的。但前面所写的回答确实能够代表相当一部分考生。他们虽然在一开始有疑惑，没有得出正确的答案，但在考官的启发下能够很快醒悟过来，我们对这样的考生就很满意，决不因为开始的答案不对就扣他们的分。考生从疑惑到醒悟、从错误到正确的转变过程更能够令人信服地表现他们的思考能力，比起最后答案的对或错更加重要。

李教授提到一位教授打过的一个比方："我们的教育有时将学生当做计算机终端，只给他们输入，他们遇到问题只会扫描看有没有现成的答案，只要与现成答案有一点差别就不会了。"他说，这位教授批评得很对，这样的教育方式是失败的。李老师打了另一个比方："婴儿刚出生时只有几斤重，它将来会自己吃饭，吸收营养，长到几十斤，一百多斤。母亲不可能在孩子出生时就将几十斤、一百多斤的体重都给他（她），只能给他（她）自己吸取营养、自己成长的能力。学生好比婴儿，学校好比母亲，学校给学生的也应当是这种能力。"

在祝贺母校中学校庆时，李尚志曾经赋诗一首总结了自己走过的人生道路："白水东城忆少时，几分豪气几分痴。五车苦读甘如蜜，六艺初探兴有余。在劫难逃惊噩梦，执迷不悔索真知。师恩胜似春晖暖，故国神游有所思。"对理想信念的坚守令人为之动容。"上下而求索"的执著气质不仅是李教授获得教学科研巨大成绩的根本，也是我们这个时代蓬勃发展的一个象征。

（原载教育科学出版社《名师颂》2007年6月出版）

做教师是一生最快乐的事

——记北航数学与系统科学学院王琪教授

□ 贾爱平

王琪教授

在北航，只要提到“王琪”这个名字，许多人都会不约而同地回答：“知道，首届国家级教学名师”，但接下来“知道”的内容就不尽相同了。听过他讲课的学生会说他是一位“课讲得很活”、“能激发人思考”的好老师；同事会说起他的“投入”、“敬业”以及和人相处的亲和力；他的导师会谈到王琪教授的吃苦耐劳和在教学上的钻研和努力；再熟识一点的老师则会谈到王琪教授和他的同事们共同构建的“基础力学探究型教学模式”……，而大多数的北航人，也许对王琪教授的了解仅仅限于他是首届国家级教学名师。

作为首届国家级教学名师奖获得者，王琪教授到底有什么样的“绝活”能够吸引学生？他到底是一个怎样的人？带着许许多多的疑问，记者在北京的深秋敲开了北航老主楼323办公室的门。

“当你欣赏一些人的时候，你也很想成为那样的人。”

1959年2月，王琪出生于北京，少年时代的他喜欢无线电，喜欢汽车。虽然姥爷一家全是教师，但少年王琪却从没想过自己会做教师。

1978年，作为全国恢复高考后的第二批大学生，王琪走进了北航飞行器设计与应用力学系的“力学师资班”，当时“力学师资班”

的培养目标是为高校培养《理论力学》和《材料力学》的教师，虽然当一名高校教师并不是王琪的理想，但想到今后还可以通过读硕士研究生、博士研究生去实现自己的理想，王琪还是带着高中老师的祝福和期望走进了北航。

王琪教授回忆说，他大学的第一堂课是《画法几何》，陈剑南教授独特的教学方法和语言使一些抽象难懂的内容变得简单且易于理解，他佩服并欣赏这样的老师。之后在北航他还发现了许多非常优秀的老师：麦中凡教授讲课生动精彩，听他的课会使你对他所讲的内容产生浓厚的兴趣，周德润老师上课注重传授数学的思想和方法，……，“听这些老先生上课是一种享受”，王琪教授深情地说：“当你欣赏某些人的时候，你也很想成为那样的人”。

1982年，王琪从北航飞行器设计与应用力学系毕业后，留校在《理论力学》教研室做了助教。除了听课、批改学生作业，他还负责给学生答疑，讲习题课等。渐渐地，老教师和学生们发现这位助教概念清楚，讲课条理清晰，逻辑性强，课堂气氛活跃。于是老教师们给他提供更多上讲台的机会，学生们有问题也愿意向他请教。这种肯定给了王琪自信和喜悦，他开始慢慢喜欢上了教师这个职业。

经过多年的辛勤工作和苦心钻研，王琪在自己所从事的岗位上获得了累累的硕果：国家级优秀教学成果二等奖 2 项（2001 年、2005 年）、北京市优秀教学成果一等奖 2 项（2001 年、2005 年）、宝钢优秀教师奖 1 项和首届北航优秀主讲教师等多项校优秀教学成果奖，在他的主持下，《理论力学》课程教学团队被评为北航首届“优秀教学育人团队”，《理论力学》课程被评为北京市精品课程（2003 年）和国家级精品课程（2004 年）。2003 年，王琪教授获得首届国家级教学名师奖。王琪终于成为了当年自己所欣赏的人中的一分子。

在巨大的荣誉面前，王琪教授却谦虚地说：“我觉得自己称不上名师，如果说这份荣誉要与名师联系起来的话，可以说我是北航的许多名师多年培养的结果，这份荣誉和老教师们对我的传帮带以及教研室同事们的共同努力密不可分。”

“工作若能和自己的兴趣相结合，则是人生中最快乐的事”

从教20年来，王琪教授一直在本科教学第一线为本科生上“理论力学”课，现在他还要指导自己的硕士生和博士生，他是北航“理论力学”课程负责人，教育部基础力学课程教学指导委员会委员，中国力学学会一般力学专业委员会委员，北航理学院主管教学副院长。为了工作，他早出晚归，有时候周末和节假日也不休息。家人心疼他，劝他注意休息，可王琪却说：“我不累，工作时我很轻松，因为它正是我的爱好，如果一个人的工作能和他的兴趣结合，那么工作就是他人生中最快乐的事。”

生活中的王琪，脑子里常常想着自己的教学与科研工作，只要是与他的工作有关的问题，包括生活中的、工程中的，甚至是新闻中的力学问题，他都努力用浅显易懂的理论将其合理解释，并想方设法充实到他的课堂教学素材中。

王琪老师的同事王士敏也就此谈到：“王琪获得国家级教学名师奖绝非偶然，他在教学方法、教学理念上不断探索，他全心全意地投入到自己的工作中，即使在聊天时，他也会和同事们探讨对教学、科研工作的思考，我们常常在和他的聊天中碰撞出智慧的火花。”

谈起教师的工作，谈起学生，谈起自己所讲授的课程，王琪教授似乎有说不完的话，他沉浸在自己工作的幸福感中，他在享受着自己的工作带来的乐趣。我想，正是因为对自己工作的热爱，正是对工作乐在其中，他才心甘情愿地把自己最好的青春岁月奉献在了自己深爱的三尺讲台。

“好的教师应该全方位发展”

除了在教学上取得的瞩目成就，王琪教授在科研上也是累累硕果。他的主要研究方向是多体系统动力学与非线性动力学，先后主持和参加国家自然科学基金、航空科学基金课题和横向科研课题多项，在核心刊物和学术会议上发表论文几十篇。曾获中国航空工业总公司科技进步三等奖。

工作中的王琪教授

谈到科研与教学的关系时，王琪教授深有体会地说：“好的教师应该全方位发展。”作为一名教师，应该将参加科研工作的感悟和研究问题的思想方法融于教学，将科研工作中所研究的问题通过合理的简化后引入教学，将发明的专利技术与研制开发的产品服务于教学。为此，近年来“理论力学”教研室在王琪的牵头主持下，在教研室所有老师的共同努力下，建立了内容丰富的多媒体素材库，其中既有反映科技发展历史的素材，又有反映最新现代科技成果的素材；为了模拟科学探索的过程，他们建立了演示实验、仿真实验和自主实验构成的“理论力学”实验体系，将理论教学和实验教学有机结合，这些教学方法与手段更符合研究型大学对人才培养的要求，也深受学生们的欢迎。

作为王琪教授的硕士生导师，谢传锋教授目睹了王琪从学生到国家级教学名师的成长，谈到对王琪的印象，谢老深情地说：“20多年来王琪在教学和科研上全面发展，在教学上投入很多，肯钻研，由于有科研的支撑，所以进步很快。他在教学方法上有很多创新，能够获得国家级教学名师奖也是实至名归。”

王琪教授的讲课“有深度、有水平、有方法”，这是他的同事们对他的一致评价。

“启发思考，授人以渔”

谈到对王琪教授的评价，学生们说得最多的是“王老师是一位能激发学生思考的好老师”。的确，听王琪教授的课，你会发现他常常从探索的角度，虚拟再现问题的提出、理论的形成与发展过程，引导学生提出问题，分析问题，让学生在认识实践的过程中逐步形成解决问题的方法，使学生在学习的过程中“有问题可思考”，“有方法可推敲”，变被动学习为主动探索，认真钻研，从而提高学生发现问题和提出问题，分析问题和解决问题的能力，让学生在探索的过程中学习，在学习的过程中实践，在实践的基础上创新。

王琪教授在教学研讨会上发言

说到对本科教学的思考，王琪教授谈到，北航李未校长在第二届北航教学指导委员会成立大会上的讲话给他很深的印象，也产生了强烈的共鸣。李未校长说“在大学学什么、怎么学，决定了学生毕业后做什么、怎么做”。王琪教授由此想到，作为一名高校教师，如何让学生在大学期间不仅学到知识，还能进一步学到研究问题的思想和方法更为重要，而要想达到这一目的，则取决于教师教什么，怎么教。正因为此，王琪教授在教学中，经常强调的一点就是：不仅是传授理论力学的知识，更重要的是在传授知识的过程中，把分析研究问题的思想和方法传授给学生。他常常通过演示某些力学现象提出问题，通过分析问题引出“新”概念，通过启发或讨论，引导学生探究解决问题的方法与途径。王琪教授利用现代教学技术，在教学中力求实现五个结合，即启发式和讨论式的教学方法相结合、知识传授与能力培养相结合、理论研究与应用实践相结合、定性分析与定量分析相结合、解析分析与数值分析相结合，努力探究由实践到理论，再由理论到实践的符合认知规律、理论联系实际的课堂教学模式。

教师节的时候，一位王琪教授以前教过的学生给他发来短信：“感谢您把对理论力学的理解以及自己学习和研究的方法传授给我，这些会让我终生受益……”。王琪教授说，看到这样的短信，他很欣慰，因为实现了他教学的目的：“启发思考，授人以渔”。

“上王琪教授的课是一种享受”

在王琪教授的课堂上，学生的到课率总是很高。除了来上课的本科生，还有来旁听的年轻教师、已获得研究生推免资格的本科生以及外校的大学生。

王琪教授在课堂上和学生们一起分析问题，一起探讨获得知识的方法，一起摸索解决问题的途径。他常常和学生一起进行模拟探索，去试图重现牛顿、拉格朗日时代的科学发现。王琪教授鼓励同学们在课堂上大胆说出自己的想法，每个人在课堂上都很放松，他们在享受一种理解知识、探索知识的过程。王琪教授的幽默、风趣、活泼、严谨深深地感染着同学们，90 分钟的课往往让人感觉很快就到了下课的时间，正如一位同学所说：“听王琪老师的课你会觉得时间过得特别快，会感觉那是一种非常享受的过程，在他的课堂上和老师一起享受探索获得新知识的过程，同时也享受着他独特的教学和人格魅力。”

讲课中的王琪教授

他鼓励学生在课堂上积极思维，他和学生们讨论的问题有科学发展史中的力学问题，有学生熟悉的身边的力学问题，有科技发展与工程中的力学问题，还有前几届的学生在课堂上提出的好问题。通过讨论问题引出“新”概念；通过讨论问题产生解决问题的方法；通过讨论“老”问题，提出“新”问题，探究“新”方法。用课堂上教与学的过程去模拟科学探索的过程。在这样的课堂教学中，学生们获得的更多。这种师生互动的探究型教学模式，在他的课堂教学中不断得以完善。

由于对王琪教授上课的深刻印象，更由于王琪教授的亲和力，有一些外系的硕士生和博士生，由于本科时上过他的课，在作学位论文时，遇到问题，也愿意找他一起探讨和切磋。而王琪教授，也一直在不断探索着新的教学方法，让学生学在其中，乐在其中，享受一个充满乐趣的学习过程。

王琪教授的办公室是一间很普通的办公室，长方形的格局，厚重的木地板，大大的窗户外是深秋美丽的北航校园，而办公室里，随处可见他和他的同事们设计制作出的一些课堂演示实验装置，有共振实验、惯性力实验、“快速下降线”实验……，王琪教授每天在这个普通的房间里备课、思考教学的新方法，探索科研的新发展。看似普通的时光里，他享受着自己所从事的工作，也从中享受着生活的乐趣。

“不说崇高和神圣，只求生命有魂有根；不比绿叶与红烛，只为点亮知识的灯。”采访完王琪教授走在北航校园，我终于明白王琪教授不愧于首届国家级教学名师的称号，他对自己工作的强烈兴趣、他在工作上的钻研努力等等因素都注定他会成为一名深受学生喜爱的教师。的确，王琪教授就是这样一位名师，朴实、敬业，在三尺讲台上谱写着自己人生的华彩乐章！

（原载教育科学出版社《名师颂》2007年6月出版）

牢记使命　教书育人

——记北航电子信息工程学院张晓林教授

□ 杨 晗 刘天然

张晓林教授

一些不太熟悉他的人，对他能够多年在教学、科研、行政一肩挑的情况下，始终坚持在教学讲台感到不可思议；许多认识他的人认为，他是一位用心来教学生、搞科研、做事业的好老师，治学与待人，两者兼修；科研与教学，融会贯通。这就是全国第二届高等学校教学名师奖获得者、北京航空航天大学电子信息工程学院张晓林教授。

严谨治学　精益求精

作为一名航空电子通信专家，多年来，张晓林担负着许多重要的科研工作。他曾主持完成多项国家、省部级科研项目，获国家级科技进步二等奖 1 项、省部级科技进步一等奖 2 项、二等奖 2 项、三等奖 3 项，国防科工委重大项目二等功 1 项，已获发明专利 7 项，结合科研与教学发表论文 100 多篇。1992 年被授予航空航天部有突出贡献专家称号，被国务院批准享受政府特殊津贴。近 10 年在 3 项国家重点项目中担任总设计师或副总设计师等重要技术职务。此外，他还兼任电子学报、航空学报、遥测遥控学刊编委；中国电子学会常务理事、DSP 应用专家委员会主任委员，科技部国家中长期科技发展规划战略研究咨询专家，信息产业部中长期科技发展规划战略专家，总装电子信息系统专业组专家，国家发改委重大专项地面数字电视传输体制和标准联合工作组技术组组长等工作。

面对繁重的科研任务，张晓林总是面带微笑迎接困难挑战，在坎坷的科研道路上永不服输，团结带领学生和身边的同志取得一个个科研成果。博士生张超和路程同学为我们讲述了张老师带领他们进行中国地面数字电视标准与系统研制的一段难忘经历。“当时，那些研究和试验的完成与否将意味着一场中国标准和国外标准竞争的成败，国家数字电视产业上亿万元市场竞争的成败。在议论纷争，难以决断的关键时刻，张老师鼓励大家不要畏惧，不要气馁，并带领研制团队冲破了一道道研究和试验的难关，最终在国家发改委和中国工程院的领导下，与清华、上交大、北大等十个大学和研究院共同完成了这个极为重要的标准的研制和国标委的颁布；并在北航研制出世界第一台完全符合中国标准的地面数字电视发射机。”

作为神舟飞船幕后功臣之一的张晓林，一直在研究新一代航空电子系统技术，并参与研制过多种无人驾驶飞行器。他认为，虽然中国研制出“神舟”系列飞船，但到目前为止，仍未能制造大型的民航飞机，还要花大量外汇从外国进口。他深深认识到，我们国家只有发展自主创新，才能真正走向强国之路。正是这样一种对祖国航空事业的高度责任感，和对科学勇于攀登的精神，使得张教授投身其中，乐此不疲。他在我国首架共轴式无人直升机科研项目中担任第一副总设计师，外出试飞常常一去就是一两个月，他和同志们同甘共苦，风餐露宿，攻克一道道科技难关，终于圆满完成研制任务。

教书育人　相得益彰

张晓林在大学讲坛上辛勤耕耘了 25 年，对教学工作鞠躬尽瘁，对学生尽心尽责，为祖国培育了一大批航空航天电子通信专业的人才。自 1995 年以来，他一直担任北航本科核心专业基础课程“电子电路（1）”的主讲教师、课程平台建设负责人，该课程 2003 年被评为北京市和国家级精品课程。他于 2004 年获北京市优秀教师称号和宝钢全国优秀教师特等奖，于 2006 年获北京市级教学名师奖和国家级教学名师奖。主持完成的“电子信息工程专业创新人才培养的改革与实践”的项目获 2005 年北京市教学成果一等奖、国家级教学成果

张晓林教授获“国家级教学名师奖”

二等奖。已经出版教材和专著 7 本，曾主持过教学改革项目 9 项，正在主编《电子线路基础》、《集成电路设计与实践》、《嵌入式系统》国家“十一五”本科重点规划教材和《遥测遥控系统》国防科工委研究生重点教材。他现在还担任教育部电子信息与电气学科基础教学指导委员会副主任委员、全国大学生电子设计竞赛专家组组长，全国大学生电子设计竞赛嵌入式系统专题竞赛专家组组长；曾主持制定了教育部教指委电子技术类教学基本要求；自 1995 年以来完成了 5 届全国大学生电子设计竞赛和 3 届全国大学生电子设计竞赛嵌入式系统专题竞赛命题、评审和技术组织等工作。

张晓林认为，培养学生，教书育人是教师的天职。教师与学生之间有着天然的联系，教学是维系这种联系的天然纽带，而本科教学的质量是关乎未来祖国建设人才培养质量的至关重要的环节，承担着重要责任。教授上讲台为本科生上课，引导学生从事本学科的前沿性的学术研究和工程实践，才能使学生从开始就掌握正确的学习和研究方法，为今后的成长打下坚实基础。同时作为一名教师，满腔热忱地教好每一位学生，尽自己所能把他们培养成材，也是学生和家长对于高校教育的必然期待。

正是基于这个信念，他对本科教学一直情有独钟。他在带博士、硕士研究生的同时，始终致力于本科教学工作，努力做到不缺一堂课。作为本科国家级精品课程的负责人，张教授一年中有近一半的时间给本科生上课。博士生张超说，张教授不仅要求自己不落一节课，而且要求他的助教也必须每节课都到课堂助课，因此他担任张教授的助教要比其他助教要辛苦很多。

课堂上的张晓林要求严格，绝不允许学生敷衍和懒惰，但又体现出一种理解和宽容，他用自身独特的魅力，引导学生进入学习的最佳状态；又用科学的教学方式，使学生容易接受深奥的知识。张晓林把教学内容理成脉络，一线贯穿，并且各个章节编织成“渔网”形式，形成一个条理清晰、轮廓分明的“纲”，便于理解，容易记忆。加之张晓林寓教于乐的教学风格完美地结合在一起，使他的教学远离了抽象和繁琐，被同学们称为“魔鬼电路”的电子电路课程，张晓林

张晓林教授在讲课中

通过讨论式、研究式、参与式教学，设立专题研讨课，启迪学生思考，实现师生互动，使学生们在轻松的氛围中获得了知识，取得良好成绩。

在他严格要求和悉心指导下，许多学生取得了较好的学习成绩和科研成果。多年来张晓林结合科研和教学指导本科生毕业设计、实习、课程设计、电子信息类竞赛上千人次，他指导的本科生毕业设计中，获校级优秀论文 5 人；指导本科生电子实习、课程设计（含全国、北京市、北航科技竞赛）中，获全国特等奖 1 人、全国奖 7 人，北京市奖 26 人，北航奖 16 人。在各项学科竞赛中，也都获得了优异的成绩。经他指导的学生曾获中国空中机器人大赛旋翼飞行器组冠军、全国挑战杯特等奖、全国大学生电子设计竞赛一等奖、北航冯如杯一等奖等电子信息类竞赛上百项奖励。

知行合一　牢记使命

张晓林在谈到教学和科研的关系时说，根据国家“十一五”规划，北航确立了教育事业发展的总的目标，即建设一个航空航天特色鲜明，工程技术优势突出，以理工为主，多学科协调发展的国内一流、国际知名的高水平研究型大学。这样的定位要求我们把教学科研都要摆上突出位置，培养出祖国需要的优秀的航空航天人才。作为北航科技发展部部长，张教授一直强调科研与教学的相互带动，他认为北航的教师直接参与了大型飞机、载人飞船、探月计划、新型飞行器、共轴式双旋翼无人直升机，新型发动机、先进制造技术装备、中国卫星导航系统、对地观测、数字电视与数字媒体平台、下一代网络关键技术与服务体系、面向核心应用的信息安全、高端通用芯片及基础软件等国家和部委项目并取得重要突破，拥有一批国内外知名学者教授。因此要重视发挥这些优势，充分利用宝贵资源，鼓励知名教授上讲台，讲好课，带学生。以教学为主，以科研为教学的强大支撑，利用科研所获得的进展，推动提高教学水平，培养锻炼创新型的人才队伍。

张晓林教授（右二）受到时任国务委员陈至立接见

张晓林多年的教学实践，使他切身体会到，教学中蕴藏着深厚的科学创新的资源。他把自己的教学理念切实融入教学实践，在教学中，力求理论联系实际，融知识传授、能力培养、素质教育于一体，让学生学到实用的理论知识的同时，掌握基本技能。他要求每个学生的学习、研究实验必须要做到精益求精，尤其鼓励学生独立思考，大胆创新，注意发现和培养创新型人才，积极创造条件培养科研骨干，目前，一批有系统专业知识、有较强科研能力的学生团队已经形成，张晓林和同志们的辛勤播种正在取得可喜的收获。

“春蚕到死丝方尽，蜡炬成灰泪始干。”这句对辛勤的教师们的赞叹用在张晓林身上再合适不过。他把学生对于知识的渴望，国家对人才的需求，作为自己的责任和动力，在教学、科研和行政等工作头绪多，要求高，任务重的情况下，不断挤压自己的休息时间，把全部心血无私奉献给学生。每逢教师节收到的祝福，每当看到学生卓有成就的兴奋，每次科研实践的成功，成为张晓林最高的享受和奖赏。

（原载教育科学出版社《名师颂》2007 年 6 月出版）

永远的常青藤

——记北航经济管理学院邱菀华教授

□ 张素芳 蒋秀秀

她是一名朴实严谨的学者，至今发表论著300多篇；她是一位孜孜不倦的专家，成立了北京价值工程学会，参与了“七五”、“十一五”两届国家重大专项论证，完成了项目30多项；她是一个严格开明的师长，桃李满天下……她，就是我校经济管理学院教授、博士生导师、英国赫瑞瓦特大学MBA导师邱菀华。

邱菀华教授

“价值工程，常用常新”

邱菀华教授是中国价值工程领域的先锋、领军人物。在她的领导和主持下，2001年，成立了北京价值工程学会。2005年，她作为会长，又主持完成了北京价值工程学会正式加入国际价值工程学会（SAVE International）的工作，北京价值工程学会成为国际价值工程学会在中国大陆的唯一团体会员，同时展开了组织国内专家申请国际价值工程专家（Certified Value Specialist, CVS）的工作，即将结束中国大陆没有国际认可的价值工程专家（CVS）的历史。为此，她付出了巨大的努力和艰辛，同时也表现出了她无穷的智慧。

回顾自己奋斗的历程，邱菀华无限感慨地说：“这是一个迟到但更灿烂的春天！”为了这个“春天”的到来，邱菀华顶住层层压力，克服种种困难，坚持不懈，付出了无悔的青春。看着青丝变白发，这其中的艰辛，是常人无法想象的，也是无法用言语表达的。

早在1988年，江泽民同志就题词“价值工程，常用常新”，然而多年来，由于我国各地的价值工程学会力量分散，没有形成一定的规模，对外又与国际上联系甚少，所以一直未能得到国际的承认。直到1996年在洛阳的一次国内会议上，有人建议在北航成立北京价值工程学会，此时，邱菀华教授和杨爱华教授等勇挑重担，主动承担了这项艰巨的任务。

“创业，首先要确认目标，敢于面对现实。”当时，一切都要从零开始，一步一步慢慢前进，其中的艰辛可想而知。“我当时还是北航的职工，因此只能利用业余时间来做研究，收入不多，生活很艰苦。”在这样的条件下，邱菀华仍然起早贪黑，努力抓紧一切可利用的时间做研究，这一做就是四五年。

“做事业，要坚持，不能知难而退，要有搬掉绊脚石的勇气和能力。”在邱菀华和二十几位专家的共同努力下，经过四五年的艰苦奋斗，克服外界方方面面的阻碍因素，终于在2001年，北京价值工程学会正式成立，邱菀华被推选为会长。面对这次阶段性的胜利，她只是莞尔一笑，又埋头继续更进一步的工作。

万事开头难，有了这样一个好的开头，邱菀华对中国价值工程的前景更加有信心了。她奋斗的脚步也并未因一次成功而有丝毫懈怠，“我们的价值工程学会还没与国际接轨，还得不到国际承认，因此我们还要团结一致，联合国际，将中国的价值工程推向全世界。”于是，邱菀华又四处奔走，争取国际组织的支持。国际组织也十分看好中国的市场和实力，在邱教授等人的努力争取和积极协调下，功夫不负有心人，北京价值工程学会与国际价值工程学会建立了良好的关系，并在国际友人的帮助下，北京价值工程学会于2005年代表中国大陆的价值工程组织正式加入了国际价值工程学会，从此结束了中国大陆地区没有国际价值工程学会会员组织的历史。

面对事业的成功，国际的认可，邱菀华坦然地说：“中国人要做事，就一定能做好，关键是愿不愿意做。自己干事业，艰难但很快乐，想到能为中国结束了一段历史，想到中国的价值工程事业能够开始与国际接轨，心里就很踏实！”

前行的脚步还在继续，邱菀华现在正为成立中国价值工程认证委员会而努力，她说："中国人要是有了自己的认证委员会，就可以有更多的人通过认证，这就像一座桥，能让更多的人借此过河，少走很多弯路，同时也可以将价值工程更好地推广、应用，可以为社会做更多的事！"此外，她还已经拿到了 *Value World* 的中文版权，正在争取尽快出版中文 *Value World*。

"价值工程，常用常新"，相信在邱教授的努力下，中国价值工程这个"迟到的春天"会更加璀璨辉煌！

"把理论变成习惯"

邱菀华不仅在价值工程领域是先驱，在其他多个领域也成绩显著。

在项目管理领域，她将国际项目管理知识体系、资质认证引入中国，负责组建中国项目管理研究会和国家项目管理师职业资格认证委员会，并主编了国家第一套《项目管理师国家职业资格培训教程》，为结束我国没有国际注册项目经理的历史做了很多工作。她欣慰地说："五年来，中国项目管理从无到有，如今我们已有了国家的项目管理标准、项目管理工程硕士学位等。还有一万多人已通过了认证，这的确让人高兴啊！"她还积极将项目管理理论知识推广应用于实践当中，并进行了不断创新。她提出了会展项目管理决策模式，经过她的指导，北京大东创意展览展示有限公司不仅有效缓解了"非典"对公司展览业务的损失影响，并且在"非典"后的经营过程、客户开拓、成本费用控制和进度掌控等方面得到很好的提高。

"做学问不能只局限于理论，要注重应用，把理论尽可能地应用于实践，为社会创造更多的经济效益，这才是理论的价值。"这是邱菀华科研的目标，大到国家项目、航空航天工程，小到城市规划，她都努力将理论与实际结合，达到最优效果：她的成果被应用于国家"九五""十五"重大项目，取得了巨大的社会经济效益；她曾参加了我国两个历史时期的国家重大专项论证，获国家中长期规划领导小组颁发的重要贡献奖；她及她的科研小组与新中国三代航天人合

邱菀华教授作报告

作，一起设计了天骄号等六类航天器方案评估模型，完成资源卫星项目电算化和资源卫星 CI 系统，进行项目管理集成和成熟度、载人航天器神舟号 DSM、航天器项目管理标准、神舟成本分解系统和 SW-CMM2 航天软件项目管理系统研制；她提出了北京市文化产业发展模式，极大地推动了北京市文化产业理论研究的发展；她将熵风险用于重大项目风险管理和奥运工程，有利于北京奥运工程项目管理与国际接轨……这一切，都是她理论联系实际的成果。

邱菀华是北航教授、博士生导师，兼任北京价值工程学会会长、国际项目管理学会资证委中方委员，国际期刊 *Value World* 编委等 20 多项重要社会职务。众多的职务工作，还有教学、科研、会议等，她都应付自如。"把理论变为习惯，用价值管理中的节约模式生活，节约时间，高效办事。"这就是她口中成功的秘诀。

邱菀华的工作是很辛苦的，她的研究生说："邱老师每天早上四五点就起床了，晚上一般到十一点，节假日也从没见她休息过。她总是对我们说，能一分钟办完的事，就不要推到两分钟，能今天干完的事，就不要拖到明天，因为明天有更多的事要做。"

"把理论变为习惯"，高效率地办事，辛勤地工作，我想这就是邱教授开启成功之门的钥匙吧！

"只要是国家需要，不论冷热，都要投入"

做学问，要先学做人，这是邱菀华对学生的第一要求。

"学校生活是短暂的，不论有什么成就，先把人做好是大事。"每年的新生会上，邱菀华都会拿出很长时间来讲做人的道理，教育同学们如何做人："要以平常心待物，责任心做事，慈善心待人，欢喜心创业。"

她要求学生"人品要好，要为他人和集体的利益着想。着眼点要高，时刻准备着为全人类服务，不能计较个人得失，被眼前的蝇头小利所迷惑"。"要从小事做起，讲诚信，有责任感，有社会公德心，不能随便浪费。不管是谁，都没有权力浪费！"

邱菀华教授在课堂上

邱菀华本身就是一个平凡又高尚的人，面对荣誉，她总是微微一笑，毫不张扬。前不久，国际价值工程学会认证委员会再认证部主任James D. Bolton先生在和邱菀华接触了一个星期之后，这样评价她："邱老师是一个成就很大，效率很高，前进很快，但却看不到任何自满痕迹的老人。""在工作面前，她勇往直前；在成就和荣誉面前，她却是往后退的。"邱菀华就是这样一个高效做事，低调做人的学者。另外，她很注重节约，记者采访她时，她指着桌上的打印纸说："我们的打印纸都是两面打印的，我们节约一张纸，就节约了一份资源，同时也减少了一份对环境的污染。"

在学生的学习方面，邱菀华更是严格要求。她对自己的学生说："我们搞航空航天的，一个标点符号都不能错！"一位学生这样形容她："邱老师特别严谨，做任何事都有板有眼，她还要求我们做学问时，要把出发点放得高些：'做学问的出发点是国家的利益，只要是国家需要，不论冷热，都要投入！'"

她还教育学生"做事要讲效率"。一个研究生回忆说："一次邱老师让我帮她装订材料，邱老师看了很着急，说：'你是搞管理决策的，你做任何一件事情都是一样的，都要想到节约、高效、质量可靠。要把这种思想变成习惯，能一分钟完成的事就不要拖到两分钟，要今天做完的事就不要拖到明天。'"

邱菀华对学生要求很严格，"什么时候达到什么目标，就一定要完成"。而在管理学生方面，她持一种很开明的态度，她给学生的空间是自由宽松的。她说："内因是主要矛盾，决定一切，诺贝尔奖获得者不是老师一手调教成的，高端培养需要发挥个人主观能动性。""老师在学生学习中起引导作用，引导学生发现自己的价值目标并为之奋斗，抱着学生走、限制学生的老师不是好老师。"

她的学生也这样说："邱老师要求很严格，但平时我们的学习环境却很自由，每周我们都有交流会，学生之间可以互相交流，如果遇到问题，邱老师一定会提供时间给我们帮助，很有师长风范。"

邱菀华桃李满天下，为了能让学生们更好交流，她还创立组织了"决策风险分析"小组，简称DRP。小组成员为邱老师的所有学生，包括已经毕业的和在读的。DRP每年有一次年会，所有成员齐聚一堂，共同探讨学术，碰撞思想火花。其中一位学生描述说："刚进这个组织有种耳目一新的感觉，这是一个很好的交流平台，从这里可以学到很多东西，并且与大家在一起，特别开心，特别有收获。" DRP的格言为"时刻准备着，为全人类而服务"，这既是邱老师无私奉献的写照，同时也是她对学生的殷切期待。DRP 组歌为《同一首歌》，邱老师说："这首歌很符合我们，我们就是在同一个世界下，为了同一个梦想而奋斗！"

邱菀华是一个严格的导师，同时也是一个和蔼可亲的长辈。她从心眼里疼爱关心着她的学生。她的学生回忆说："前年有一次，我和几个同学在实验室搞项目，做了整整一个通宵，饭也顾不上吃。邱老师就一大早起来，买了牛奶、面包，还带着从家里洗好的水果来给我们，当时特别感动。""每次去邱老师家，她都会从冰箱里拿出好吃的给我们，很像家里可亲的长辈，比慈母更高的长辈！"

邱菀华教授，一位平凡而朴实的老人，在她的背后却有着如此不凡的成就，如此崇高的追求。她将自己更多的希望，寄托于下一代的年轻人身上："年轻人有着更充足的精力，因此要树立目标端正方向，我们的国家和事业还需要大家的共同努力！"

（原载《北航校报》2007 年 6 月 11 日第 704 期）

师者·学者·智者

——记北航计算机学院熊璋教授

□ 贾爱平

熊璋，计算机应用学科责任教授，国家金卡工程专家组专家，国家金财工程专家组专家，教育部跨世纪人才，全国优秀教师，国家级精品课主讲教师，教育部高校计算机科学与技术教学指导委员会委员，有突出贡献的回国人员，北京市教学名师，曾获国家科技进步一等奖、霍英东青年教师奖等多种国家和部级奖励。现任北航中法工程师学院中方院长。

熊璋教授

“熊璋有教师天分，他仿佛跟学生有一种天然的衔接与感情，学生们对他所授课程的痴迷也是有目共睹”

1985年，秋天。北航主南347。

走廊上、窗台上，凡是有空间的地方都站满或坐满了学生。讲台上，一位神采奕奕、活力无限、二十出头的小伙子正用幽默风趣的语言讲着计算机领域最前沿的知识。讲台下，学生们一个个精力充沛、双眼发光，不时举手发言，不时会心一笑。下课的铃声响了，但学生们还沉浸在这位年轻教师的讲解中，还在享受着在知识的海洋里遨游的快乐。

以上的景象，就是北航的老教师们所说的23年前的“北航一景”，课堂上那位年轻的教师就是刚从北航计算机系硕士毕业的熊璋。所讲授的课程，就是熊璋参考国外的课程率先在国内开设的“计算机导论”。就在这一年，刚踏上讲台的熊璋也因为该课程获得当年北航教学成果奖个人奖的最高荣誉，该课程也被同学们评为“最受欢迎的课”。

1989年，熊璋到美国密歇根州大学学习，当熊璋完成了进修课程和研究科目后，他婉拒了美国知名教授的热情挽留和大公司的诚聘回到北航，因为他知道他的事业在国内，他放不下他在北航的教学、科研工作。

2003年，“计算机导论”课内容因缺少更新，对学生的吸引力每况愈下，北航计算机学院就请熊璋教授重执教鞭。根据美国IEEE/ACM的大纲，熊璋教授提出了新的教学计划，对原有内容进行了压缩，将实验内容设置为独立课程，形成横向的课程群，在国内计算机教学中率先增加计算机伦理学的相关内容，并将课程更名为“计算机导论与计算机伦理学”。很快，该课程又重新得到了广大学生的欢迎和好评。

2004年，熊璋教授在研究生中开设了配套的“计算机伦理学和职业道德修养”课程，形成纵向的课程梯次。同时，他规划编写的《计算机导论和计算机伦理学》的教材，被列为国家“十一五”规划教材，是唯一入选国家“十一五”规划的同类教材。

谈到对教学的感受，熊璋说：“我喜欢在教学上花功夫，爱在教学上动脑筋，总是琢磨如何把课讲好。不管我的课讲了多少年，讲了多少轮，有的课已经讲了很多年了，但现在只要第二天有课，之前的一天我会闭门谢客，会用全天的时间专心备课。”

为了让学生实现从中学教学模式到工科大学教学模式的顺利过渡，熊璋在本科生教学中提炼课程内容和运用讲课技巧，在课堂上调动学生，同时采用开放式作业，及时反馈，形成信息闭环系统，取得很好的教学效果；他认为培养创新意识也是培养创新型人才的重要一环，在基础课通过讲历史名人、讲中国与发达国家的专业科技差距、讲本院的科学成就和贡献，极大地调动了新同学热爱专业、热爱学校的激情，也刺激了新同学的创新意识；他率先在全国开出了“计算

熊璋教授在国际化专业工程师研讨会上作报告

机伦理学”的新课，他用工科方式讲哲学伦理学，通过举例、分析、对比来给学生讲哲学、讲伦理，同时开展网络平台上的互动式讨论，学生普遍反映，“听得懂，有意思，有收获。”

正是因为他在教学上舍得花功夫，熊璋教授的课程在学院组织的学生匿名打分评价中，历年好评率在 97% 以上，在学院所有课程学生评价中始终排名第一，成为最受学生欢迎的课程。

由于在教学上的突出成就，熊璋曾获全国优秀教师、国家级精品课主讲教师、霍英东青年教师奖、航空工业部十杰教师、北京市教学名师等多项荣誉，并多次被评为北航优秀教师、“最受学生欢迎的老师”、教学名师等。对于熊璋的这些荣誉，一些北航的老教师觉得理所当然，因为：“熊璋有教师天分，他跟学生有一种天然的衔接与感情，23 年前他的课已经是‘北航一景’，现在学生们对他所授课程达到任何一种痴迷程度都不足为奇。”

“熊老师在科研上始终站在世界前沿，
他把自己在重大工程项目上的探索和理解融入自己的教学，
熊老师积极引导学生创新的教学思路使我们受益匪浅”

一般人的印象里，创新主要是以企业为主的创新，大学主要做的是基础性的研究。而熊璋教授改变了人们对此的看法，他除了本科、硕士和博士的教学工作，带研究生，做课题，他还走出校园，投身到经济建设主战场，创造了良好的社会效益和经济效益。熊璋参与的“大尺寸压气机实验装置和转子流场动态测量技术”，获国家科技进步一等奖、立个人二等功；熊璋作为负责人完成国家某部门的某重点技术出口合同的关键技术部分，有关技术出口到外方后，受到外方高层人士的极高评价，为国家赢得了荣誉和大量的外汇；他承担的我国某工程中的“多媒体综合告警系统”经过实际应用，对我国高水平电子化有重要的意义；“全国人大常委会电子表决系统”、“全国政协常委会会议自动化系统”和人民大会堂电子会议系统经过在“十五大”、“十七大”、全国人大和全国政协成功的实际应用，得到党和国家有关部门的高度评价，为我国决策民主化作出了重大贡献；在两会上，为党和国家领导人的大会讲话研制了电脑提示系统，人大委员长、总理、政协主席等领导人在会上实际使用该系统后，高度评价了该系统，总书记也表示出了极大的兴趣。香港立法会电子表决系统在香港首届立法会开始使用，获港方高层人士的高度评价；澳门立法会电子表决系统在澳门首届立法会开始使用，获澳方高层人士的高度评价；等等。他还承担着跨部门研究、八六三等项目。近年在各种刊物上发表文章，出版专著几十篇（册），其中多篇被收入 SCI、EI、ISTP 等国际上权威的文摘刊物。由于其在科研和工程上的突出成就，熊璋曾被评为“有突出贡献的回国人员”，入选“国防 511 人才”，并获国防科学技术进步三等奖。

熊璋曾直接向胡锦涛、温家宝等国家领导人汇报某系统的研发和使用，受到中央领导的亲切接见，并受到中央领导、政协领导以及社会知名人士的高度赞扬。他不仅为自己赢得了荣誉，同时也为北航赢得了荣誉，为香港立法会设计的会议表决系统曾受到香港立法会主席范徐丽泰的高度赞扬：“如果不是北航，别人根本做不了那么快、那么好。”

作为一名学者，他是严谨的。例如，在为“两会”设计电子会议系统时，熊璋为确保电子表决系统万无一失，采用了高可靠性的计算机系统，以设计军用飞机的严谨作风，自出难题，反复测试，往往设计好几套备用系统，而最终的结果，往往是备用系统成了“摆设”。而作为一名教师，他的这种严谨的学者作风也得到了充分体现：他的每个教学文档都有三个备份，电脑上一份、U 盘一份、光盘一份，他要为他的课堂教学作好最充分的准备，不会让任何一个意外而延误他的课堂教学。每次上课，之前一天的备课自不必说，而且每次上课，他都会穿正装，并且提前半小时到。

熊璋教授（左）代表北航与马德里理工大学签署合作协议

作为一个在科研上有突出贡献的学者型教授，熊璋总会把科研的最新成果、把他承担的大型工程项目的设计思想融入到自己的课堂教学中：“要把最新的东西讲给学生听，要研究学生想听什么，然后综合起来给他们，所讲的课程要有一个立体的知识体系。”

熊璋教授陪同法国高等教育与科研部部长瓦莱丽·佩克莱斯（中）参观北航中法工程师学院

学生陈晓辉由衷地谈到了熊教授的课：“听熊老师的课让我真正感受到‘学者之风，大师之评’，他不仅是一名教师，他更是一名学者。熊老师在科研上始终站在世界前沿，他把自己在重大工程项目上的探索和理解融入自己的教学，熊老师积极引导学生创新的教学思路使我们受益匪浅。他的每一节课都会给我们带来一个崭新的计算机世界！”

熊璋教授还让本科生、硕士生、博士生直接参与他的工程项目，在实际的工作中培养学生的工程能力和创新能力；为了加强学科建设，配合博士生的培养，熊璋抓紧前沿研究，注重提高研究生国家发明专利的数量和论文的质量，这两年熊璋课题组获得国家发明专利的数量显著增长，达数十项之多（含已授权和已受理专利），在国际会议和国内外高水平期刊上发表了数十篇优秀的学术论文，他的博士生薛玲的论文在知名国际学术会议上被评为优秀学生论文，他的博士生张挺获得首届“探索”奖，他指导的硕士生也每年有毕业论文被评为优秀论文；熊璋还将青年教师培养机制作为梯队建设的重要一环：通过有计划、有目的的青年教师培养机制，开展竞争和交流活动，使师资队伍结构逐步优化，形成一支带头人为核心、中青年教师为骨干和主体的朝气蓬勃、充满活力的学术梯队。

“熊璋教授把哲学、伦理学率先引入计算机教学不仅表现出他教学上的前沿思想，更表现出他对人类自身的终极关怀，他是一个真正的智者”

熊璋常说：“做事要认真，心态要平和。作为一名教师，每时每刻学生都在看着你，你无时无刻不是老师，同时你也是一名要对学生起示范和榜样作用的长者，在生活中要真心地对待自己的工作和生活。”

熊璋是这样说的，也是这样做的。他每时每刻都真诚地对待自己的工作和生活。他不关注名利，他关注更多的是人类自身，他的许多大的项目都和人类生活息息相关，他关注自己的项目给社会创造更多实用的价值，他关注人类的终极发展。熊璋教授在国内第一个把计算机伦理学引进大学课堂，是因为他发现随着计算机的发展与普及，应该教育年轻人正确使用它而不能利用计算机去做违背社会道德和违反法律的事情，要及早对从事计算机行业的人进行职业道德培养。

同事们都说，熊璋教授是真正的智者，不为生活中的琐事所烦恼，所以他永远是微笑的、年轻的、神采奕奕的，他的确代表了一种生活态度，智慧的生活态度。他是许多学生心目中的榜样。

在学生们的BLOG上，在学校的BBS上，我们常常能发现学生们对这位智者的尊敬与崇拜，以及对教授的那份浓得化不开的情谊。

蒋祥涛同学说："熊老师用他那颗年轻的心，用他那不变的激情，也用他那独特的幽默方式深深地吸引着每一个学生。课堂上，熊老师谈笑风生潇洒自如，遇到问题和同学们一起讨论，和同学们打成一片，完全没有大师的架子。在我的眼里，熊老师就是这样一位年长的伙伴和智者，他交给了我们进入大学的第一桶金。"一位即将毕业的学生在他的BLOG上写道："关于大学的许多印象已经模糊，但一些片断还是印在脑海：第一次听熊璋老师的课是在一个阳光明媚的上午，早晨的阳光斜斜地照进来，于是产生了一种幻觉，觉得老师真是一位智者，他的思维就像阳光一样流泻开来，汪洋恣肆，大气磅礴。总以为所谓大师，都该有些桀骜的吧，但熊老师却十分随和，面对着一群懵懵懂懂刚踏进计算机科学之门的孩子，恨不得把自己知道的一切都告诉他们。熊璋老师那种气度等闲，挥洒自如的学者之风，到现在我仍记忆犹新，偶尔去主203坐坐，仍觉熊老师这位可亲的长者依然在讲台上讲授知识，他的学者风度，依稀犹在，谆谆教诲，润物无声。"

虽然采访熊璋教授本人只有不到一个小时的时间，但通过和他的学生聊天，当我坐在桌前准备写作的时候，脑子里充满了太多的内容，许多话语跳跃在指尖，争相表达对熊璋教授的印象，本篇只是描述了熊璋教授作为一位优秀教师的部分片段，远不及他实际取得的成就。而他本人所获得的在教学科研上的诸多荣誉，见过熊璋教授本人后，我发觉那些荣誉也并不能完全展现熊璋教授自身真正的光环。采访结束的时候，我的脑中一直涌现着印度诗人泰戈尔的一句诗："他是有福的，因为他的名望并没有比他的真实更光亮"。这句诗，我想也是对熊璋教授的一个最好的诠释。

熊璋教授在中法工程师学院作报告

（原载《北航校报》2008年11月11日第744期）

踏实治学 严谨为师

——记北航材料科学与工程学院王华明教授

□ 边旭霞 刘小龙

王华明教授

王华明，1983年四川工业学院铸造专业本科毕业，1986年西安交通大学铸造专业硕士毕业，1989年中国矿业大学北京研究生部矿山机械工程专业博士毕业，1989—1992年中科院金属所博士后，从事金属材料研究。1992—1994年，获德国“洪堡基金”，作为优秀青年科学家受邀去德国搞激光材料加工方面的合作研究。1994年至今，在北京航空航天大学材料学院工作，现任材料加工工程学科责任教授、航空科学与技术国家实验室“航空材料与结构”首席科学家。德国洪堡基金会“洪堡基金”获得者、北京市高等学校教学名师、教育部“长江学者奖励计划”特聘教授、“国家杰出青年基金”及“全国五一劳动奖章”获得者。曾被授予“国防科技工业有突出贡献中青年专家”称号并入选首批“新世纪百千万人才工程”国家级人选及教育部“跨世纪优秀人才培养计划”等诸多荣誉称号。

勤恳科研志　敢为他人先

王华明是在1979年进入大学学习的，他辗转多地求学，并获得了学士、硕士、博士学位，最终获“洪堡”奖学金留学德国。在当时的条件下，王华明本科、硕士毕业后都可以找到一份非常不错的工作，但出于对梦想的执着追求，激励着他步步向前。谈到出国留学，他说，那时候出国就是为了去感受一下外面的世界，去看看外面的世界与国内到底有什么区别。诚然那时候国内与国外还有相当大的差距，但他坚信，国内不一定就比国外差，我们必须要结合自身，理性地看待出国问题。一个人的学习之路，贵在自主创新，自我奋斗。若一味跟在别人后面，无论出国与否，收获都不会很多。

诚然国外的某些环境要优于国内，但他一直认为国家培育了自己，在祖国发展需要时，就应该为祖国尽一份自己的力量。1994 年，时为德国“洪堡学者”的王华明，毅然回到祖国的怀抱。他在实验室没有一桌一椅的条件下起步，一直走到今天，一直踏实勤恳地工作在教学科研的第一线，并且取得了累累硕果。

谈到自己废寝忘食，专注学术，吃苦奉献的工作事迹时，王华明谦虚地表示一切都只是做好自己的本职工作，既然选择了一份工作就要负责任，认真完成自己的工作，踏实诚恳，尽力做好每一件小事，切忌好高骛远。兴趣不是生来就有的，而工作既然是自己选择的，必定与自身存在契合性。我们可以在责任心的驱使下，认真完成工作，慢慢取得成绩，这样就可以培养出自己对工作的兴趣。道理虽然浅显易懂，但要做好却也不易，王华明以实际行动给我们做出了表率。

王华明始终认为所有的创新都是始于对实践和对现有知识的深度认识与灵活应用。要想创新必须脚踏实地，必须详细了解整个学科的发展史及研究现状，必须结合国家重大战略需求，创造具有实际价值的成果。随着社会不断进步、经济迅速发展，相信将来中国必会站在世界科学前沿。在这样的信心激励下，王华明带领他的团队，十年如一日，长期工作在科研第一线，拼搏奉献，取得多项创新成果。最近，他的团队研制出迄今为止中国最大的整体钛合金飞机主承力结构件，并在我国新型战机和 C919 大型客机等飞机研制和生产中得到实际应用，使我国成为目前世界上唯一突破飞机钛合金大型主承力结构件激光快速成形技术并实现装机应用的国家。

北航科研成果亮相中国（北京）国际服务贸易交易会。王华明教授接受中央电视台采访

真诚为人师　桃李满天下

王华明在 29 岁时就被破格晋升为副研究员、33 岁晋升为教授、

34 岁时被评为博士生导师，十年来他一直坚持工作在本科生和研究生教学工作第一线。他认为，对学生而言，如果老师能够在其专业方面给予更多指点，那么他们会更好地成长。

现在随着扩招，越来越多的人可以接受研究生教育。王华明认为这是一件好事，因为在研究生阶段，一个学生既可以深入学习相关的学科知识和培养科学的思维方式，也可以丰富人生阅历。这种经历，对每个人都将大有裨益。同时，他也表示不会因为学生人数增加而降低对学生的要求。

王华明一直提倡学生要认真做好自己的事情。不因事小而不为，认真对待，以此把握好自己的研究课题，把握好知识发展动态，最终才能深入了解自己的研究领域。并且，他提出了基础课程的重要性，只有详尽掌握基本知识才能厚积薄发，灵活运用到实际中。掌握学科基本知识，是他对所有学子的期望。

王华明作为研究生纵向支部——1051 党支部的指导教师，带领支部拼搏进取，创先争优，完成了多项科研及国家重大型号和工程任务。2010 年，1051 党支部被评为“全国先进党支部”。

王华明为人谦虚，治学严谨，执着于科研，致力于不断的创新，攀登科学道路上的一座座高峰，把个人的智慧和才华贡献给了党的高等教育事业。他的态度和作风深深地影响着每一位学子，他的事迹也激励着每一位学子踏实学习，努力提高，勇于创新。

（原载《北航校报》2011 年 5 月 11 日第 817 期）

王华明教授为学生上课

王华明教授（右一）为空军副政委王伟介绍激光快速成型技术

黑发积霜织日月　丹心无言写春秋

——记北航计算机学院马殿富教授

□ 廖 行

马殿富教授

科研工作当中，他是收获累累硕果的学者；三尺讲台之上，他是深受学生爱戴的良师；行政事务里，他是大家亲密无间的伙伴。他在教育、科研、学科建设等领域成绩突出，但在接受采访时，他谈得更多的是作为教师的责任，是对人才培养的深切关注。如果把教师比作红烛，用星星之火点燃千万蜡炬，这千万蜡炬迸发的光热，为国家和人民带来更多的福祉。马殿富就是这样一位默默奉献、甘当幕后红烛的人。

搞科研　倾力付出

作为北航计算机学院的院长，马殿富来到北航学习、工作、生活已经整整33年。“能够在北航学习生活是一件幸福的事情。”这句话马殿富不仅仅在学院的开学典礼上说给他的学生们听，在二十多年前，他也用同样的话告诉自己。

1979年，马殿富以优异的成绩考进北航计算机系，而那时，计算机系才刚刚建系一年。可以说，马殿富见证了计算机学院发展壮大的点点滴滴，从当年新系的破土萌芽，到今天在全国学科科研实力排名前三，综合实力排名前五，马殿富与计算机学院一起经历了风风雨雨，一同收获了累累硕果。

在马殿富眼里，计算机学院就像“家”一样。他从这个家里的孩子已经成长为一名家长。自2002年任学院院长以来，马殿富就把建设“研究型世界一流计算机学院”作为学院发展战略总目标，以“研究型、高水平、国际化”作为学院的主体办学思路。

面对计算机科学与技术的快速发展和市场的激烈竞争，马殿富提出“跟踪国家目标，抢占领域市场，开拓国防领域，推进国际合作”的科学发展策略。抢抓国家实施“211工程”和“985工程”的良机，他带领学院瞄准国家建设重点和发展目标，积极开展先期研究，建立学科优势，抢占市场技术需求先机，重视开拓国防领域和推进国际合作。

2001年至今，学院的科学研究取得重要进展，而马殿富也被评为“北京市优秀教育工作者”、“北京市高校优秀共产党员”，他曾获省部级科技进步一等奖2项，先后主持了973重大基础研究项目子课题2项，国家863计划重点项目2项，核高基重大专项课题1项，以及科技部科技平台、总装预研基金、自然基金项目等10余项；2005年主持的“研究型学院人才培养模式与体系的研究及实践”获国家教学一等奖。

马殿富从来不把任何一项荣誉当做是他个人的成绩。“我们所获得的任何成绩都是团队合作的结果。”马院长谦逊地说，“每一个奖项，是对我们整个团队工作的肯定，是大家辛勤付出的回报。”

育英才　志存高远

对于马殿富来说，作为一名教师，能够得天下英才而育之是最大的快乐。这份快乐对他而言，也是一份庄严的责任。对于每一名学生，马殿富难掩喜爱之情：“他们个个聪明优秀，每次我站在讲台上，面对来自全国各地出色的学生，就很想倾所学而相授，所以在教学方面多花些时间、多投入些精力是非常值得的。”

十多年前，学院里还只有2台586，40台486，其余全是386和中华学习机。如今作为国家教学示范中心，计算机学院的教学实验室和其他网络教学环境都位于全国前列。马殿富认为，学校和学院提供给学生们一个良好的平台，让他们在高的平台上去跟别人竞争，

马殿富教授荣获“北京市创先争优优秀共产党员”荣誉称号

他们在社会上优异的表现又提高了学校的声誉，这是一个良性循环。他自豪地说：“事实证明，北航的学生在社会上是非常受欢迎的。”

一直以来，计算机学院始终把培育英才作为学院的重点工作来抓，这在全院上下都达成了共识。“这都要归功于北航前任校长李未院士的指导思想。李未院士曾在一篇论文里，探讨了博士生的培养，总结了人才的培养规律，它对学院如何培养人才起到了重要的指导作用。”马殿富笑着说：“我们学院一直是按李未院士的思想培养人才，因而才有今天这样一条顺畅的学科建设、人才培养的道路，学院才能很好地发展下去。”

近年来，马殿富组织学院开展了20余项教学研究，形成了研究型学院“着眼于创新能力的本硕博一体化培养方式、以重点实验室为依托的培养方式、基础性研究和工程性研究相结合的培养方式”三种培养模式；建立了“课程体系、教学实验体系、教学质量保证体系和人才培养质量评估体系”四种人才培养体系。30余名博士生成为课题技术负责人，承担和组织了多项国家级的重点科研课题；在3项国家科技进步二等奖以及11项省部级奖项中研究生共有52人次获奖；研究生95人申请专利33项，软件著作版权25项。

作为计算机学院这个大家庭的家长，马殿富时时刻刻都将家中最小的孩子——本科生的发展看作重中之重。他积极推进国家级精品课建设，不但提出教授应该给本科生上课，而且在实际工作中严格把关、坚决落实，使这一倡议常规化、制度化。

“这是一个理念的认识，发展本科教育，为国家进行人才的培养，这是我们整个学院对本科教育的共识。所以我们才能这么顺利地推广完成教授为本科生授课的工作。”马殿富介绍道。

马殿富教授（右）代表北航与毅力金网科技发展公司签署合作协议

在本科教学评估中，马殿富向专家们介绍说：“虽然学院的科研工作量非常大，但资深教授带头给本科生们授业，这在好几年以前就已经形成了传统。”

在马殿富的亲力推动下，学院“计算机概论与伦理”、“编译原理”两门课程获评国家精品课程；“深化优势学科在科技研究型人才培养环境中核心作用的探索与实践”成果获得北京市教学成果二等奖；“计算机系统系列核心课程教学团队”先后获得北京市、国家级教学团队；“计算机创新人才素质系列课程教学团队”获评北京市优秀教学团队。

重教学　脚踏实地

师者，所以传道授业解惑也。马殿富作为计算机学院院长，在百忙之中，仍然坚持奋战在教学第一线。他常说作为教授、博导，首要任务是带好学生。在整个实验室中，马殿富几乎每天都是最早到岗开展工作的。在开拓新研究方向、新研究工作方面，他始终起着带头人的作用，坚持从网络上、学校图书馆资源中获取最新的学术资料，及时学习吸收，并在团队内进行报告和讲解，为团队带来新思想、新血液。

马殿富对待教育有一种天生的责任感，这也使得他对学生有着特殊的感情。他以对学生真挚的爱和强烈的责任心将教学当做一种兴趣、一种研究和一项事业来做，几十年兢兢业业，淡泊名利，获得了学校和广大学生的认可。

“谈吐优雅，幽默风趣，充满激情”是马殿富给学生们的印象。他的课不拘泥常态，讲到兴起，便走下讲台，走到同学中间，提问聆听，令人兴奋的师生对话由此生发。马殿富还善于利用生活中常见的事例来讲授复杂抽象的专业知识，不断翻新内容，让学生有身临其境之感，专业兴趣大增。

在传授知识的同时，马殿富也十分注重启发学生独立思维。在繁忙的管理工作和科研工作之余，他始终坚持每天都和博士研究生进行学术讨论，将最新的学术思想、学习心得与学生进行交流。他认为思想的撞击，不但有助于学生提高认识能力，也有助于老师自身的提高。

马殿富理解和尊重学生的看法，非常重视学生反映的问题。结合自己的经验，他说：“教和学是相互促进的，学生提出的问题对我来说特别重要，这些问题促使我更好地思考和改进课程的内容，以追求完美。”正是这种对教育的重视，使马殿富深受学生欢迎。

马殿富教授为学生上课

“马老师每时每刻都把温暖的笑容挂在脸上，给人一种特别亲切的感觉。”他的博士生赵永望说：“马老师也很幽默，讲的东西内容丰富、涵盖深广，而且他总能用一种非常通俗的方式让我们理解、接受那些看起来困难的知识。他是治学严谨的学者，更是值得信赖的默契朋友。”

在谈到上讲台教书的时候，马殿富连连感慨到：“我觉得教师要想教好一门课真的很不容易，得下极大的功夫。只有这样才能得到学生的尊重，学生的爱。”他边说边拿出一本厚厚的《数理逻辑》。“这一本是李未院士写的，总结了数理逻辑发展的150年的历史。”看着这本书，他感慨道：“这可是花了十年才写成的。十年铸一书，榜样真的就在我们身边。”

作为导师，马殿富要求严格，诲人不倦，注重学生素质和能力的培养，受到学生的敬重和爱戴。2007年被评为北航“我爱我师——我心中最爱戴的老师”十佳教师。

干事业　无怨无悔

作为院长，马殿富为计算机学院的发展付出了大量的心血。他把责任看得很重，他说责任就意味着付出和牺牲。多年来，他任劳任怨，在各种荣誉面前从不计较，把自己的得失看得很淡，多次把自己能够得到的荣誉和待遇让给其他同事。他生活简单朴实，乐于助人，把北京市优秀教育工作者和教育部计算机教学一等奖的奖金全部捐给了学院作为奖学金，以奖励那些学习优秀的学生。

“年轻人是国家未来的希望，我们作为引路人，要对他们进行鼓励，帮助他们更好地成长。”马殿富笑着说。

2011年11月，航空科学与技术国家实验室的论证工作进入到论证关键时期，马殿富因生病需住院治疗，他把住院时间一拖再拖。即使已经住院，手术前一天，他仍然坚持在病号服外套一件大衣躲过医院监护人员独自从北医三院步行到学校会议现场坚持参加国家实验室的论证答辩会。

这让他的家人和同事担心不已，可他确只是淡淡地回应：“论证工作我必须得去，不能因为个人原因而影响了国家实验室的建设。”

马殿富教授（右）获得CCF卓越服务奖

平实的言语彰显出一名老共产党员一心为国的执著与信念。

手术两周后，马殿富的身体刚刚有了点儿起色，就不顾家人和同事们的劝阻，坚持回到工作岗位，立即主持教育部一级学科评估、国家实验室功能实验室的论证和学院分级聘岗等工作。

面对自己教学、科研、行政三方面的成绩，马殿富的说法是："北航的环境促使你必须不断地前行，争取跻身前列。"

有人说，无私才能无畏，正己才能正人。只有自身正派，做事公道，才能服人，才能凝聚人心。马殿富就是这样做的。十多年来，他始终坚持精益求精的工作态度、舍身忘己的工作作风、公开公正的工作原则，把个人的一切都融入到了学院的科学发展之中，用自己的育人实践诠释着这一真理的奥秘所在。

（原载《北航校报》2012 年 1 月 11 日第 836 期）

以独特的教学模式培养学生

——记北航机械工程及自动化学院王田苗教授

□ 陈 璐 崔文杰

王田苗教授

王田苗，男，1960年2月出生，教授，博士生导师，国家教育部长江学者特聘教授。曾先后获得西安交通大学、西北工业大学的学士硕士博士学位，之后在清华大学国家智能技术与系统实验室、意大利国家仿生力学实验室从事先进机器人技术方面的博士后研究。现任国务院学位委员会学科评审专家组成员，国家“863”计划机器人技术主题专家组组长，国家科技部制造业信息化工程专家组副组长，机器人专业委员会委员，北航校学术和校学位委员会委员，IEEE会员，北航机器人研究所所长、机械工程及自动化学院院长。

在北航，也许有不少同学都被王田苗教授“国家教育部长江学者特聘教授”、“国家科技进步二等奖”获得者等称号所叹服，设想常年和“机器人”打交道的王老师会不会像机器人一样严肃。日前，记者与荣获北航第二届本科“教学名师”奖的王田苗教授近距离接触，一身休闲打扮的王田苗以他对教学深刻精辟的理解，为学生授业解惑的责任感为我们树立了一位当代“教学名师”的模范。

以独特的教学模式培养学生的学习兴趣

对于一般的学生来讲，学习工科无疑是比较枯燥乏味的，而其中的“机电控制工程”则尤为如此，深奥的知识、抽象的理论、不停更新换代的技术，无一不让学生们望而生畏。然而，王田苗却有魔法般神奇的能力让学生爱上这门课程，这归功于他有一套个人独特的教学模式。举例介绍“仿生机器人”时，王田苗先提出问题“如何为截肢病人设计机械手”，学生们自己就先想到了假肢形状需要与人类似而且重要的是轻巧，需要研究特殊材料，还需要必要的轻型动力、感知器、工作部分等等。王田苗总结自己的经验说：“上课要从问题出发，引导学生，引出要讲的内容；讲课过程中采用实例对比的方式，让学生把一些深奥的理论和具体的实例对应起来；以启发式、畅想式的例子引导学生往远的方向思考”，这样一来，上他的课就像听故事一般，不但不感到枯燥乏味，反而越学越有兴趣。对于王田苗主要讲授的“机电工程基础”，有的学生比喻“该项目课程与其他学科课程的关系为项链与珠子的关系”，有的学生更是认为这是“大学学习中收获最大的课程之一，其他课程应借鉴这种教学模式”。王田苗倡导的“快乐实践，快乐学习”，使他连续四年在学校课堂教学质量学生评价中都超过 90 分，充分证明了他的教学效果。

王田苗有个特点是十分重视理论与实际的结合，他认为“科学主导工程”，即科学的理论对工程的实施有指导作用，而同时也要“工程选择知识”，做一个项目、工程时，必须先有理论知识储备，在操作中同时又加深了对理论知识的认识和理解。“从理论中来，再回到实践”的理念一直被王田苗贯穿于教学中。在授课之余，他让自主研制的“仿生机器蛇”、“仿生机器人”和“数控工作台控制系统”与学生亲密接触，不仅增强了学生的感性认识，还为学生提供了动手实践的机会和条件。由于班级上的学生较多，考虑到有些同学的实践能力得不到锻炼，他还将班上同学分成许多小组，加强组内交流与合作。王田苗对记者说：“不仅要培养同学们学习理论和实践的能力，还要培养他们学习人与人交流合作的能力，这对于拓宽学生将来的适应面有好处。”他自己平时亦会看些历史、哲学、经济类的书籍，周末也喜欢游泳、爬山、锻炼身体。王田苗说，即使是研究工科的人，老师学生也都需要必要的人文素养。许多王田苗的学生在回忆起王老师的课堂时很感谢王老师对学生的认识教导：“王老师十分务实，

王田苗教授为学生上课

王田苗教授（左一）为欧盟机器人专家代表团介绍研究成果

从培养我们学生适应社会的技能出发，主张学生关注国家、社会的重大需求，树立志向，以获得上进的原动力。”

鼓励学生敢于创新，勇于开创新的领域

熟悉王田苗的人感受到他身上特有的儒雅睿智，这体现在教学中为很重视教学细节。在采访中，王田苗多次谈到根据自己的经验所总结的教学手段和方法，王田苗建议课堂上不妨采用“实物 + 板书 +PPT”的方式讲解知识点，例如在王田苗自己的课堂上就时常拆解机器构件让学生自己观察，“机械必须要让学生亲眼所见”。同时，在面对重要但复杂的公式时，王田苗更倾向于老师可以在黑板上做必要的推导帮助学生理解，一步步加深记忆。

王田苗对学生寄予很高的期望，整个社会大学生就业难更需要学生提高适应能力，王老师建议如今机械专业学生就业应学会融会贯通。在前不久召开的“机械工程及自动化学院2009年度学生表彰大会”上，身为机械学院院长的王田苗在对学生的讲话中列举了很多知名校友，介绍他们获得成功的经验和光环背后的辛酸，从而要求青年学生勤于学习，勤于观察，勤于思考，求学要达到“蓦然回首，那人却在灯火阑珊处”的至高境界。他还鼓励同学们要敢于创新，敢于踏前人没走过的路，只有那样才能开创新的领域。

王田苗教授在广东工业机器人高峰论坛上作报告

王田苗的教龄已有16年，现也是桃李满天下。荣获第6届全国“挑战杯”大学生科技学术竞赛一等奖的梁建宏就是王田苗的得意门生，他在接受新浪网采访时谈起自己的导师时说道，王老师对学生的要求是诚实、勤奋、沟通，王老师在学业上总是鼓励学生，让他们放手去干，从不在研究上批评学生，而且他们师生交流频繁。现如今，梁建宏也走上了教学之路，现为我校机械工程及自动化学院讲师。王田苗希望机械学院能拥有更多的好老师，要培养有能力、有责任心的青年教师，课余应组织青年教师多讨论，从教学心理学的角度提升教学质量，让机械学院不断焕发青春。王田苗对机械学院的教学前景抱有很大的期望，他希望在未来：“一要使本学院在航空航天理论科学方面处于国内领先地位，二要令大机械与航空航天建立产学研基地，努力培养学

王田苗教授向“211工程”国家验收专家、领导汇报机器鱼研究成果

生成为优秀工程师和‘两领’人才。”

在大学任教的教师都会面临如何处理教学与科研的关系这一问题，王田苗谦虚地说他在这方面做得不是很好，他只是委婉地提出了建议：“是否可以在院内组成相应的团队进行教学和科研，他们可以先讲两三年的课，然后再去搞两三年的科研，然后再去讲课……不断循环，这样不仅可以让他们全身心地投入到一件事中，还可以让他们不断为自己‘充电’，如果在科研中发现自己的某些知识不完善，可以在授课期间加以完善。

一位好老师，胜过万卷书。在教学这条路上，王田苗深感自己能做的还有很多。

（原载《北航校报》2010年4月21日第786期）

心系学生　有教无类

——记北航中法工程师学院徐平教授

□ 周 璐

徐平教授

他可以把抽象的物理学知识变得浅显易懂，他可以把一成不变的操作步骤变成一次趣味无穷的探索之旅，导线和透镜是他运用自如的道具，讲台和黑板是他展示魅力的舞台。他，就是中法工程师学院基础教学实验中心主任徐平教授。

提起徐平，中法工程师学院的叶国远同学说："徐老师很平易近人，我们实验上不懂的地方经常跑去问他。一次，我问他一个特别简单的问题，他都十分详细地回答了我。"

徐平听到同学们的评价时爽朗地笑了，他说："我喜欢和同学们交流，他们经常来找我，有时候都不提前打招呼，和同学们聊聊常会有不少很有创意的想法。"

最近中法工程师学院几个准备参加冯如杯的项目都得到了徐平耐心细致的指点和建议。他谈起这几个项目时，夸奖学生们的思维很新颖。当记者说起自己也在做项目时，徐平关心地询问项目的内容和进展，提出了自己的建议，还从自己办公室的大书柜里找出了一本相关的书籍借给记者，并且开玩笑地说，自己的书常常"借"给学生，现在剩的不太多了。

徐平的实验课上，同学们体会最多的感觉是"茅塞顿开"。这都归功于他主动与同学们交流，不断获得同学们对于自己教学的意见，掌握学生对知识的理解程度，从而调整自己的授课节奏。徐平戏称这是“反馈控制”，“教师教学是一股推动学生的力量，在推动的时候我感知他们的速度、他们的反作用力，然后再来调整我的授课方法。”

从1990年徐平就在北航从事本科生和研究生的教学工作。二十年来，他为教学工作呕心沥血，也取得了丰硕的成果。2006年，由于专业方向适合，实验教学及实验室建设方面经验丰富以及外语水平过硬，徐平被任命为北航中法工程师学院基础教学实验中心主任。

那时，中法工程师学院刚刚成立不久，法国工程师教育与中国高等教育相结合的教学模式在国内外尚无先例，学生们连一本合适的物理实验教材都找不到。于是，徐平与来自法国的实验教师合作，编写了一套基于法国工程师培养体系又面向中国高校学生的基础物理实验教材。

为了解决同学们对新的教学模式最初的不适应，徐平对法国预科学院基础物理实验教学体系及管理模式做了许多深入的探索和研究，曾先后到法国、越南等国家学习交流，提出许多新的实验方法，改进传统的教学模式，并为此撰写了许多篇优秀的教学研究论文，发表在国内外刊物上。如今，他的研究成果都已经被成功地应用到中法工程师学院的基础实验教学中。现在，他常骄傲地说：“中法工程师学院在物理实验这一块应该是国内最领先的，现在国内还没有学校能够做到与国外如此紧密合作。起码在物理实验这一领域，我们做的实验的程度和法国同类型的学校是相同的，甚至比他们更高。”

徐平教授（右）代表北航中法工程师学院与SAP公司签署校企合作课程协议

“不管一名学生成绩如何，只要他有兴趣和想法，我都会尽量给他机会做一些课外的研究项目，我不会去看学生的排名，我只希望他们都能学到想学的东西。”徐平说。大学期间，很多同学都积极投身于科技创新项目中，他很鼓励大学生们做一些课外的学习和研究，也为同学们的自主学习研究创造了很多机会和空间。

徐平教授指导学生做实验

中法工程师学院电学基础实验室的器材维修工作就是由中法工程师学院几位大三年级的同学负责的。这几位同学说，当初他们在实验课上有不懂的地方就缠着徐老师问，徐老师正是看出了他们在物理实验上浓厚的学习兴趣，便决定把这项工作交给他们，也同时给了他们更多实践和学习的机会。后来，在徐平的指导下，这几位同学组队参赛并获得了 2009 年北京市物理实验竞赛一等奖。

在跟记者的交流中，徐平很高兴地提起这几名学生的出色表现，并告诉记者，最近又有一些同学来找他申请做一些项目课题，他也很放心地把许多项目交给了学生。谈到对中法工程师学院学生的期望，徐平说，中法工程师学院拥有良好的教学环境和优秀的师资力量，这对学生来说是无比珍贵的。他希望中法工程师学院的同学们珍惜机会，看到自己身上的责任，为这个创新领先的国际化教学模式创造一个良好的开端。

（原载《北航校报》2010 年 4 月 1 日第 784 期）

引导学生研究性学习

——记北航自动化科学与电气工程学院胡晓光教授

□ 王泽强 麦丽斯 卢越

“教育并非为生活准备，而就是生活本身。”这是我校第二届本科教学名师奖获得者胡晓光对教育的观念。胡晓光现为北航自动化科学与电气工程学院教授，博士生导师。

胡晓光教授

作为一名优秀的教师，胡晓光注重在知识教学中培养学生的学习效率，思维方法以及创新能力，在思想品德教育中更加注重对学生责任心的培养。

“引导学生研究性学习”

“引导学生研究性学习”是胡晓光和她的教学团队的教学理念。要想培育创新式高层次人才，研究性学习是关键，而研究性学习的关键在于培养学生的自主学习能力，创新能力，但这与记住、理解知识是不矛盾的。

模拟电子技术、数字电子技术是胡晓光主讲的两门本科生专业基础课，这两门课以入门难、内容多为主要特点。在谈到对这两门课的教学时，胡晓光非常注重课程与实际的联系。她在讲授数字电子技术这门课时，首先从计算器的结构开始，把学生们引入这门课程；对课程中涉及到的诸多电子元器件和电路，她都把它们与小小的计算器联系起来，使知识在实际的计算器中串成一条线，融会贯通了学习内容，让学生知道所学知识的用途，也能激发他们的兴趣，使学生自发地去探索、去研究。

学生通过学习这两门课程达到对一些基本、经典的电子元器件和电路的掌握，这样他们就能在遇到其他电子元器件和电路时用相似的方法去分析，从而达到运用的水平。胡晓光说，创新伴随着记忆和运用的过程，在教学中她会时常提醒学生注重思考的方式和过程，养成良好的思考习惯和学习习惯，逐步培养自己的工程意识。

胡晓光始终把教学放在很重要的位置，教学和科研两部分，一直坚持把一半以上的精力投入于教学。她说自己对待教学的态度也影响着学生对待学习的态度，所以她认真对待学生提出的每一个学术问题，鼓励学生，不让任何一个学生掉队。

每周胡晓光都会与研究生们开展关于学习内容的交流会，使不同层面产生的理解和学术问题获得更为彻底的解答，在这期间，她要解答问题，同时会仔细观察同学们，因材施教。因为有些同学可能并非只是单纯在学术上遇到了瓶颈，而是心理产生矛盾，这个时候如果只是解决了学生在学术上的问题，势必不会达到最好的效果。找准位置对症下药，才是一位富于经验的教师青睐的办法。正是如此认真钻研、细致入微的精神，为胡晓光与学生们之间架起了友谊的桥梁。

责任成就事业

“社会责任感”是胡晓光对当代大学生品格的培养中最关注的一方面。社会责任感对于大学生来说是对自己所处团体的责任感，是做事的责任感。“兴趣、能力和责任感是成就事业不可或缺的，责任感又是其中起至关重要作用的因素。”她身体力行，以自己做人做事的态度向我们诠释了何为“责任感”。

胡晓光教授在作 报告

“平等的地位是处理问题的关键。”采访中胡晓光如是说。教学过程中，她并非把自己仅定位成传授知识的老师，而仿佛是和同学们亲切交流的朋友，在浓浓温情的包裹下讲授教学内容，这样更有益于同学们对于新知识的消化吸收以及理解。

“我的学生特别喜欢找我谈心，因为我不会把自己看成他们的老师，我们之间的交流是朋友间平等的交流。”胡晓光拥有一颗年轻的心，每个和她交谈的人都感到似乎是在和同龄人交谈，她会告诉你自己的看法和经验，或是和你共同探讨解决问题的方法。常常，胡晓光会在晚上接到同学们针对学习内容提出问题的电话，不论手头有什么工作，身体多么困倦疲乏，一定会耐心细致地加以解答；有时，胡晓光亦会接到一些同学们打来交流心声的电话，她也会用真心和学生交流，以自己丰富的人生阅历为学生解答生活和情感上的困惑。胡晓光的平易近人让笔者在采访中感受很深，“我从女儿身上学会了如何与学生交流，你以家长的姿态去教导她，她是不会接受的；而你以朋友的身份去引导她，她会很愿意和你交流，很愿意按你告诉她的去做。当然我自己首先是会为她做一个很好的榜样。”

采访中有一件给笔者留下深刻印象的事情。前几届有一个学生，由于基础课的功底不牢固，加之缺乏学习兴趣，所以在学习专业课时很吃力。在得知这个情况后，胡晓光安排这个学生每周到办公室，抽出自己课堂下的时间辅导他一个小时，把课上的精华都讲解给他并布置一些课后作业，让他真正学到知识并且学会运用知识，并时常鼓励他不要放弃。这位学生后来取得了很好的成绩，他的父母专门来拜访了胡老师，感谢她“不仅教会了自己孩子知识，还给他树立了自信心。”

信念＋方法＋努力＝成功

胡晓光说，科研和教学在一定时期内产生各种各样的困难，面对困难，她心中始终有一个信念，“我坚信，只要方法得当，去努力，肯定会有解决的办法。”

凭借坚实的专业知识功底、科学的研究方法和精神上顽强的信念，胡晓光攻克了科研和教学中的许多困难，在科研和教学上取得了很多成绩，国家优秀教学成果二等奖 1 项，省科技进步二等奖 2 项、2009 年北京市优秀教师、北京市优秀教学团队等等奖项就是最好的证明。

而面对无论是教学或科研、个人或团队的很多荣誉，胡晓光都很谦虚，她特别强调自己只是做了一个大学教师应该做好的事，而且也还存在很多的不足之处。至于荣誉她认为是推动鞭策自己继续前进

胡晓光教授为学生上课

的动力。

胡晓光对教学的一丝不苟、对科研的孜孜以求都在潜移默化中影响着她的学生，而她对学生、对事业的责任感，对名誉淡泊的态度更是在一言一行中感染着他们。她正是在一条质朴的教师之路上走出了一片繁华的风景。

（原载《北航校报》2010 年 4 月 11 日第 785 期）

教会思考比灌输知识更重要

——记北航思想政治理论学院胡懋仁教授

□ 方锡玉 靳鹏飞

胡懋仁教授

作为思想政治理论学院的教授，胡懋仁老师极受同学爱戴，他的课深受同学们的欢迎，不仅在于他对课程的细致讲解，也因为他崇高的师德，他用半生光景从事着教书育人的事业，这是他数十年如一日勤勤恳恳努力的所得。

胡懋仁选择了教书育人这条路，就再也没有放弃过。他深切地感到，做老师也许不难，但做一个好老师真的不容易，而且那是永无止境的。

从一开始胡懋仁就在寻找着更好的方法，如何才能使课程内容更为学生所接受。他说："我知道，大学生能够真真正正地去学习马克思主义，是为数不多的，但是我希望的是有更多的同学能够愿意听讲，来提出问题。虽然是'众口难调'，我也并非'万能锁'，但我还是会想尽一切办法去引导同学们学习了解马克思主义。这是毕生的责任！我相信，我的引导会获得连我自己都想象不到的答案。"

胡懋仁的教学理念是：对马克思主义持续研究，在课堂上、在生活中为同学解答实际问题，启发引导学生进行思考。有一位哲人说过，"教育就是一个人把课堂上老师教的东西全忘掉以后所剩下的。"所以在他看来，教会学生思考比教会理论知识要重要得多。他觉得学生在学了这门课后自己所思所想，那才是真正的所得。他一直在给每一位北航学子上精彩的人生课，鼓舞着他们在学习生活中乐观、积极向上。

记者曾提问："您上课的时候会有同学打断您吗？"胡老师微倾身子，说道："在我的课堂上偶尔会有同学觉得我说的不对，当然他就可以当场指出，也许其他老师可能会觉得不尊重老师，在我看来这不算是不尊重老师。平时我可能还会鼓励同学们提出问题，认为我不对之处，可以指正，我们互相讨论，共同进步。""有本事就把老师抓住不放，我最害怕的就是学生不提问题，这让我很头疼，因为这样我就不知道学生想听什么、想关心什么，老师本就是传道、授业、解惑的，但学生没有好好地利用资源，他们就亏了。"他认为有问题是好事情，有问题但学生没提出来是学生的损失。他考虑到的是学生的利益，他不怕别人打断，打断可以接着讲，他以解答学生疑惑为乐趣。胡懋仁的课堂上总是充满着思想的源泉，抛砖引玉是他常用的招式。他说，偶尔能听到一些相当好的观点，以此也丰富了自己对马克思主义的理解。胡懋仁信奉着"教学相长"的真理，这是他的人生态度。在他看来，没有什么比在教学工作中提高自身更为快乐的事了。胡懋仁主持的精品课程被评为2005年北京市精品课，这是对他和教学团队所付出心血的肯定吧。

胡懋仁教授为学生上课

胡懋仁不仅在教学工作上十分出色，他同时也是优秀的研究者。他一直坚持不懈地阐述自己对马克思主义的理解，不仅写了多篇专业性的理论文章，而且也出版了理论方面的书，1995年他推出了学术专著《科学与思维》。去年他参加了首都高校师生学习《六个"为什么"——对几个重大问题的回答》的座谈会，他在会上阐述了自己对马克思主义大众化的观点。

虽然退休了，但胡懋仁现在还在做一个关于国家教改的课题，他说："以后我还继续对马克思主义、思想政治的研究，只不过不必再像以前带有任务性质，现在我可以凭着自己的兴趣做一些理论研究。"他正在打算出一本书，那是他在日常上课的时候，让同学们写下一些自己想要了解的问题，然后汇总后从里面找到一些代表性的问题，根据自己的理解，写一本关于这些问题解答的书。"我也只是想抛砖引玉，希望通过它引起人们对马克思主义的关注，毕竟马克思主

胡懋仁教授和学生在一起

义要与社会实践相结合才能够真正地永葆生机，才能为大众所接受。”

当记者请胡懋仁老师对自己荣膺教学名师奖谈一下感受时，他说：“其实只是有点小 surprise 吧，自然挺高兴的，未必像获得奥斯卡金像奖一样，‘Oh！ MyGod！’，呵呵！假如年轻一点，或许会比较激动，但现在可能是年龄到了，看得已经挺淡的了。要说感言什么的，倒是真没怎么想过！”他的平实与坦诚让记者很有感触，这种对名利的淡泊、对事业的亟亟追求应该值得我们认真地学习。

（原载《北航校报》2010 年 5 月 1 日第 787 期）

无声润物三春雨　有志育才一代功

——记北航物理科学与核能工程学院王天民教授

□ 郝维昌

王天民教授

2010年5月8日，来自海内外的150多位朋友齐聚北航唯实大厦。他们的到来都是为了同一个目的，参加“先进材料与技术研讨会暨王天民教授70华诞庆典”。这些人当中有，日本东京大学山本良一教授，兰州大学郑晓静院士，日本国家材料研究所叶金花教授、殷福星教授，东京工业大学史绩准教授，中国科学院、清华大学、南京大学、复旦大学、上海交通大学、北京航空航天大学、西北工业大学、厦门大学等单位以及从牛津大学远道而来的众多王天民教授的学生和朋友们。两院院士师昌绪教授和王老师的导师东京大学名誉教授堂山昌南先生还分别为王老师的70寿辰题词和发来贺信。大家欢聚一堂，重温王天民先生的科学足迹，庆贺王天民先生的古稀华诞。

师恩永难忘　桃李满园香

王天民教授从教46年来，数十年如一日坚持工作在教学、科研第一线，主讲多门本科和研究生课程，培养博士研究生41人、硕士研究生62人以及博士后5人。王天民忠诚于党的教育事业，勤奋耕耘，教书育人，培养了大批优秀人才。曾获甘肃省园丁奖、甘肃省高等学校教书育人先进个人、宝钢全国优秀教师奖等多项奖励。他对自己的学生在学业方面认真指导，在做人方面严格要求，在生活方面多方关心。1999年，王天民的学生刘贵昂（现任湛江师范大学教授）在西南交通大学攻读博士学位时由于指导老师年事已高又无课题与经费，因而论文的选题遇到很大的困难。正当他陷入困境的时候，王天民给他建议了“环境因素对类金刚石薄膜结构与性能的影响”题目，并为他创造良好的学习、生活及研究条件。在王天民的精心指导及委托的谢尔庆教授的具体协助之下，开展了学位论文的研究工作。论文初稿完成后，王天民又在百忙中审阅并提出了许多具体的修改意见，从而保证了其博士学位论文的顺利完成。

作为一名老师，王天民是打心眼里真心爱自己的学生。这种对学生的真正的爱，远远超越了对老师的职业道德的要求，他把每一个学生都看成自己的子女，无论是在学习上，还是生活上、工作上，对学生是立体的、多方面的、全方位的爱，不仅学生本人得到王天民老师的帮助，很多甚至连爱人的就业、孩子的教育等，都得到过王天民夫妇的无私关怀和帮助。即使不是他自己的学生，甚至是完全不认识的学生，只要学生需要，都会得到王老师真诚的帮助和认真的指导，包括学习、研究、就业和出国留学等等方面。很多时候，王天民老师自己手头的工作很多，但只要学生有事相求，他再忙也不拒绝，而是向晚上加班、熬夜要时间。得到他推荐出国留学深造者不下 30 位，其中有的已经学成归国；也有不少学生仍在国外学习或工作，他们在学业和研究工作中都取得了很好的成绩；更多的学生是在他的直接指导和真诚关心之下找到了满意的工作岗位。许多学生与王老师一直保持着密切的联系，他们端端正正做人，认认真真工作，不少人已在学术界崭露头角或在管理岗位上身负重任。王天民带出的这些好学生，按照他自己的话讲：许多学生成了他的忘年之交，成了他的精神支柱。

王天民教授为学生上课

王天民老师平时总是反复地、不厌其烦地强调做人的问题，注重学生的品德修养及树立严谨学风的问题，常与学生进行交流与探讨。在实际的生活里，王天民经常会就一些问题的思考写成心得与体会与学生们交流讨论，让学生们在交流讨论中受到深刻的教育。王天民 70 寿辰活动的组织者感到，如果没有王老师长期以来对学生关爱和随时保持的密切联系，活动就不可能如此成功。所以，作为王老师的学生，永远心存敬畏、谦虚谨慎，不敢懈怠。王老师的学生普遍认

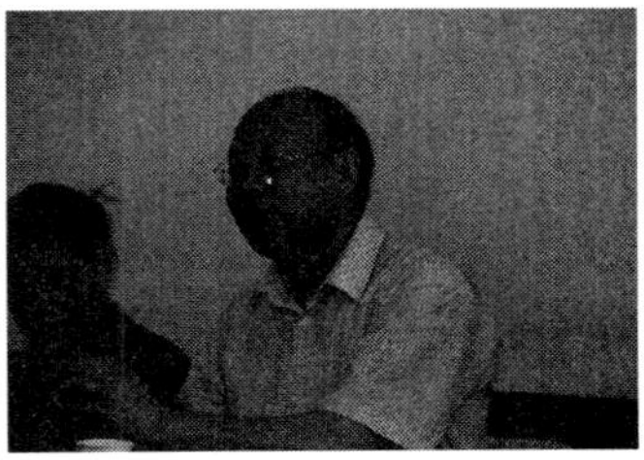

王天民教授与研究生同学进行交流

为老师为祖国的科技和教育事业勤劳奋斗一生，他对他的老师和长辈们的尊敬，对晚辈们的爱戴和无微不至的关怀等，都为我们做出了很好的榜样。

天民师生情　义举助学金

1996 年底，王天民教授夫妇捐资 2 万元人民币以表达他们关心和帮助贫苦学生的心愿（2010 年 1 月，王老师又捐助了 2 万元）。王天民教授的众多海内外桃李闻知后，深为感动，随即纷纷捐资以成恩师之愿。师生同心，于 1997 年 6 月设立了“天民师生情谊助学基金”，用来资助兰州大学品学兼优的贫困学子。“天民师生情义助学基金”的宗旨是：崇德、促学、助困。冀望予生活困难的莘莘学子以雪中送炭之温暖，激励更多的学生增强信心，为国家培养更多的有用之才而尽万一。该基金是当时在我国高校由个人捐助的第一个助困基金，截至 2009 年 9 月，共资助 9 批 73 人次。受资助的高瑞鑫同学说：“我只见到过王先生一次，相处仅有半日。这中间有见面时的愉悦，发言时的拘谨，倾听时的感怀，领奖时的激动，更有会后交谈时的热烈，合影时的笑容，离别时的感伤。老师的背影印在我的脑中，从此我再没有理由只用平白的画板记录下大学的印记，我必须更加努力，继续努力，用心用力用对母校的爱去努力，不能停歇。”而对于很多同学来说，助学基金给予一个学生的绝不仅仅是物质上的帮助，更是精神上的支持与鼓励。鄢澧涛同学说：“我和接受资助的其他同学正是接过了这一爱心的传递棒。我想告诉先生一个好消息，我毕业后拿到了留美的全额奖学金，目前已经身在美国了。在此我向您表示深深的感谢，你的教诲深深地影响了我，我也非常希望能在科研道路上走下去。我现在的研究方向是燃料电池与锂离子电池相关材料的研究，都是最近非常热门的领域，我想我会努力学习，然后学成回国去建设我们的祖国。”

王天民教授作报告

该基金在社会上也引起了广泛的关注，一些有社会责任感的企业家也加入，使基金得到持续发展。北京 MEDMED 医学传播机构总经理王涛说：“我过去也曾给一些类似的基金捐助过，但多数事后都没有音信了。而‘天民师生情谊助学基金’，账目非常清晰，每一笔捐款和奖励结果，每年都会给所有捐资者通报，能做到这一点非常不容易。因此，我非常乐意捐助这个助学基金。”2006 年到 2008 年，王涛经理每年捐助 1 万元，一半用于奖励，一半用于本金。从 2009 年开始，王经理又把金额提高到了每年 2 万元。

如何“做人、做事、做学问”，这是王天民教授始终思考和践行的问题，无论在教学和科研实践中，还是在日常生活中，他严以律己、宽以待人的精神和谦虚谨慎的待人处世品德，为年轻人树立了榜样。我们应该学习并大力弘扬这种宝贵的精神，为创造一种积极向上、团结和谐的氛围而共同努力。

（原载《北航校报》2010 年 11 月 1 日第 801 期）

孜孜不倦二十载　自主创新结硕果

——记北航机械工程及自动化学院刘强教授

□ 李琬玢 肖春锦

刘强教授

身为学者：十年磨一剑，香自苦寒来

1998年，远在加拿大的刘强结束了海外访问研究，踏上归国的旅途，欲将在国外两年学习积累的收获与经验带回国，让它们在自己的工作岗位上发光发热。

由于当时国内数控加工动力学研究领域基本上仍处于基础理论和实验室研究阶段，在理论与实际工程应用的结合方面与国外相比仍存在很大差距，所以，军工行业的需求与先进水平的差距成为刘强科研选题的切入点。他从自筹研究经费起步，带领研究生，从一个个切削过程模型入手，从一种种工件材料系数进行测试，从一条条底层仿真程序开始编制，从一件件元器件开始测试调试，取得了初步研究成果。2002年开始，在国防基础科研计划的支持下，他们与航空企业紧密合作，经过几年不断地反复研究、实验、发现问题、解决问题、反馈结果、改进技术，终于自主研究开发了一套全新的基于数控加工过程动力学仿真的切削参数优化系统，实现了这一关键技术从实验室到企业工程实际应用的跨越。刘强教授时刻保持着对专业领域先进技术的敏感性，充分发挥团队的力量，怀着持之以恒的精神，先后领导组建了“国防科技工业高效数控加工技术研究应用中心”，创建了“先进制造技术国防科技创新团队”并获得多项殊荣。

宝剑锋从磨砺出，梅花香自苦寒来。刘强用十年的耕耘付出，换来了科研上硕果累累。著名作家冰心曾说：“成功的花儿，人们只惊羡于她的美丽，殊不知，其中浸透着奋斗的泪泉。”也许这个过程中充满了成功的喜悦与欣慰，但是背后的付出与坎坷也许是常人无法想象的。为了获得企业的第一手应用数据，刘强与他的团队教师及研究生在最初的研究试验阶段里，一年赴昌河飞机工业集团公司10余次，不管是寒冬酷暑，与数控车间的工程技术人员一遍遍地反复测试、共同试验，终于将在实验室开发的测试与仿真系统成功地应用于飞机零件的实际数控加工，提高加工效率近3倍，还显著提高了零件加工质量。当他们的研究成果在企业开花结果，得到了从国务院领导到国防科工委和军工集团公司各级领导的重视和肯定后，他们又投入了面向航天、航空、兵器、船舶、电子等多个行业实施的“国防科技工业千台数控机床增效工程”，承担起增效工程总体技术支持工作。他们“摸行业之所需，研行业之所急，攻行业之所难，为行业之所用”，迅速地将多个自主知识产权成果实现了工程化开发，制定规范，编写教材，组织培训。深入数十个军工企业，足迹遍及10余个地区和城市，在试点车间现场，进行“人员－手把手”、“机床－点对点”、“试验－件到件”技术演示和操作培训。据统计，在增效工程试点一期，已直接培训数控骨干技术人员300余人次，赴企业进行现场培训指导共计30余次。第一批40多家试点单位针对200台试点数控机床，采用刘强教授团队开发的“X－Cut”数控加工过程仿真优化系统，在4个月时间内加工试点典型零件280多种25万多件，取得了平均材料去除速率提高到增效前的131%、试点零件平均单件切削加工时间缩短约40%的显著效果。直接有力地支持了60多个重点产品关键零部件的生产。试点企业明显提高了数控加工效率，缩短了产品制造周期，产品质量也得到进一步改善，大幅提升了军工制造企业的核心制造能力。

刘强教授在北京数控装备创新联盟年会上发言

虽然刘强和他的团队取得了今天这样优异的成绩，但是鲜花和掌声并没有让他们停下前进的脚步。现在，刘强和他的团队又承担了多项国家重大专项课题和国防重点科研项目，正向着新的方向和领域

刘强教授向“211工程”国家验收专家、领导汇报工作

发出挑战、继续进军。

身为师者：授业解惑，诲人不倦

在从事科研领域研究的同时，刘强教授也时刻践行着身为人师的职责，在三尺讲台上，孜孜不倦二十年。

刘强教授曾多年担任学院院长，无论身为普通教师，还是位居院长或兼任专家，20多年来，刘强教授一如既往全身心投入教学工作，一直为本科生完整讲授核心课程“机电控制工程基础”，并开设了“机电控制系统建模辨识与控制”、“Modeling and Control of Dynamic Systems”等课程。在培养研究生的过程中，他坚持实行忠诚、勤奋与智慧三项评价标准，并教导学生永怀感恩之心、敬畏之心，老实做人，踏实做事，严谨做学问，专心致志地学习，坚持不懈地研究，培养了一大批杰出人才。身为一名教师，刘强教授希望将自己所学倾其所有地传授给自己的学生，关注他们的成长。他总是十分热心地与同学们分享自己的成长历程、国外留学和考察经历以及工作学习体会等，将北航的办学理念、优良传统、学科前沿和科研方法等介绍给学生，使之进一步了解学习与工作，了解生活与社会。

除了关注学生成长外，在教学方法上，刘强教授也有他的独创之处。在教学实践中，他探索了“点－线－面”式教学法，并进一步总结出“突出一条主线、注重两个结合、阐明三个意义（LC2M3）”的教学思想，即：突出一条主线(L)——始终贯穿和突出研究讨论机电控制系统物理对象的稳定性和动态特性的分析理论、方法及应用这一条课程主线；注重两个结合（C2）——针对机械工程类学生的专业特点在教学内容安排和讲授过程中注重机械与电子的结合、基础理论和工程应用的结合；阐明三个意义(M3)——对课程中的概念、定理、公式等，加强对其“数学意义＋物理意义＋工程意义”的分析和阐述。此外，还开辟了“课堂虚拟控制实验室（VCL）”的教学方法，充分利用仿真软件MATLAB/SIMULINK，建立课堂虚拟实验室，结合实例进行虚拟实验，使学生获得直观的感性认识。

同时，适应专业特点，刘强教授先后将“先进电子制造技术中的重要科学技术问题”、“高速数控铣削加工关键技术研究应用”等国家/国防重大重点项目的科研成果和研究平台，引入到课程教学、毕设和课外科技实践，促进学研融合、学用结合，指导20余名不同年级学生利用科研平台完成毕设或科技制作，多名获得优秀毕业论文或“冯如杯”科技制作奖。

此外，作为课程责任教授，他建立了本科核心课程“机电控制工程基础”教学团队，全面开展精品课程建设，并为青年教师的成长营造出良好的氛围。近几年来，团队中三位年青教师主持承担教改项目3人次，获校青年教师讲课比赛二等奖、三等奖4人次，获教学成果二等奖和优秀教材奖3人次。刘强教授个人先后荣获北京市和北航各种教学奖励及荣誉称号共10余项，曾获北京市优秀教师、北航第五届“十佳教师”、北航第三届青年教师讲课比赛一等奖。

在教学岗位上甘为孺子牛的奉献精神，让刘强教授赢得了学生们的爱戴与称赞。刘强的学生是这样评价他的：“他的授课已远远超越了一般的课堂，透过他明亮的双眸，我们真正走进了‘工程师的世界’……成为我们用知识与激情改造世界的一扇门……他微扬的嘴角、明亮的双眸、热忱的心已燃亮了我们的课堂，燃亮了机械学院，燃亮了不知多少年轻的心。”

身为党员：恪尽职守，乐于奉献

刘强教授自1985年加入中国共产党，1989年进入北京航空航天大学成为一名高校教师以来，恪尽职守、竭诚奉献、辛勤工作，出色地完成了作为一名党员教师的工作任务，不仅为国家科研事业与院系教学工作做出了积极贡献和优异成绩，而且时刻保持共产党人的先进本色和教师的师长本色，按照自己的信念和共产党员的要求演绎着一段人生真义，成为师生学习的楷模。

多年来，刘强教授时刻关心时事政治，积极参与院系党建活动，从思想上、作风上加强自身建设，严于律己，起到一个优秀党员应有的带头作用。他始终怀着“老老实实做人、踏踏实实做事”与“少讲大道理，多做实在事”的为人处世原则，拼搏于自己热爱的事业中。

刘强教授在实验室

2003年“非典”肆虐的时候，时任机械工程及自动化学院院长的他曾不顾个人安危，在非典初期公众对非典还心存恐慌，不知如何处置的时候，与研究生指导主任一起，护送一名病毒感染的研究生就医，为此被医学隔离观察两周。在隔离期间他还坚持指导研究生，并且通过多种途径向上级和有关部门反映情况、提出建议，在学校BBS上号召同学们消除恐慌、克服困难，争取抗击“非典”和学习科研双项胜利。

正是这二十年来的辛勤努力、奉献付出，刘强在他的工作岗位上取得了一个又一个成绩和殊荣。但是面对这些荣耀，刘强教授依然没有停下他前进的脚步，他一如既往地不断开拓，努力进取，践行着身为一名科技工作者、一名大学教师、一名共产党员的神圣职责。

（原载《北航校报》2010年11月11日第802期）

执著探寻　不懈追求

——记北航自动化科学与电气工程学院王少萍教授

□ 解维奇 赵君鸿

“所有付出的努力、辛苦都是很值得的”

王少萍教授

王少萍教授在科研上获得的荣誉是众多的：2006 年国家发明二等奖，2004 年中国机械工业科学技术一等奖、国防科技进步二等奖、三等奖各 1 项，2002 年国防科学技术进步三等奖，1998 年教育部科技进步二等奖……这一连串荣誉的背后包含的则是不为人所知的艰辛与汗水，只有经历过的才能真实地感受到这些荣誉的分量。

谈起自己的科研方向和科研经历，王少萍教授显得有些激动，就像一位母亲谈起自己的孩子们，孩子的一举一动都刻在了自己的脑海中一样。在王教授的言谈中，我们进入了一个充满艰辛而不乏乐趣的科研世界……

“还记得 1998 年我们去航天某研究所去投标我所从事的第一个大型工程项目的情景。那时北航参加投标的成员只有我和一位老教师，当时和我们一块去竞标的有西工大、哈工大。人家要么是校长助理带队，要么院长陪同，带着一大批系里的骨干老师去竞标。当时的我还很年轻，另一位老教师已经是快退休的年龄了，就我们一老一少去竞争。看着其他学校浩浩荡荡的队伍，当时心里的滋味真的难以用言语表达。好在我们在前期做了非常多的工作，包括免费为他们做仿真、做实验，加之设计方案精细完善，值得庆幸的是我们最后还是拿到了这个项目……”

“记得另外一次，为了按期完成一个项目的交付，我带着学生和课题组老师在实验室已经干了好几个通宵了。终于等到第二天就可以到西安去交付了，有一个老师顶不住了想要退出，我几乎是一面恳求一面生拉硬拽地把大家推到了去西安的火车上，一路上的感觉就是想哭……”

……

听着王教授平静地讲述一件件难忘的经历，在这个回忆的时段里，我们看到了她为了科研所付出的不懈努力，为了科研所经历的种种艰辛，为了科研所承受的种种无奈。我们似乎感觉到王教授此时此刻的心情，我想她心中感受到的不仅仅是那段生活中的“风雨”，更是风雨过后的“阳光”。

谈起王教授的科研工作，她的研究生们向记者这样说道：“王老师工作特别地敬业，大年初一的时候就来上班了。”“王老师每天工作至少 12 个小时，早上 7 点左右就来到办公室，晚上一般要到 6、7 点才回去，有时甚至要到晚上 10 点，工作特别辛苦”。敬业、辛苦，我们想象不出用什么样更加美妙的词语来形容她。

“我觉得自己所有付出的努力、艰辛都是很值得的，所研究的项目都可以应用到国家的航空航天领域中，自己感觉挺欣慰的”。

王少萍教授的主要科研方向是系统可靠性、故障诊断、机电系统控制与仿真和产品的加速寿命试验，其中做得最为有特色的是容错控制系统的综合可靠性分析。容错控制系统是目前飞机、导弹、运载火箭上广泛采用的控制系统，它的特点是可靠性和安全性高。由于容错控制系统可以在系统出现故障的情况下动态实时调整系统结构进行容错控制，因此其余度降级和系统重构过程使得可靠性分析变得非常困难，采用现有的可靠性分析方法根本无法反映这种动态时序过程。为了更加详细地介绍“永不放弃”的故障重构思想，王教授给我们作了一个生动、形象的比喻：“如果一个人的左手不能动了，右手及身体的其他部位协同能够完成左手的功能；如果左、右手都不能动了，双脚和身体其他部位协同也能完成双手的工作，如切菜、取物和拿笔写字等”。将这种容错余度降级和“永不放弃”重构思想引入传统的可靠性分析中，王少萍教授主持的“容错控制系统综合可靠性分析”项目获得了重要的创新成果，获得了2004年国防科技进步二等奖。该研究成果已经广泛应用于航空航天许多容错控制系统的可靠性分析与评价中。

王少萍教授的另一个主要科研方向就是综合应力加速寿命试验。这方面的工程研究在国内外都不是很多，属于目前国内外很前沿的研究课题，但其经济效益却是巨大的。王少萍教授带领课题组经过近10年的研究，其研究成果已经应用于航天航空领域多种器件寿命评估中，可以节省试验时间6～10倍，为国家的航空航天事业和科学技术的发展做出了重要的贡献。

“不管进来怎么样，出去都要是好砖”

对于老师，我想很多学生的感觉可能是怕老师，主要是因为老师比较严格。王少萍对于自己的学生要求也是很严格的，她的学生也怕她，但是不是因为老师严格而是“怕自己做得不好”。

谈起王老师的严格，她的一名学生这样形容：“不管进来怎么样，出去都要是好砖”。怎样成为一块好砖呢？王教授是这样“炼砖”的：学校的规定是一名硕士研究生在EI上发表一篇论文就可以毕业，但是王老师的要求则是至少在EI上发表一篇论文，在核心期刊上发表两篇论文才可以毕业。“很有压力，但是成果都是在压力下取得的。以前自己连论文都不知道怎么写，在王老师的指点下，现在我也已经在EI上发表一篇论文了，自己做梦都不敢想象。”王教授的一名研究生这样激动地向记者讲到。正所谓“名师出高徒”，现在王老师所带的硕士班已经是全系在EI和核心期刊上发表论文最多、质量最高的一个班。

王少萍教授为学生上课

针对目前国内学生在互动、演讲、发表等方面与国外学生存在着较大差距这一状况，王少萍教授大胆进行教学内容和教学方法的改革，达到研究生培养模式与国际接轨。在教学内容上，她采用的是关键理论与应用技术引领式教学，安排15个计划，让学生分组合

王少萍教授访问诺丁汉大学

作，通过大量阅读文献和协同努力完成 15 个计划的研究论文，并在课堂上做相应的学术报告，老师实时点评，学生进行互动提问，以实现学术思想的碰撞、交流和启发。王少萍教授对学生论文的撰写格式、PPT 的版式和学术发表自我研究份额等方面都有严格的规定，通过这样的方式更进一步地培养了学生的创新思维和解决实际问题的能力。在教学方法上，每年邀请 1 ～ 2 名著名大学的知名教授为研究生讲授 4 ～ 5 个讲座，实时补充本门学科前沿知识。至今已邀请美国 Purdue 大学的 Tomovic 教授、Sullivan 教授、英国 UMIST 大学的 Hong Wang 教授等共同参与建设容错控制系统可靠性技术课程。

尽管在学习上王少萍要求得很严，但是在生活中她对同学们却是非常关心的。一名学生至今还记得那感人的一幕：有一次他们组织打篮球，打球时王老师了解到那天正好是他的生日，就当即买了蛋糕回来一起庆祝。每次逢年过节或者是出国回来，她也总是不会忘记给同学们带一点好吃的。

有这样一位严格而可亲的老师，相信她的每一个学生都会是一块“好砖”！

“我也是一位称职的母亲”

王少萍教授有一个幸福美满的家庭，在她明亮整洁的办公室里，一张洋溢着一家三口幸福微笑的全家福放在书柜里最显眼的地方。工作繁重的她同样也兼顾着自己的家庭。她有一个正在北航附小上学的女儿，谈到女儿她说：“在兼顾家庭方面，我认为自己还算是一位称职的母亲。因为我的丈夫工作也很忙，平时孩子就是自己在带。让我很省心的是，我的女儿身体一直很好。我们全家周一到周日可以说一天三顿饭几乎在北航食堂里吃的。由于家住在校外，早上从家里出来得非常早，七点十分就到北航了，到食堂吃完早饭就送女儿去附小上学；女儿从二年级开始下午放学后就自己走路来我的办公室，自己在我办公室做作业；女儿一直要在我办公室等我忙完，我才能带她到食堂去吃晚饭，有时我工作非常忙，女儿就要一直等，最晚带女儿去吃晚饭是晚上九点半，然后再带女儿一起回家。”

王少萍教授参加布尔班第 9 届应用科学与技术国际会议

说起女儿，王少萍还说到了一件令她心酸的事情："那是去年的母亲节，我和女儿在回家的车上。她告诉我今天母亲节老师问了大家一个问题，母亲为自己做得最好吃的一道菜是什么。同学们都知道，可是妈妈，你都很少做菜给我吃，全班只有我一个人回答不出老师的问题，你能给我做一道最好吃的菜吗？""其实我知道，她年纪小，可能会在跟别的小孩一起的时候比比自己的父母。别的孩子的母亲可能会接送孩子，会更关心孩子，体贴孩子，给他们做好吃的。可我管得比较少，不过孩子身体好，是她对我工作最大的支持。有时候我也会很矛盾，做妈妈的，都想给孩子最好的，我也会尽我所能给她温暖，可是我相信在这样环境下长大的孩子，会更独立，更自立。"

天下没有不爱孩子的父母，只是爱的方式不同。

"一个好习惯决定一个人的命运"

在访谈的最后，王少萍教授对北航学子寄予厚望："我觉得北航的学生都是非常优秀的。作为老师，我希望经过我们的努力，为学生创造一个良好的、宽松的、比较利于学生自我发展的空间，不仅在教学上，也在科研、创新性实践上。我希望我们的学生能够诚信、勤奋、踏实，能够富于创新精神，能把自己的事情都做到尽善尽美，生活得丰富多彩。北航的学生有着丰富的想象力和创造力，但有些欠缺脚踏实地、踏踏实实的治学态度以及对问题执著探寻的精神。一个好习惯决定一个人的命运。潜质优秀的北航学子，应该站在与其母校相对等的位置严格要求自己，养成严谨求真的科学研究态度、踏实勤奋的治学精神和精益求精的研究习惯，踏踏实实去解决问题，养成好的科研和学习的习惯，我相信会受益终身的。"

（原载《北航校报》2007年4月1日第697期）

为无人机事业默默绽放的花朵

——记北航无人驾驶飞行器设计研究所韦志棉教授

□ 邓 怡　张翠萍

韦志棉教授

北航的无人机所坐落在校园的南侧，这是一个充满神秘感又让人油然而生崇敬之情的地方，我国的许多架无人机都是在这里生产的。

经过了好几道门，我才来到韦志棉副总师的办公室，心里一直忖度着：是什么样的女人能在这种“戒备森严”的地方，踏踏实实地工作了二十多年，又做出了多项突出贡献呢？带着疑问，我敲开了办公室的门，一位蓄着精干的短发、面带温暖笑容的女人向我走过来，眼睛里充满了真诚和智慧的光芒，她握着我的手说：“你好！我是韦志棉。”

韦志棉 1982 年从北航毕业后，开始从事无人机测控技术方面的研究，多年来，她一直默默无闻、兢兢业业地奋斗在工作岗位上。别看她身材瘦小、外表柔弱，却是国家某重点无人机型号的副总设计师，负责四个分系统之一的测控与信息传输分系统的全部工作，在无人机测控与信息传输总体技术、无人机卫星中继传输技术、机载 ku 卫通天线跟踪技术、视距数据链低仰角抗多径传输技术、全机电磁兼容设计与测试技术等方面，都取得了重大突破性成果，为该型无人机的成功研制做出了突出贡献。

同时她还担任着无人机所副所长，负责无人机所质量、标准化、教育培训、研究生等行政管理工作。只要一提起韦志棉，无人机所的同志们对她无不赞叹，敬佩之情溢于言表。

“干无人机这一行必须能吃苦，要说什么叫能吃苦，看看韦老师就知道！”

在无人机里工作的人有一个共同的特点，都黑瘦黑瘦的，韦志棉是典型的代表，大伙都说她是累成这样的。1994年开始，她就作为主要骨干成员，参加了“某无人机”改型测控系统的研制，1996年的时候，公公刚去世没多久，丈夫被派到国外学习，那时正是系统试验的关键时刻，天天做试验，经常加班加点地干，无论多晚还得回家照顾婆婆，为了两头都不落下，她每天只睡三四个小时，就这么扛了下来。正是这样一种隐忍，这样一种执著，这样一种不怕吃苦的精神，支持她熬过无数个日夜，攻克一个又一个的难题。该无人机原型是我国研制的第一架高空高速无人侦察机，在中华世纪坛青铜甬道上被载入史册，也是我国唯一参战的无人机，其测控系统技术填补了我国多项空白。

2000年，韦志棉开始担任某国家重点无人机型号副总师，负责的测控与信息传输分系统是一个很庞大、很复杂的系统，需要协调多个单位共同进行，而且许多都是新的东西，容易出问题，随时需要排故，因此无论是系统联试还是试飞，韦志棉都和同志们工作在第一线，由于时间要求特别紧，很多本可以在校内完成的工作都只能转移到外场进行。这个“外场”是某部队留守师部遗留下来的场地，基本就是荒郊野外。从2002年到2007年五年多的时间里，她大部分时间都在外场工作，外场住宿条件相当艰苦，水、电、暖严重不足，冬天在宿舍盖两床被子还冻得直打哆嗦，夏天又热得无法入睡。试飞的机场环境条件更恶劣，严冬酷暑不必说，跑道上的冷热总是被放大，如果气温30℃，跑道上能达到40℃左右甚至50℃左右；如果气温零下10℃，那跑道上能到零下20℃甚至零下30℃左右。最难的就是上厕所，女同志要走到几百米开外，晚上加班做试验的时候，还得摸黑走夜路，为了不耽误工作，她干脆就不喝水。洗澡更是奢侈的事情，需要到几十里地以外，为了整个型号的进度，她就在简陋的宿舍凑合。

对韦志棉来说，生活上的苦还不算什么，精神压力大才是最难克服的

卫星中继链路在这个型号之前还从来没有被应用到无人机上，只有应用卫通链路技术，无人机才能飞得高飞得远，否则只能局限于小范围活动。可以说，这个型号的成功，开创了我国首次在无人机上使用卫星通信技术的先河，具有开创性意义。科研试飞的一个指标就是要考核卫通链路的传输性能。那段日子，卫通天线跟踪设备的低温工作问题、卫星中继链路副通道的电磁兼容问题搅合在一块，经常出状况，问题又复杂又棘手，很难解决，作为测控系统副总设计师的她，心急如焚，压力特别大，天天睡不着觉。但是，她没有跟任何人抱怨过一句，带领她的团队日夜奋战，试验、检测、修改、再试验，终于实现了我国无人机卫星中继通信“零”的突破。

型号总师感叹道：“韦志棉在外场这种恶劣的环境里，就是大家的核心力量，再苦她从没有一句怨言，再难她也勇于刻苦攻关，踏踏实实地工作了这么多年，实在是太难得了！”

团队里要是谁有什么思想问题，大家都喜欢说一句话：“别怨天尤人了，看看韦老师是怎么做的！”

“韦志棉这个领导，我们服气！”

韦志棉在无人机所是副所长，在重点型号里又是副总师，虽然是一位柔弱的女性，可无人机所和型号参研单位的小伙子们对她可是由衷的敬佩。

型号任务要想顺利完成，需要数十家参研单位与北航密切合作，如何处理好各单位之间的关系成为系统推进的关键所在。说到这个问题，团队中的小伙子们说：“型号的参研单位在无人机领域实力都非常强，要想让他们和北航一条心来完成任务，必须找到一个让大家服气的领导，我们都没有想到，韦志棉一个女同志能够把所有参研单位的关系协调得这么好，她总是替人着想，不仅在业务上悉心指导，在生活上更是细致入微地照顾年轻人，参研单位的人都服她，她用真诚和善良把大家的合作关系变成了朋友关系。”

在无人机所里，韦志棉也没有一点“官架子”，无论大事小事，她总是以身作则，对工作一丝不苟，兢兢业业，对同事嘘寒问暖，关心爱护。她是个乐于助人的人，同志们有什么问题困难，都愿意跟她谈，是大伙的“知心大姐”。

做型号工作，出差是家常便饭，在安排工作的时候，不仅要考虑各人的专业特长，还要考虑各自的家庭生活状况等各种因素，尽量照顾周全，但是有时还是很难做到的。为了照顾别人，她就常常把自己给派出去了，所以在这个型号的外场试飞试验中，她是出差最多的一个。而在外场的时候，她又是工作时间最长的一个，别人轮班休息了，她不能休息，她说：“不放心，休息也是假的，得盯着心里才踏实”。

韦志棉的丈夫也是单位的骨干，夫妻俩工作都忙，生活起居几乎全靠父母和婆婆。丈夫身体一直不太好，眼底静脉出血，几次动手术，她都不能陪在身边。有时匆匆忙忙从外场回北京一天，抽出时间陪丈夫去医院检查，还得挤出时间加班处理工作上的事。第二天，她瘦弱的身影已经又出现在外场的工作现场了。有一次她晚上刚到外场，第二天一大早家里来电话，告知丈夫正在医院抢救，是心脏病发作。这突如其来的消息像当头一棒，“我当时愣在那了，当天有飞行任务”，她回忆说，“后来我姐姐去陪了，我没回去。”简简单单的几句话，就带过了她生命中可能最难抉择的时刻。

韦志棉说：“无人机是一项特殊的事业，要想好好做，必须和团队成员打成一片，没有别的，就得去踏踏实实地干。”

韦志棉的以身作则、身先士卒是无人机所里公认的。团队成员经常说：“就冲韦老师这股子干劲，我们没得说！”

“韦老师思想觉悟高，不是用来说的，而是用实际行动来证明的”

韦志棉被大伙称为“深入群众”、“事必躬亲”的铁人。在外场工作的时间长了，很多人的宿舍都相对固定了，由于女同志比较少，韦志棉的宿舍从来没办法固定，作为领导的她从来没有一句怨言，让住在哪就住在哪。在外场试飞的时候，工作强度是很大的，一天下来，很多男同志都累得不想动弹，但是她一定会和大家一起清扫机库、擦

韦志棉教授（中）在工作中

洗飞机。夏天，在炙热的机场跑道上，韦志棉会和大家一起在烈日下搬运外控盒的控制线。试飞的时候，有时突然大雨滂沱，韦志棉会第一个冲上去，用塑料布遮盖无人机，根本不顾自己浑身上下都湿透了。用韦志棉自己的话说："我觉得领导不是只发号施令的人，而是用自己的实际行动号召大家主动跟上来的人。"

团队里的成员也说："我们的思想工作不用专门找时间来做，平时韦老师跟我们一起并肩战斗的时候，心结就解开了。"

二十多年来，韦志棉从来不争名不争利，有荣誉还往外推，她总说："我不需要，给年轻人吧。"

岁数大一点的人都知道，韦志棉是一个多才多艺、能歌善舞的人，从小就参加各种演出。她从事的无人机事业需要的是刻苦攻关，是无私奉献，是默默无闻，生活却是极其枯燥乏味的，这么一个爱好广泛、热爱生活的人，甘愿把二十多年宝贵的青春献给了我国的无人机事业，真的是难能可贵。

无人机所书记马军说："现如今，不少人都讲求个性张扬，强调个人作用，韦志棉却可以做到既能负重又能忍辱，既能任劳也能任怨，没有别的话可以形容，这就是共产党员的觉悟！"

韦志棉就是这样一个朴实的人，一个温柔、善良、智慧的女人，在祖国的无人机事业大风大浪中默默绽放着她的美丽和清香，感染和感动着身边的每一个人。

事业成功了，飞机定型试飞圆满完成。在那一刻，作为"长鹰"研制队伍中的一员，她心潮起伏，感慨万千：七年的风风雨雨，坎坎坷坷，研制的路走得不容易，靠勇于探索的创新精神，靠顽强拼搏的战斗意志，靠一丝不苟的严谨作风，靠团结协作的团队意识，作为副总设计师的她和研制团队一起，解决了技术上一个又一个难题，克服了生活上一个又一个困难，终于迎来了胜利的这一天！看着蓝天上展翅高飞的"长鹰"，她感到无比的自豪和欣慰，觉得为此所付出的一切都是值得的！

她把感慨化作笔端的心声，挥笔写下一首小诗：

万里蓝天任翱翔，长鹰展翅信游缰。
互祝功成欢颜展，相拥语咽喜泪狂。
七度暑寒身心惫，几番磨砺才智彰。
凛凛寒风锥刺骨，炎炎炽日汗如浆。
父母蜃楼嘘寒暖，夫妻梦境叙短长。
往昔耕耘结硕果，豪迈长鹰国无双！

（原载《北航校报》2008 年 3 月 1 日第 724 期）

传道授业　潜心科研

——记北航能源与动力工程学院丁水汀教授

□ 谷云超　胡方方

丁水汀教授

传道授业　教学相长

“师者，所以传道授业解惑也”。传道授业是一个老师的神圣职责，丁水汀始终坚持这个信条。无论他有多么忙，充分准备、认真讲授每堂课始终不变。

精心培养学生的创新潜质。上过丁水汀课的同学都知道，很难在课本上找到相应的章节。他上课从来不照本宣科，而是通过对学生思维的发散来拓宽他们的思路，使得他们产生创新的动力。当他讲解一个定理的时候，会把它重新放到历史中去，把同学们的思绪带到大师们当时所处的情形中去。有一次，他在课堂上对同学们讲：“瓦特看到了水壶盖被蒸汽顶起来，他就发明了蒸汽机？牛顿看到了苹果落到了地上，他就发明了万有引力定律？显然不是这样的。”他解释道：大师们不仅仅发现了这些现象，而且突破了边界，使得他们能够在前人的基础上创造一些新的东西。他进一步启发学生：在一件相同的事情上，不同的人有他的不同看法，关键看他能不能够突破思维的局限性，获得本质的东西。他通过这种追本溯源的方法来启发学生，提高他们学习的兴趣、获取知识的能力，从而激发学生创新的潜质。

让兴趣成为学生最好的老师。“对未知的世界要有一颗好奇的心”，丁水汀在指导学生的时候非常注重这一点。有一次，一个学生在完成一个实验后，只是将数据保存在电脑里而没有进行分析。第二天，丁老师询问结果时，他说还没看呢！丁老师吃惊地说："你竟然能让你的实验数据过夜？"以后，这个学生总是在第一时间将实验结果告诉丁老师。有一次，这个学生凌晨2点做完实验，就立刻打电话将结果告诉了丁老师，于是，师生二人就在这个时间进行了实验数据交流。通过这些点滴的细节，丁水汀培养了学生对科学研究工作的兴趣，同时，学生也养成了勤奋学习的良好习惯。

传播理念，教学相长。"弟子不必不如师，师不必贤于弟子"。丁水汀在学生面前从来都是平易近人、谦虚有加。他经常和他的学生们讨论问题，交流心得。通过交流，不仅便于更好地引导学生学习，而且能够丰富自己的知识。他常说："教学相长嘛！"。他认为，大学教育在于传播理念、传播思想。他讲授的"工程热力学"就以"PPEE"即"哲学、政治、经济、工程"贯穿始终，他被评为该课程的优秀主讲教师。他的学生们在他的理念的影响下，注重全局思维、长远思维，努力投入到国家建设中去，为自己的人生目标不懈地奋斗着。丁水汀深受学生们的爱戴，同时，也赢得了校内外的良好口碑。近年来，荣获北京市第五届青年教师教学基本功大赛最佳授课一等奖、最佳教案奖、最佳演示奖，北航教学名师奖和北京市教学名师奖等多项荣誉。

丁水汀教授为学生上课

严谨务实　勇于攀登

熟悉丁水汀的人都知道，他在科研上充满激情和探索精神。在研究过程中，无论遇到多少困难和挫折，他总是带头攻关，从不退缩。

发扬团队力量，追求的脚步不止。谈到科研，丁水汀总不忘记他的团队，他说："当遇到难题时，大家在一块讨论，然后制定出方案来解决，科研需要集思广益，单靠一己之力是远远不够的。"丁水汀在科研过程中，以一个学者虚怀若谷的谦虚精神、海纳百川的为人气度去处理事情，赢得了同事的尊重。他和他的团队紧紧团结在一起，为国防事业做出了突出的贡献。曾先后获得国防科工委科技成果一、二等奖等多项奖励。

丁水汀教授与参加"冯如杯"的学生交流

丁水汀所从事的航空发动机领域是衡量工业发展水平的一个重

要标志，航空发动机被业内人士誉为“工业王冠上最璀璨的明珠”。然而，我国的工业基础与发达国家存在着一定的差距，航空发动机的水平相对比较落后，使得我国航空业的发展受到制约。作为微小型航空发动机及分布式能源实验室的主任，他带领科研团队，瞄准国内微小发动机的空白，苦战三年，集成前期的研究积累，研制成功了某小型涡喷发动机，目前正在实现产业化。目前，随着北航和中国民航局合作关系的建立，航空科学与技术国家实验室（筹）“适航技术研究中心”的成立，丁水汀作为航空发动机方面的专家又担任了适航中心的执行主任，开始了新的征程。

丁水汀常说:“国家的需要就是我们科研的方向。”“台上一分钟，台下十年功”，科研也是如此，做出正确的科研方案在于平时一点一滴的积累。丁水汀在做科研的时候认真仔细，不放过每一个细节，正是他严谨务实的工作作风和百折不挠的进取精神，使得一个又一个难关被攻克，成功完成许多重大项目。一步一个脚印，他带领团队，严谨务实，勇于攀登，奋战在科研的一线，为我国的航空业发展默默无闻地奋斗与追求着。

科教管合璧　相得益彰

在北航这样一个以理工为主的研究型大学，一位在研究领域成绩斐然的教授的时间是以分秒来计算的，再担任管理职务，许多人会用“鱼与熊掌不可兼得”来形容这种双肩挑的工作，但教学和科研上的繁忙并没有影响丁水汀在学院的管理工作。从北航汽车系的10年创业，到建立交通科学与工程学院，在学校领导的支持与关心下，每个阶段他都充满了对事业的执着追求与工作的高度热情。作为交通科学与工程学院的常务副院长，从2007年10月到现在，整整一年的时间，他每时每刻都不曾停歇奋斗的脚步。

“不谋全局者不得一隅，不谋万世者不得一时”，在管理工作中他始终遵循这一名言。

1998年北航成立汽车工程系，当时他任系主任，实际上整个系只有他这个唯一的教师和一位工作人员，行业里戏称是“皮包系”。

就在这样艰苦的环境中他开始了艰难的创业，在这几乎是零的起点上一干就是10年，他甘于寂寞，带领团队，探索打拼。2007年10月28日，在学校领导的关心下，应发展所需，一个小系终于发展成为学院。一年来，学院蓬勃发展，一个拥有60余名教师、一个国家重点学科、一个北京市重点学科、四个二级学科、承载一级学科的学院框架已经形成。通过北航与中石化的合作，成立“北航—中国石化航天润滑技术联合实验室”，吸引国内外精英共同合作开展研究，成为我国第一个把视线瞄向航天润滑技术的校企联合攻坚的顶级实验室，形成为我国航天事业做贡献的平台；北航与中国民航局合作，成立航空科学与技术国家实验室（筹）“适航技术研究中心”，和民航局一道，统筹技术创新与人才培养，面向国家重大需求服务，形成适航基础研究、验证服务、人才培训的重要基地；通过高端人才的聘任，与中国汽车研究院的全面合作成功开展……。通过短短一年的奋斗，交通科学与工程学院的“4A”即“航空、航天、汽车、机场”融合的学院文化，越来越得到行业内的高度认可。

丁水汀在教学、科研、管理等几个角色中从容转换，使得三者在他的工作与生活中相得益彰。

接触过丁水汀老师的人，对他的第一印象都是：朴实，低调。事实上也确实如此，科研成就于一身，桃李芬芳满天下。面对这些，丁老师内心却有着一份淡然。走进丁老师的办公室，首先映入眼帘的就是一条毕业生送的横幅，上面写着：“海纳百川”。

丁水汀教授在“北航—中国石化航天润滑技术联合实验室”揭牌仪式上发言

丁老师曾说，自己和交通科学与工程学院一样，一路走来学到最多的就是包容。扎扎实实做事，老老实实做人是丁老师的真实写照。他教导学生要学会包容，还特别强调，只有包容才能使人变得豁达，这是做一个达者所必需的品质。“海纳百川，有容乃大”，这不仅是丁水汀老师对自己，更是对学院、对学生提出的要求，只有这样，学院以及具体到某个人才能不断成长、壮大。

丁水汀教授代表北航与中国民用航空沈阳航空器审定中心签署“通用航空适航技术与管理”合作框架协议

（原载《北航校报》2008年12月11日第747期）

潜心理论启人生　志在创新做栋梁

——访北航物理科学与核能工程学院吕广宏教授

□ 王琪玥

吕广宏教授

吕广宏，2001年日本东京大学获得工学博士学位，之后先后在日本东京大学生产技术研究所和美国犹他大学材料科学与工程系担任特别研究员和研究助理教授等职位。人事部高层次留学人才回国工作资助人选、教育部新世纪优秀人才支持计划获得者。2007年获得北京市优秀青年科技论文一等奖。承担国家自然科学基金、航空基金和国家重大安全基础研究项目专题等科研项目，在物质与材料的结构与性能计算模拟和预测等方面取得了一系列研究成果，在国内外杂志上发表论文50余篇。现在主要进行的研究方向有高温结构金属间化合物材料的多尺度强韧化设计、核聚变面对等离子体材料的结构与性能等。

理学院作为北航理科建设的主力军、学校重点建设和大力发展的单位之一，亟待优秀人才的加盟。一批国内外一流专家、学者的加入给理学院注入了一股强大的新鲜血液，使之有了实现跨越式发展的动力。

吕广宏教授2006年来到了飞速发展的理学院，2007年入选人事部高层次留学人才回国工作资助人选和教育部新世纪优秀人才支持计划。他承担了国家自然科学基金、航空基金、国防973专题等课题，并曾担任澳大利亚研究理事会国际特约评审专家以及多个杂志的审稿人。

在一个春光明媚的下午，笔者如约来到吕教授的办公室采访，整个访谈过程亲切而务实。

“搞科研要的是一种鉴真东渡的精神”

吕广宏的研究方向是凝聚态物理/材料物理，他直言自己对科研的专注。在人浮于事的当今社会，静心搞学术特别是偏重理论科学的研究，坚持自己的理想是很多人不敢触及的，也是许多人不理解的。他说，基础理论研究无论在什么时候都是极其有意义的，特别是在人类科技已经高度发达的今天，我们面临更加困难的或是从未遇到的问题时，基础理论研究将成为实现飞跃式发展的基石。

吕广宏正在参与一些有趣同时具有特别意义的项目的研究，其中之一是关于核聚变能源利用与开发。他详细而通俗地给笔者讲述了这一项目的内涵和意义：此项研究都是围绕核聚变而展开的，核聚变是由质量小的原子，主要是指氘或氚，在一定条件下（如超高温和高压），发生原子核互相聚合作用，生成新的质量更重的原子核，并伴随着巨大的能量释放的一种核反应形式。原子核中蕴藏巨大的能量，原子核的变化（从一种原子核变化为另外一种原子核）往往伴随着能量的释放。如果是由重的原子核变化为轻的原子核，叫核裂变，如原子弹爆炸；如果是由轻的原子核变化为重的原子核，叫核聚变，如太阳发光发热的能量来源。相比核裂变，核聚变几乎不会带来放射性污染等环境问题，而且其原料可直接取自海水中的氘，来源几乎取之不尽，是理想的能源方式。目前人类已经可以实现不受控制的核聚变，如氢弹的爆炸。但是要想能量可被人类有效利用，必须能够合理地控制核聚变的速度和规模，实现持续、平稳的能量输出。科学家正努力研究如何控制核聚变，但是现在看来还有很长的路要走。由中国、美国、欧盟、日本、俄罗斯、韩国、印度参加的国际热核反应堆合作计划（ITER）就是此类研究之一。该项研究有可能彻底改变人类获取能源的形式，从而彻底地改变人类的生活方式。这一研究方向注定了过程中的艰辛，但搞科研要的是一种鉴真东渡的精神。只有一生为

吕广宏教授作学术讲座

了一个目标潜心研究，才有希望做出成绩，做出贡献。

"每天都学习一点，每天都进步一点"

吕广宏在日本东京大学获得博士学位后，又先后在东京大学和美国犹他大学担任过特别研究员和研究助理教授等职，在国外生活、学习了九年。长期的留学、工作经历中给他影响最大的是东京大学的导师——山本良一。在他刚刚开始攻读博士的时候，山本先生就在东京一家相当豪华的酒店宴请所有的留学生，以示对大家的重视。期间山本先生说"你们留学生一定是各个国家的栋梁"。这句话深深刻在了吕广宏的心中。在以后的学习中不仅仅是个人理想驱使自己不断前进，更是抱着一种沉重的民族使命感在努力钻研。

不管是对学生，还是对自己，吕广宏都要求大家每天学习一点，每天都进步一点，"今天的我不同于昨天的我"。他的计算材料物理研究小组的团队文化就是：坚持发扬学习精神、团队精神、创新精神。这种积极向上的生活态度深深地感染着他周围的每一个人。他的学生告诉笔者，吕老师特别注重平时知识的积累，他以知识面广博而著称，无论对于本科生还是研究生，他总能高屋建瓴地指出学生出现的问题或为之指明研究方向，这点让所有的同学都十分佩服。在每周三研究小组的例会上，吕老师都会强调学习精神、团队精神和创新精神。一方面，吕老师在学术上对学生要求十分严格；另一方面吕老师平时对学生十分和蔼，有空就与同学们谈话，了解同学们的困难，帮大家指点迷津、规划未来发展道路。

在讲授"基础物理实验"这门全校性课程的时候，吕广宏发现很多同学在学习态度上出现偏差，并没有做好预习和数据处理工作，致使很多同学的成绩不理想。他告诉学生，在学习的过程中要端正态度，争取每一天都在进步，而不仅仅是为了完成实验报告而已。他最重视的学生品质就是踏实肯干，具有较强的团队意识，并且勤于思考，能够坚持不懈地努力。

吕广宏教授为学生上课

对于同学们的学业规划，吕教授觉得现在整个中国的教育环境有了很大的改善，出国不是唯一的出路，很多同学可以根据自己的兴趣和需要选择自己的求学之路，但无论走哪条路都要有一个正确的出发点，树立正确的目标；同时，“科学没有国界，但是科学家是有祖国的”，无论走到哪里都要心怀祖国，时刻做好为祖国贡献力量的准备。

（原载《北航校报》2008 年 4 月 11 日第 728 期）

科研动力来源于自我追求

——记北航电子信息工程学院郑铮教授

□ 李纯纯 侯楠楠

郑铮教授

“科研动力来源于自我追求”

1995 年，以优秀的成绩从清华大学电子工程系毕业的郑铮前往美国普渡大学深造，并取得了硕士和博士学位。2003 年至今，他在北航电子信息工程学院光电与信息工程系从事光电信息传输与处理、光通信与系统等方面科研与教学工作。

郑铮回忆起当初学习的经历，讲到被保送至当时的清华大学电子工程系时，由于自己高中时数理基础较好，所以当时就选择了光电子方向作为自己学习的专业，并一直到现在。在个人的兴趣爱好和良好的学术氛围的共同驱动下，他像许多的清华学子一样，以积极的态度、灵活开放的思维方式和扎实的基础知识，在图书馆和实验室里潜心学习，在知识的海洋里探索追求。无论是对待学习还是研究工作，他都勤奋钻研，勇攀高峰，取得了骄人的成绩。从清华毕业后，来到美国普渡大学，郑铮坦言也有过一段时间的不适应。在那里，往往一周只能见到一次导师。而导师在看过工作后也只是点评一下，指出关键点，其他的一切只能靠自己，或者和同学讨论。但正是这种自主的研究环境，使郑铮收获了与国内课程学习经历完全不同的经验与感悟。而和同事共同完成的研究项目更是使他受益终身。在新型光码分复用技术（OCDMA）光传输及网络技术方面，他在国际上首创了两种 OCDMA 的新型信号检测技术，对后续的有关领域的研究产生了影响。

让笔者更感兴趣的是他在美国著名的朗讯公司的工作经历。贝尔实验室汇集了世界顶尖的实验设备和科研人才，其优越的科研环境和系统的科研工作训练，培养了他的创新能力。于美国朗讯公司任研究员期间，他在全光交换、新型波分复用技术与系统设计等方面从事了研究工作。悠久的学术传统和浓厚的学术氛围使其受益匪浅，同时由基础研究、应用研究、先进产品开发构成的有机的科技研发体系也提供了与纯学术型研究显著不同的研究经历与不同的研究思路和视角。

在北航工作以来，他承担或参与国家自然科学基金、自然科学基金联合基金、国家 863 课题、航空科学基金等多个科研项目。在学术科研领域，近年来获得了一系列荣誉。2004—2005 年度李氏基金会杰出成就奖（美国）；入选 2005 年教育部新世纪优秀人才支持计划；2007 年受聘为北京航空航天大学蓝天学者特聘教授。至今已在国内外主要期刊与重要会议等上发表论文 70 余篇，其中被 SCI 收录的论文有 18 篇，被 EI 收录论文 40 余篇。所发表文章的 SCI 引用数已达近百次。

“优秀人才的培养需要良好的学术生态”

原始创新需要扎实的理论基础。郑铮坦言，在清华本科期间深厚的理论基础使他受益匪浅，“当时我们在大学学半导体器件主要还是二极管，可一到美国，研究生课程上讲的基本上都是 MOS 管了。所以知识更新换代的速度是很快的，这就需要你有持续的自主学习能力。越来越多的科研工作是不同学科内容的交叉，所以要有将不同学科知识融会贯通的能力，这也有赖于较好的理论知识基础。”他还说，“从长远的角度看，扎实的数理基础会使你更容易形成从具体的研究对象中抽象出数理概念再转化为模型的能力，从而能更有效地运用理论来指导实践。”

活跃、宽松的学术环境是原始创新的条件，而课程体系、科研

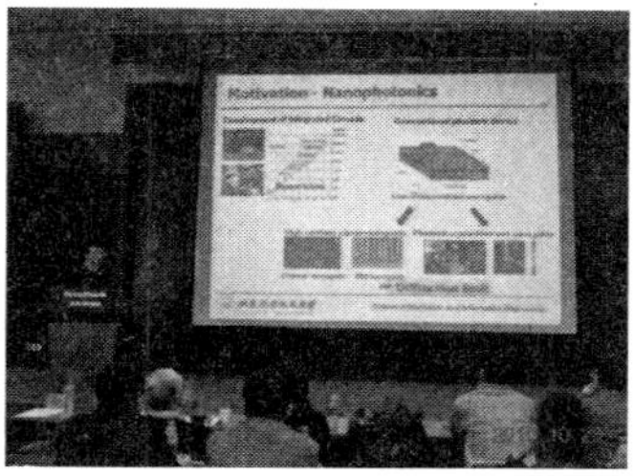

郑铮教授参加 2010 年 COMSOL 用户年会并发言

实践和学术交流又是构造人才培养的学术环境的重要组成部分。2003年郑铮来到了有着优良学术传统的北航，现讲授研究生光通信理论基础课程，本科生光纤通信与网络课程和其他选修课及留学生课程。在指导研究生进行科研工作时，郑铮提倡培养学生的创造力。“实验员的脑子是别人的，而实验科学家是自己在思维、在创造。”他特别注重以学生为主体，培养学生的独立探索精神，为学生原始性创新能力的提高创造一个宽松的学术环境。他一直鼓励学生自主发挥，让学生将动手能力和理论研究能力相结合，提出有创新性的学术思想。

要成为具有创新能力的科研工作者不仅自身要有才能，而且通常还需要具备在价值追求、科学素养、领导才能、人格魅力、拼搏毅力、团队凝聚力和社会影响力等方面的优良素质，优秀的人才综合素质非常重要。郑铮说：“写论文、做科研要有严谨的态度，要有较高的学术道德标准。能够建立良性的科研合作关系对于交叉学科的发展尤其重要，这就要求我们要能够经常从对方的角度考虑问题，这样才能真正做到团队协作、共同发展。作为青年科研工作者，要有较好的沟通交流能力，要重视与同行专家进行学术交流的机会并努力从中受益”。

作为青年学术带头人，他坦言，正在研究的许多新型光信息技术尚处于探索阶段，未来要走的路还很长，与国内兄弟院校和国外科研机构相比，我们的研究条件、科研能力还有很大差距。面对不足，他将在光传输技术、光信号处理方面的基础上，结合先进光学材料、光电器件、光信息系统的最新成果，面向未来宽带通信、光学检测等多领域的需求，在天地光传输技术、复杂信号光处理技术方面争取具有创新性的成果。

（原载《北航校报》2009年1月11日第750期）

从争论中产生思想闪亮的火花

——记北航机械工程及自动化学院段桂江教授

□ 李威 吕海波

段桂江教授近年来一直从事现代先进制造技术与现代质量工程技术领域的科研、教学与应用推广工作，结合科研项目，围绕现代制造业环境下的质量管理及其信息化技术展开了系统深入的研究工作，取得了多项创新性研究成果。他也一直积极投入教学工作，积极参与课程建设、教学改革、实验环境建设以及学科建设，并结合授课过程大胆实践，成果丰硕。

段桂江教授

脚踏实地做科研

段桂江表示，如果说工作上取得了一些成绩，应归功于他们的团队。团队中的成员时常对于某个问题某种看法产生争论，正是这种各抒己见的过程中，团队获得了更多的理解与沟通，取得了更大的一致，正是这种思维的强烈碰撞，产生了思维闪亮的火花，创造性的方法也从中诞生。他调侃道，假如一段时间内他们没有这样的争吵，他们自己就会觉得不习惯，就会认为这是他们的思维变得麻木了。

除了团队精神，他觉得把科研成果应用推广也是十分重要的，在推广过程中肯定会有很多困难，这就要求研究人员必须要放低姿态，从基层入手，把自己看成普通人，和普通的基层人员交流，找到他们所真正需要的东西，然后把这些元素融入到自己的科研项目中，这样才能更好地推广自己的成果，达到研发者和企业的双赢。据了解，北航科研的中坚力量大部分都有过基层工作经验，正是这些宝贵的经历使得他们能够更好地把握好自己研究领域的方向，更好地作出决策。

创新务实搞教学

在教学方面，段桂江也有着自己很鲜明的特色，他的教学理念中有一条就是：给学生一个机会，他们会给你很多惊喜。他主张并实行了一系列教改实验，课堂上与同学互动环节非常突出。举个例子，在一堂课中，他给同学们出了一道仓库管理的问题，怎样改革一个仓库的管理系统来适应管理人员的需求。他把同学们分成了若干组讨论，15 分钟结束。同学们积极发表意见，其中产生了很多非常精妙的方法，让他大为惊讶。段桂江说，80 后及 90 后学生的思维非常活跃，很容易产生具有创造性的想法，教学中应该注意适当地引导同学们挖掘这方面的潜能。

段桂江认为，科研与教学是相辅相成的，他经常把一些自己的科研成果应用到教学中去，这既调动了同学们的兴趣，同时也使同学们对一些先进成果有了更多的了解，对个人发展起到了很好的促进作用；另一方面，在教学中又常常能在与同学的交流过程中获得一些非常新奇精妙的想法，可以把这些想法应用到科研实践中去，得到很好的效果。另外他认为如果科研做得不扎实，很难在教学上有大的作为。就是这种观念，使得他在这两个领域内相得益彰。

工作中的段桂江教授

访谈的过程中，段桂江谈到对大学生的建议，他说，不管将来你要走什么样的路，都要勤奋踏实地走下去，不能浮躁冲动，但是对于有价值的东西要大胆尝试，结合自己的专业选择一些发展自己的途径，比如加入一些与自己专业有关的社团，参加大学生创业实践，在实践中检验和发展自己学到的理论，把每次经历当做一次锻炼。专业知识是非常重要的，即使将来你所从事的与你的专业不一致，那些专业知识也会对自己产生潜移默化的作用；并且我们要积极拓展自己的知识面，来增强自己的综合素质，成为多方面人才。大学教育是系统培养人才的过程，最好的大学生应该是“五项全能”型的大学生，

段桂江教授指导学生做实验

即“能干、能写、能说、能组织、能谋划”，我们都要努力朝着这些方面云发展。

段桂江教授说，一个人要想成功，必须要踏实谦逊，而我在他身上读到的，正是这两种闪光的性格。我想，这就是他取得成就的原因吧。

（原载《北航校报》2009年3月2日第752期）

希望更多俄罗斯科学家来中国

——记“千人计划”学者、俄罗斯科学院沙德洛夫院士

□ 温才妃 刘颖昳

沙德洛夫院士

沙德洛夫，国际著名计算科学和信息科学专家、俄罗斯科学院计算模拟研究所所长、俄罗斯科学院通讯院士、欧洲科学院院士，2003年俄罗斯联邦国家研究奖获得者，2008年俄罗斯政府友谊奖章获得者，2011年“加加林金质奖章”、“2011年度科学家”荣誉奖章获得者。

在多网格有限元方法、非线形双曲型方程方面有着突出贡献，领导的俄罗斯科学院计算模拟研究所在大规模科学与工程计算、海量信息数据处理等方面都有着深入的研究。

沙德洛夫担任北航“复杂系统与科学工程计算国际研究中心”的首任执行主任，其团队里现已吸纳中外科学家、研究人员、程序设计师等几十余名人士。“如果取得成果，这将是计算数学中一项世界性的成就。” 沙德洛夫说，我们的工作不仅要创建方案，还要培养年轻人才来应用。

近日，在北京航空航天大学新主楼10层，《中国科学报》记者见到了精神矍铄的沙德洛夫院士。

提及2011年俄罗斯宇航学联合会授予的“加加林金质奖章”，沙德洛夫谈得云淡风轻。

作为北航引进的第一位“千人计划”学者，沙德洛夫感受到与

之相融的学术空气。他表示，“即便中方提供的条件不如‘千人计划’，我们也能找到不止 100 名俄罗斯科学家愿意来中国”。

“我在耐心等待未来的科学家”

与数学的因缘际会，缘自沙德洛夫少年时期的一个数学竞赛，它是奥林匹克数学竞赛的前身，但在当时（前苏联时期）还不是国际竞赛。

对于少年时期的沙德洛夫，学术偶像是一个模糊的影子。

让他念念不忘的是中学时期的数学老师多尔夫曼，现在已是一名教授。多尔夫曼老师从早到晚都在教习数学，这显然很符合沙德洛夫的求知胃口。

在刚建立的新西伯利亚科学城里，沙德罗夫结识了许多后来很有名望的科学家，如俄罗斯科学院院士 S.K. 戈杜诺夫、G.I. 马尔裘克、Y.L. 伊尔肖夫等人。当时他们还只是年轻的小伙子，沙德洛夫与之非常亲近。就像沙德洛夫在中国教书一样，作为学生的他和老师从早到晚待在一起，不停地探讨、争辩，有时还会跑去老师家里问询。

“我在知识面前表现出极大的热情，这一点和上完课拔腿就走的大学生有天壤之别。”沙德洛夫因此获得了特殊待遇——老师交代他的作业比同学的难，晚上在老师家讨论完问题，还会被留下喝一杯茶。“总之，老师把所有会的都传授给了我。现在，我正在努力成为像他们那样的人。”

沙德洛夫院士荣获俄罗斯宇航学联合会颁发的“加加林金质奖章”

如今，沙德洛夫指导的 3 名北航硕士研究生已顺利毕业。“我在耐心地等待一些未来的科学家们，因为我知道，有些学生是以 100 ∶ 1 的比例考入了北航的数学系。”

如果有人把沙德洛夫当做一名刻板的“学术狂”，那就错了。闲时，他会漫步街头，“这个时候可以思考某些问题”。倘若在家中，他还要玩上两把电脑游戏，近来他热衷于一款名为“文明”的电脑游戏，“游戏里要统领众多民族，这对科研机构的组织能力有很大启示——不仅要团结各种力量，还要和敌对一方斗争”。

沙德洛夫院士在发言

受邀“大飞机项目”

2008 年是沙德洛夫赴外工作的“分水岭”。

在此之前，沙德洛夫在德国的高校和科研机构工作过很长时间，一方面从事科研，一方面为学生授课。

自从 1992 年，中国科学院院士林群向沙德洛夫抛来橄榄枝，沙德洛夫几乎每年都来中国。

2008 年起，沙德洛夫的工作精力更多地倾注中国。“现在我们和中方有很多有意义的事情，其他的都没有时间理会。”

沙德洛夫口中“有意义的事情”指的是 2007 年 3 月中国政府立项的“大飞机项目”。

为了制造高性能的飞机，他们需要完善两个方向。一是使用现成的实体飞机，利用风洞吹气，观察具体飞行情况。为了获取一个成功的设计方案，需要成百上千次不成功的试验，试验价格非常昂贵。二是针对风洞问题的解决，沙德洛夫团队运用全球运算速度一度最快的超级计算机天河 –1A（现在被日本“超级计算机 K”超越）来模拟实验。

鉴于虚拟与现实的差距，两套方案都不可绕过。2010 年 11 月，北航成立了“复杂系统与科学工程计算国际研究中心”，加快大飞机项目的科研进度。沙德洛夫担任该中心的首任执行主任，其团队里现已吸纳中外科学家、研究人员、程序设计师等几十余名人士。

“如果取得成果，这将是计算数学中一项世界性的成就。”沙德洛夫说，“我们的工作不仅要创建方案，还要培养年轻人才来应用。”

沙德洛夫表示，“我们最终的任务是建立数学化的模式，可以在一天内设计并计算出上百个不同的方案，然后从中敲定最合适的方案变为现实。这就是我们对大飞机项目所作的贡献”。

就在记者采访的前一天，温家宝总理亲自接见了沙德洛夫，特意强调了北航大飞机项目的重要性，给予沙德洛夫团队强有力的精神支持。

沙德洛夫院士为北航学生授课

“中国有很好的人文氛围”

2010 年 6 月 2 日，沙德洛夫欣然在“千人计划”聘书上签字，聘期为 5 年。

对于身后的“千人计划”，沙德洛夫认为应该拓展“千人计划”的范围，“当前有许多俄罗斯科学家寄希望去欧洲进行一些系列讲座、科研交换工作。中国政府如有条件，可以不以常驻的形式，邀请他们定期来华开设系列讲座、课程”。

“中国有很好的人文氛围。”沙德洛夫眼中的中国，有着友好和谐的科研大环境，还有年轻学生求知的热情。一年中，他有 6 个月在中国，剩下的时间回俄罗斯完成同类的科研工作。

家人的鼎力支持是沙德洛夫坚实的后盾。美丽的女儿为其担任工作秘书，在中国长期陪伴。不久之后，现为大四学生的外孙女也将来华，协助网络方面的工作。

目前，沙德洛夫在北航开设“有限元方法引论”课程并主持科学计算前沿研究生讨论班。经历一年半的教学，他已对指导中国学生驾轻就熟。“他们非常友善，脸上总是带着‘小太阳’一般的微笑。”课下，学生们常来帮忙料理一些生活上的问题，如购买电话卡、调试网络；沙德洛夫随时为学生们解答各种学习问题，父女俩还常以俄罗斯特有的小礼物相谢。

沙德洛夫很欣赏中国学生勤劳刻苦的学习态度。“在人类社会发展与进步时，学生们会对知识探索充满极大的热情；可当他们生活在以个人利益为重的‘消费社会’里，则呈现截然不同的学习态度。”

“在下一个 5 年来临之前，我们应该已经培养出非常好的中国学者，期待他们为世界创造出精妙的东西。”沙德洛夫如是说。

（原载《中国科学报》2012 年 1 月 18 日）

科研当执著

——记“千人计划”学者、核科学家谷畑勇夫教授

□ 温才妃 刘颖昳

谷畑勇夫教授

谷畑勇夫，日本著名核物理学家，世界核物理学界的主要领军人物之一，世界范围内放射性核束装置的主要推动者、参与者和领导者，被誉为“放射性核束之父”。在核物理、核天体物理、高能重离子碰撞、放射性束装置、探测器技术等方面发表过280余篇学术论文。

“元素从哪里来？我们如何从实验上观测它们和研究它们的结构？同学们，你们想不想知道？”讲台上，谷畑勇夫眯着眼微笑着询问学生。听过他的课或讲座的学生都有共同的感受：思路会被一个个无法绕开的问题牵引、启发。

如果有人问他怎样才能成为一名出色的科学家，这位在生活中热爱滑雪、攀岩，喜欢中国火锅的“千人计划”学者，会突然一脸严肃地告诉提问者：“首先要找到自己的研究课题，然后做好花几十年、上百年甚至几代人才能得出实验成果的准备。”

谷畑勇夫，世界著名核物理学家，北京航空航天大学“千人计划”学者。

喜欢看星星的科学家

与如今的科学小天才不同，小学阶段的谷畑勇夫并未一早流露出对科学的兴趣，只是和许多聪明的孩子一样从小成绩优异，尤喜

数学。

整个童年，谷畑勇夫最喜欢做的事就是举着望远镜数星星。直到有一天，初中老师对他说，你对星星这么感兴趣，为什么将来不当科学家?

长大后的谷畑勇夫很明确自己为什么要走科研之路：一是为了求知，一是为了贡献社会、国家，而“扩充知识量是作贡献的前提”。

“我选择核物理学的原因很简单，因为它是一个非常独特的领域，自成体系。其中涉及到成千上万个核素，而每个核素的结构和性质都值得人们去认真研究。” 谷畑勇夫说。

1985 年，他与合作者在美国加州完成的核反应截面的测量实验中首次发现了“晕核”。这一发现极大地丰富了现代核物理学的研究内容。

2000 年，他利用新建成的放射性核束装置，人工合成了众多奇特原子核，并发现了幻数“16”，这对理解为什么宇宙中某些元素有较大的丰度现象具有重要意义。

2011 年，德国洪堡基金会授予他“洪堡学术奖”，以表彰他在核科学研究、教育上的贡献。

“我所研究的是一个新兴的、发展中的领域，特别体现在核物理学研究和核物理应用两件事上。” 提起学术研究，谷畑勇夫显得兴致勃勃。

他试图用最通俗的语言向《中国科学报》记者解释清楚“两件事”。一是原子核被认为是一个具有确定界面的类球体，但是他在研究中发现某些奇特原子球存在类似月晕一样的现象，这些原子核具有较大的半径。他的核物理研究就是基于此展开的。一是人类赖以生存的地球乃至宇宙中的核素，主要产生于恒星演化的过程中。研究这些原子核的性质以及反应，也是世界核物理学家孜孜钻研的课题。

我校与“千人计划”入选者谷畑勇夫教授签署聘任合同

北航是一个不错的选择

谷畑勇夫被誉为“放射性核束之父”，蜚声国际核物理界。日本乃至世界多所大学、科研机构均力邀他加入，而这样一位重量级人

北航成立“核科学与技术研究中心”，谷畑勇夫教授受聘为第一任中心主任

物最终选择了中国的北京航空航天大学。

“北航‘开放式’实验室的想法吸引了我。”谷畑勇夫表示，虽然北航的核物理学是一门新兴的学科，但是这种“新”也体现在包容性和开放性上。

随着谷畑勇夫的加入，北航的核物理学研究重心也逐渐由侧重理论的研究，转为以实验与理论并重、共同发展的研究，谷畑勇夫认准“在中国发展核物理学，北航是一个不错的选择”。

加入北航的一个重要原因是他的许多朋友、学生都在中国（其中包括北航教授和学生）。因此，作为“千人计划”学者，他“不是‘进入’一个科研团队，而是‘建立’一个团队”。如今，北航核物理实验研究已形成了以谷畑勇夫为首，包括六名青年科研人员、十多名研究生和高年级本科生参与的研究团队，大家合作得非常愉快。

2011 年 11 月，北航成立了核科学与技术研究中心，谷畑勇夫担任第一届中心主任，他提出了“在核科学与技术应用领域，建立一个汇集实验和理论知识以及酝酿新思想的世界级研究机构”的构想，将研究方向集中在物理中的新结构和新现象上。

为了这一构想，在实验之外，谷畑勇夫时常奔波于国内外的多家核物理研究中心中国科学院近代物理研究所和中国原子能科学研究院、德国的 GSI、法国的 GANIL、美国的密歇根州立大学（MSU）以及日本的大阪大学，进行全方位的密切交流和合作。

2011 年，他在中国待了 3 个月，2012 年预计待半年以上。

谷畑勇夫教授在“中国－南非新一代放射性束核物理联合研讨会”上发言

一定要学会问“为什么”

为什么天空是蓝的？为什么窗户上的玻璃是透明的？

在谷畑勇夫看来，对于这些看似“傻孩子”的问题，年轻的大学生或许可以通过网络很容易地得知答案或找到解决办法，但一定要勇敢地问出来，因为它常伴随着新想法出现。

谷畑勇夫先生为北航学生授课

“科学家需要不断打开新思路。”谷畑勇夫解释，科研人员想要做好一个实验，必须事先设计。在科学领域，不可能做和别人一模一样的实验，所以科研人员必须作一些新的尝试。

谷畑勇夫以读书与科研为例，谈到如何培养爱思考、爱创新的能力。如果老师让学生读一本书，学生直接执行就可以；但如果是科研人员作研究，就需要自己去寻找课题，发现有用的书，再进行研读。“大学里的研究需要学生自己发现必须掌握的知识，然后进行自我学习。养成这一习惯，无论是做科研，还是将来的工作，都大有裨益。”

“如果我的学生想作某个研究，问我该如何进行，我不会回答这个问题，因为这意味着他根本没有思考接下来要做什么；如果他告诉我想做这方面的研究，并带来了新的设想，我很愿意回答他的问题。”谷畑勇夫如是说。

由于语言的障碍，谷畑勇夫与学生的交流大多在课上。但他坚信，在他选择优秀大学的同时，必定也选择了优秀的学生。

（原载《中国科学报》2012 年 3 月 14 日）

让我们的飞轮和陀螺旋转在世界前沿

——记北航先进惯性仪表与导航技术创新团队

□ 贾爱平 邓怡

北航先进惯性仪表与导航技术创新团队

2008年1月8日，北京人民大会堂里暖意融融，2007年国家科技奖励大会在这里隆重举行。在奖励大会上，北航先进惯性仪表与导航技术创新团队尤其令人瞩目：他们的“卫星新型姿控储能两用飞轮技术”项目荣获2007年度国家技术发明一等奖，同时，他们的“新型高性能捷联惯性测量装置关键技术研究及应用”项目还获得了国家科技进步二等奖。

飞轮是遥感卫星在太空实现姿态稳定的关键控制部件，“卫星新型姿控储能两用飞轮技术”项目的诞生，填补了国内的技术空白，打破了国外在此领域的技术垄断，解决了我国卫星用新型磁悬浮飞轮的“卡脖子”问题，为新一代卫星的发展做出了贡献。

面对鲜花与掌声，42岁的团队带头人房建成教授却显得谦虚又冷静，他把成绩归功于国防科工委、北京航空航天大学和他们所在的仪器科学与光电工程学院的支持和鼓励，归功于团队里默默无闻、无私奉献的老教授和全体师生。他说，尽管项目获了奖，但成绩只能说明过去，他们的项目还有更多技术要攻克，他们创新的脚步从未停止。

在这个科技的春天，这支年轻的团队又向新的目标进发了。

瞄准前沿　立足创新

上世纪末，虽然我国已掌握了基于机械轴承的飞轮技术，但由于机械轴承飞轮有接触摩擦，精度低，成为严重制约我国遥感卫星精度进一步提高、寿命从几年向几十年跨越的关键技术之一。而磁悬浮飞轮采用磁悬浮支承技术，其摩擦力矩可减小 2 个数量级，并且寿命长。西方国家为解决卫星的高精度和长寿命问题，从上世纪 80 年代就开展了卫星用磁悬浮飞轮技术的研究，但在技术上对我国实行严密封锁。为了打破国外的技术封锁，解决制约我国遥感卫星高精度长寿命姿态控制部件这一技术难题，房建成和他的同事们开始了磁悬浮飞轮技术的研究。

控制力矩陀螺是空间站及大型卫星必不可少的姿态稳定、姿态控制执行机构，而基于磁悬浮轴承技术的控制力矩陀螺只有俄罗斯搞过，用于“和平号”空间站。当初该创新团队也只是知道俄罗斯采用了磁悬浮轴承，但怎么做、用什么技术则一无所知。2000 年，房建成在一些国际会议和调研中，希望和国外的科研机构谈技术合作，但是一涉及到基于磁悬浮轴承的控制力矩陀螺的问题，对方就婉言谢绝。面对国外的技术封锁，北航先进惯性仪表与导航技术创新团队立志依靠自主创新，研制出中国人自己的磁悬浮飞轮和控制力矩陀螺。因为“北航作为新中国第一所航空航天高等学府，我们责无旁贷！”

磁悬浮飞轮能够实现卫星的高精度姿态稳定，还能达到很高的转速，从而实现能量存储，部分替代星上电源。上世纪 90 年代末，美国基于综合技术优势在国际上率先开展了基于磁悬浮轴承的集成能量存储和姿态控制一体化的系统技术研究，北航先进惯性仪表与导航技术创新团队也从那时起瞄准了国际最前沿——“磁悬浮姿控储能两用飞轮技术”，他们要研制出“能为中国争光的东西，改变中国卫星技术落后的被动局面”。

但项目在立项时遇到了难题，由于它是很前沿的技术，国内的技术基础弱、难度大、有风险，很多专家对该项目表示怀疑，对该不该搞、能不能搞出来存在担心。国防科工委科技司领导却力排众议，坚决支持该创新团队搞这个项目，因为“技术攻关要走在前面，我们的基础研究要有前瞻性，要看到项目十年以后的发展和应用。”

当时他们从网上的航空航天库查英文资料，只知道用什么轴承，

工作中的北航先进惯性仪表与导航技术创新团队

别的资料根本查不到。面对研究中的重重困难，团队成员没有丝毫的懈怠和灰心，因为国防科工委和学校、学院的支持让他们对新项目的研制充满了信心，国防科工委科技司的大力支持和热情鼓励使他们对自主创新充满了热情。

1998年，除了李振祥、郦吉臣、申功勋、常庆之等年长的教授，当时团队里的成员几乎全是年轻人，就是凭着一股不畏困难的闯劲儿，凭着“特别能吃苦，特别能战斗，特别能攻关，特别能奉献”的航天精神，他们瞄准国防急需，立足自主创新，在国家民用航天预研项目的支持下，开始了当时国内几乎空白的新型磁悬浮飞轮和控制力矩陀螺的研究。他们首先到国内有关单位学习和调研，清华大学工程物理系、西安交通大学“轴承与润滑理论研究所”以及航天502所和812所都曾给予他们热情的帮助和支持。

成功让人羡慕，但自主创新是一个漫长而艰苦的过程，一点的浮躁或者急功近利的心理也要不得，做研究的人必须要耐得住寂寞。一个个黑夜、一个个白天，没有周末、没有假期，团队成员查资料、调参数、做测试，他们以国家的需求为牵引，怀着为祖国争光、为中国的航天事业争光的坚定信念，团队形成了“甘于寂寞、勇于创新”的良好氛围。年轻人“初生牛犊不怕虎”、老教授“默默甘为铺路石”，经过近十年艰苦的奋斗，他们终于在自己的研究领域取得了多个国内第一：研制成功国内第一台超高速磁悬浮姿控储能两用飞轮、国内第一台高精度长寿命磁悬浮反作用飞轮。同时，该创新团队研制成功我国第一台单框架磁悬浮控制力矩陀螺，并在国际上首先进行双框架磁悬浮控制力矩的探索研究。

走进北航先进惯性仪表与导航技术创新团队的几个实验室，你会发现每个实验室墙壁的展板上都有团队所获得的一系列的专利，该创新团队正是凭借着这众多的国际国内第一、几十项发明专利捧得了国家技术发明一等奖。

团队成员深知，现在我国的国防科技工业自主创新能力提高了，国防科工委等上级领导部门对科技创新非常支持，北航也对创新团队的成长和发展提供了广阔的平台，他们下决心要针对学科的航空航天特色，立足自主创新，打破国外封锁，取得一批具有国际先进或领先水平的成果，以满足我国国防和国民经济建设的需要，不辜负国家、国防科工委和学校对他们的重托和期望。

厚积薄发 十年一剑

先进惯性仪表与导航技术创新团队属于北航精密仪器及机械国家重点学科，该学科是北航最早的 5 个国家重点学科之一，其前身为我国第一个航空陀螺与惯性导航专业（即北航第五研究室），为满足“两弹一星”工程惯性制导技术的急需，由钱学森先生提议，并由林士谔先生在 1956 年创立。1981 年该专业成为全国首批博士学位授权点，1988 年，该专业更名为惯性技术及其导航设备，并被批准为首批国家重点学科。1998 年，惯性技术及其导航设备学科专业调整为精密仪器及机械学科，2001 年再次被评为国家重点学科。2007 年已成为全国三个仪器科学与技术重点一级学科之一。经过近 50 年的发展，该学科已发展成为我国惯性技术的发源地和自主创新的摇篮。

说到团队所属学科 50 年来的发展，团队成员都很骄傲。在国内已有的约十类陀螺仪中，七类由该学科率先研究或研制成功。上世纪 50 年代林士谔先生带领研制成功国内第一个液浮陀螺，60 年代研制成功国内第一个气浮陀螺，70 年代研制成功国内第一个挠性陀螺；张惟叙教授和郦吉臣教授 80 年代初在国内分别率先开始光纤陀螺研制和半球谐振陀螺研究；90 年代初李振祥教授在国内率先开始控制力矩陀螺的原理研究；90 年代末以房建成等年轻人为主的创新团队在国内率先研究用于大型航天器的磁悬浮控制力矩陀螺；进入新世纪后，2001 年该团队在国防科工委民用航天专项支持下率先开展了磁悬浮姿控储能两用飞轮的研制；2004 年在国内率先进行了高精度磁悬浮反作用飞轮的研制；2006 年在国际上率先开展了双框架磁悬浮控制力矩陀螺的研制……该团队研制的卫星新型姿控储能两用飞轮技术发明了两类核心技术和姿控飞轮、姿控储能两用飞轮、控制力矩陀螺三类满足不同卫星需求的磁悬浮飞轮，解决了各类卫星姿态稳定、大型航天器姿态控制的共性核心技术瓶颈问题。

北航先进惯性仪表与导航技术创新团队介绍科研成果

房建成说："我们的很多经验、精神是从老一辈身上学来的，自从林士谔先生1956年在北航创立我国第一个航空陀螺与惯性导航专业，至今已经50多年了。我们现在取得的成果实际是老一辈人长期积累的结果。学科创立50年，我们新一辈团队的研发也近10年，我们赶上了国防科技工业快速发展的大好机遇，得到学校和学院对我们的大力支持，老一辈播种、长苗，到了现在，水到渠成，开花结果。"房建成一再强调学科对他们团队的支撑作用，强调他们团队只是北航众多创新团队的一个缩影，他说："北航为创新型团队的成长提供了很好的平台，是创新型研究的沃土。二十三年前，高歌教授就曾获得1984年国家技术发明一等奖。近年来北航又涌现出了一大批的科技创新团队，如以国家科技进步一等奖获得者张军教授为带头人的教育部创新团队等。另外北航的李未院士、怀进鹏教授、徐惠彬教授、唐晓青教授、张广军教授等都曾获得国家科技奖，仅'十五'期间北航就获得国家科技成果奖17项。他们一直都是我们团队学习的榜样。"采访中，他还说到自己团队所在学科"五研"的创新精神和传统，说没有"五研"的积累，就不可能有今天的成绩，他们的成功就是"五研"的成功。

精诚团结　集智攻关

北航新一代的先进惯性仪表与导航技术创新团队刚起步时只有十几人，经过十年的发展，现在已经发展为100多人，拥有教授7人，副教授10人，讲师和工程师6人，博士生40人，硕士生71人，团队具有较好的学缘结构，主要从事高精度长寿命姿态控制执行机构技术、高精度惯性稳定与控制技术、新型惯性仪表技术、先进惯性导航系统与组合导航技术等方面的研究，取得了国内外公认的许多研究成果。

北航仪器光电学院党委书记孙玉珍说："我看着这个创新团队从小到大、从弱到强一步步地走过来，自始至终他们这个团队最大的特点就是团结。这个团队有一种闯劲儿，特别能吃苦，有心气儿。"

房建成教授动情地说："我们团队里的老教授70多岁了，他们每天和我们一样在实验室做研究，他们不求名、不求利。团队里还有很多默默奉献的老师和学生，他们每天一样熬到深夜，一样没有节假日，但每个申报奖项的课题填写研究人员都有人数限制，我们不得不割舍掉很多同志，他们为项目的研制付出了大量的心血，虽然获奖名单上没写他们的名字，但他们没有丝毫的怨言，这些同志其实是最伟大的。”

采访团队成员时，他们首先说出的不是他们研制过程中的辛苦，而是那些名字不为我们所知的默默奉献的老师和学生。

寒冷的冬天，团队里60多岁的老教授和工人师傅抱着刚加工成的陀螺，顶着寒风、骑着三轮车去工厂加工。看着累得满头大汗却面带笑容的老教授，团队成员都被他对事业的深情所打动。正是这些老教授们的敬业精神点燃了年轻人对科研工作的热情。

2003年北京“非典”时，团队的项目研发也进入了攻坚阶段，房建成和团队成员都是一次又一次地通宵熬夜。深夜，北航六号教学楼早已经锁门了，团队成员们只好从大铁门的门缝里钻出来或者从大铁门上翻出来；有自行车的，还要一个先翻出去，一个在楼里递自行车出去。就在外界非典肆虐的紧张时期，他们却毫不畏惧，一心扑在项目上，连续二十多天都是凌晨五点才离开实验室。凌晨五点，校园里已经有人起来晨练了……虽然每天熬夜，但他们一个个心里充满了自豪和骄傲，因为他们有一个信念：“要为国家争光、为中国人争光，作为我们自己拿什么争光？就是那小小的陀螺！”

然而，自主创新的路是漫长而艰辛的。

最难忘2002年的时候，当时陀螺失稳的技术还没有解决，由于陀螺旋转的速度很高，一旦失稳，将会有很大的危险。有一次，转到2万转的时候磁悬浮陀螺突然失稳，掉了下来，摩擦高温把保护装置都烧焦了，整个实验室弥漫着一股焦味。

他们沉默了。

博士生们回忆说：“那次事故房老师一句话都没说，他认准的事不管多难，一定要成功，从来就没见他泄气过。”

那段时间，甚至他们在实验室走路都轻手轻脚，生怕陀螺失稳。

房建成教授荣获2008年何梁何利基金最高荣誉“科学与技术成就奖”

但他们并没有被困难吓倒，他们加强了防护装置，在陀螺的边上加上防护栏、选择强度高的不锈钢罩……，一遍遍地测试、参数一组一组地搜索。

他们当时用很多种实验来搜索，把参数列成一张表、100 多组参数一组一组地试，每组都需要 3、4 个小时，当时非常艰苦，老师和学生常常一起熬到深夜，交流、讨论核心技术。终于，在一次次失败中，他们发现了问题，并启发他们攻克了一个个技术难关。

先进惯性仪表与导航技术是多学科综合工程技术，靠一个人的力量不行，必须依靠团队。北航先进惯性仪表与导航技术创新团队的成员有教授、副教授、博士、硕士，还有技术工人。除了到工厂加工，所有的过程都由团队的成员完成。

“我们这里有非常拔尖的技术工人，再难的活儿交到他们手上，我们都可以放心”，学生们骄傲地说。

郦吉臣和常庆之教授都已经退休多年，俞文伯副教授也退休了，但他们依然坚持每天到实验室上班，加入团队的研究工作。他们完全可以过优裕舒适的退休生活，但他们依然选择了和年轻人一起研究：“我们工作不是为了钱，研究了一辈子的陀螺，陀螺就像我们的孩子一样了，现在这些年轻人在做新领域的研制，困难很多，非常不容易，我们有责任为年轻人做一些辅助性的工作，带动他们成长”。

在就业压力很大的今天，北航先进惯性仪表与导航技术创新团队的博士生依然很抢手，因为他们的一些研究课题已达到国际前沿，有一些单位点名要他们去工作，优厚的条件、丰厚的待遇，但他们却愿意留在北航、留在这个团队，“因为团队的凝聚力”、“因为在这里工作的成就感和自豪感”、“因为北航浓厚的研究氛围”。

已经留校的博士生魏彤说：“我们这个团队非常团结，团队的老师们也非常有人情味，我还很清晰地记得我刚读博士时的中秋节，团队老师送月饼给我们；刚毕业时老师给我介绍女朋友；同学生了病，房老师不管多忙都会第一个去医院看望；遇到有困难的同学，他拿出自己的工资补贴给学生。留在这样的集体，我觉得骄傲、温暖”。

团队里的博士生们说，在北航先进惯性仪表与导航技术创新团队读博士很受益，这里有很好的研究氛围，而且国家需要什么，团队就研制什么。在这里能参与国家级重大项目的论证，特别锻炼人。

采访时每个人都谈到房建成对科研问题的敏锐、他的带头作用和责任心、他的“微观管理”，也谈到他的“急”。采访时我们也发现这位年轻的教授语言快速生动、逻辑性极强，我想，他之所以“急”，是因为他想要他们团队在有限的时间里创造出无限的价值，他用他的“急”带动团队的人和时间赛跑……团队里的博士生说：“在我们的概念里，没有假期，也从来没有想过要休息，我们只是想着早日做出成果，为祖国争光、为北航争光。”而老师们，几乎也都是天天耗在实验室里，没有时间陪家人、更没有时间陪孩子，每天晚上干到深夜，年轻人甚至连谈对象的时间都没有。他们说，有时候，他们一周会在实验室 100 个小时。平均每天 14 个小时在实验室。

正是因为这种付出二倍于常人的时间投入和努力，他们的团队正在国家快速发展的大好形势下取得突飞猛进的进步，即使团队里年轻的学生，也已经“小荷初露尖尖角”：在今年的第十七届全国发明展览会上，团队里房建成教授的博士生孙津济的发明专利项目“一种永磁偏置外转子径向磁轴承”荣获了此次大会最高奖项——由世界知识产权组织（WIPO）设立的杰出青年发明者奖。

十年来，他们在实验室度过多少个通宵已经记不清了，而他们休息的日子，他们陪家人、陪孩子的次数好像也就那么几次。新的一年来临了，他们正充满信心地展望未来：“‘十一五’期间，我们将继续围绕国家重大需求进行研究，打破国外封锁、填补空白，为我国卫星技术的跨越式发展做出贡献。”

采访北航先进惯性仪表与导航技术创新团队的那一天是 2007 年 12 月 24 日，采访完从他们的实验室出来时已是华灯初上，从新主楼七层看校外的大街，到处充满了节日的气氛，商店或者饭店的门口站着红衣白须的“圣诞老人”在招揽顾客。各大商场人满为患，各大饭店宾朋满座，可是，在北航校园的各个教室或者实验室，却有许多像北航先进惯性仪表与导航技术创新团队里的师生一样在默默为我国的国防科技事业奉献的老师、学生。外界的繁华他们无暇顾及，

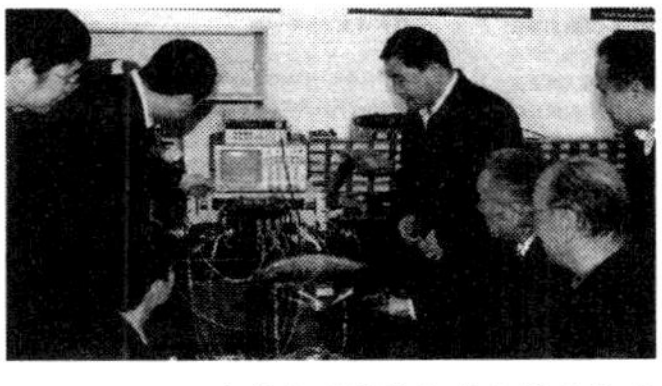

北航先进惯性仪表与导航技术创新团队在进行学术讨论

但他们知道国家发展的迫切需要，知道要发挥航天人“特别能吃苦、特别能奉献、特别能攻关、特别能战斗”的航天精神，为我国的国防科技事业奉献自己。

中国科技腾飞的希望正在于他们！

（原载《北航校报》2008年1月11日第721期）

让材料的特种功能在蓝天和海洋中展现

——记北航特种功能材料研究团队

□ 邓怡 廖行 朱小溪

“我们的科研要立足国防建设需求，坚持航空航天特色，要突破西方国家的技术封锁，拥有自主知识产权，要向着国际先进行列迈进，追求不断飞跃。别人能做的我们要掌握，别人不能做的我们要力争实现。”这是北京航空航天大学长江学者、首届国家杰出青年基金获得者徐惠彬教授对他所带领的巨磁致伸缩材料研究团队提出的要求，正是这种敢为人先、不畏困难的科研勇气和踏实严谨、刻苦攻关的学术作风，冲破道道难关，在磁致伸缩材料和形状记忆材料等特种功能材料方面取得了丰硕成果，这其中，“宽温域和耐腐蚀巨磁致伸缩材料及其应用”摘得了2008年度“国家技术发明奖”一等奖的殊荣。

北航特种功能材料研究团队

突破传统 开启探索之门

巨磁致伸缩材料属于特种功能材料，在直流磁场作用下可伸长或缩短，交变磁场作用下可往复运动，具有磁致伸缩系数巨大、应用磁场低和磁－机械能量转换效率高等特点，在太空望远镜等光学系统、空间飞行器姿态控制和主动减振系统、航空航天用高速开关阀、海洋地质勘探和水下通讯、机器人及精密机械加工、石油开采等方面应用前景广泛，对航空、航天、航海等领域的诸多重要装备性能的提升将起到关键性的作用，被视为21世纪高新技术的战略性功能材料。

近半个世纪来，人类逐渐突破了局限于陆地生活的模式，开始了对天空和海洋的探索，向未知领域进军。随着1957年第一颗人造卫星升空，终于开始了对几千年来我们头顶这片湛蓝天空的向往和无尽猜测的真正认识。然而，看似美丽的蓝天，其空间环境非常极端，面向太阳的一面是上百度高温，而背向太阳的一面却寒冷无比。太空望远镜等光学系统是人类探索天空的眼睛，而各种航空航天飞行器则是触碰天空的手臂，这些精密仪器不仅要具有非常高的甚至纳米级的控制精度，还要满足在大温差的空天环境下工作的苛刻要求。一般功能材料无法满足上空天环境条件尤其是温度剧烈变化的性能要求，因此适应这种工作环境的宽温域特种巨磁致伸缩材料展示出了其无与伦比的优势地位。此前，国际上尚没有满足空天大温差环境的宽温域巨磁致伸缩材料。同样，占地球面积70%的海洋是人类生命的源泉，我们的生活、科学实验和资源的获得将逐渐地从陆地转移到海洋。为了认识和利用海洋资源，人类也一直在不断探索和研究。舰艇水下移动通讯、海水温度、海流、海底地形地貌的探测等均需要声纳系统，目前声纳的水声换能器主要采用压电陶瓷材料制造，但其发射功率小、体积大而笨重。巨磁致伸缩材料水声换能器将对发展声纳技术、水声对抗技术、海洋开发与探测技术的发展起到很大的推动作用。然而，巨磁致伸缩材料中含有高于60%的高活性稀土元素，在海洋环境下极易腐蚀，发展耐海洋腐蚀环境的耐腐蚀巨磁致伸缩材料具有重要的应用价值。同时耐腐蚀巨磁致伸缩材料还可以应用到石油探测和开采的领域中，以提高石油开采量，以及航空航天高速开关阀上。

面对一个个人类尚未突破的难点，特种功能材料研究团队用了十多年的时间在科研成果和人才培养上取得了杰出的成绩。发明了满足空天大温度环境的宽温域巨磁致伸缩材料GMMc36，比国际先进巨磁致伸缩材料Terfenol-D服役温度范围拓宽了1倍，低温性能提高4倍以上，温度系数大幅度降低；发明了满足海洋强腐蚀性环境下工作的耐腐蚀巨磁致伸缩材料GMMs30。国外先进巨磁致伸缩材料Terfenol-D在海水中浸泡100小时即开始严重腐蚀，而GMMs30则在海水中浸泡1000小时以上仍保持着金属光泽，耐腐蚀性能提高10倍；突破了高活性、易挥发、多组元复杂体系晶体生长的关键技术，拥有自主知识产权的特种巨磁致伸缩材料制备技术；成功地研制出了具有原创性的纳米级高精度、毫秒级快速响应的大行程巨磁致伸缩特种器件。在特种功能材料创新研究方面，该团队还在国际上首次报道了迄今为止高温形状记忆效应最大、稳定性优异的新型低成本高温形状记忆合金材料新体系，自主研制突破了实现磁驱动形状记忆合金大应变功能的关键技术。

研究团队发表 SCI 收录的学术论文 200 余篇，申请国家发明专利近 100 项，已授权 30 余项，在这个“国防科技创新团队”中成长起了一批创新能力强，有理想，有才干的优秀年轻教师和优秀研究生：

国家杰出青年基金获得者、教育部长江学者特聘教授、国家百千万工程人才、全国优秀教师、北京市“五四”奖章，还有多名青年教师入选教育部“新世纪人才支持计划”和“北京市科技新星计划”，多名同学分别荣获全国优秀百篇博士学位论文提名奖、北京市优秀博士学位论文、校级优秀博士学位论文和优秀硕士学位论文。

多学科联手　搭建起飞平台

团队带头人徐惠彬海外留学 8 年，一直致力于特种功能材料的基础研究。在德国留学期间，他与 Muller 教授一起完成的关于记忆合金马氏体相变的研究成果在国际上有重要影响，被同行学者称为 Muller-Xu 热力学理论。1993 年 9 月，徐惠彬告别德国柏林工业大学回国任教，他带回世界先进研究技术和知识的同时也带来了对国际研究热点的敏锐洞察力，立足特种功能材料的研究，用科研成果向祖国献礼。

国家的需要就是科研的方向，徐惠彬教授组建了特种功能材料研究团队，这支队伍拥有 12 名教师，全部具有博士学位，其中有 6 名教授及博士生导师，团队中的硕士生和博士生近百人，可谓是一支颇具攻关能力且层次完备的人才梯队。徐教授自筹经费购买了磁悬浮熔炼炉、晶体生长炉等关键设备。同时，他清楚地了解，巨磁致伸缩材料和器件的研究不单是材料科学的问题，它涉及控制、材料和结构力学 3 个学科的交叉融合，是一个前沿的研究方向。北航控制科学与技

北航特种功能材料研究团队进行学术研讨

术学科的毛剑琴教授和航空宇航科学与技术学科的朱梓根教授、李琳教授对巨磁致伸缩材料应用研究有强烈的意愿，于是，3个国家一级重点学科的博导们走到一起。浓厚的学术氛围、先进的硬件设备、雄厚的师资力量和丰富的技术积累，为搭建巨磁致伸缩材料及应用器件设计研究的跨学科交流平台奠定了坚实的基础。不同专业的研究人员在一起讨论巨磁致伸缩材料和器件研究方案，每次学术讨论都成为一次思想的碰撞和学术进步的助推器，参与研究的所有人员都立足本专业优势，结合其他专业知识，形成一个有机的整体，每个部分的研究相互扶持、相互依存，形成了一条从新材料设计到器件服役应用的全套科研链，科研成果直接运用到了国防领域。

回顾这十多年来走过的路，徐惠彬总结道："要形成一个交叉学科的创新团队，最主要的是两点，一是方向，二是人才。选择处于交叉学科前沿且只有通过各学科互补才可以找准创新的方向，才能将不同学科凝聚起来；而具有对科学研究有相同价值观的人，才能凝聚在一起形成创新的团队。"

拼搏奉献　振翅鸿鹄之志

在北航四号教学楼后有一处幽静的院落，这里就是特种功能材料及晶体生长实验室，院外绿草茵茵、树木环抱，推开实验室的大门却是一幅紧张而忙碌的景象。在这里工作的新型巨磁致伸缩材料研究团队也是在平凡的外表下拥有着火一样的科研热情。"年轻人初生牛犊不怕虎，老教授一心甘为铺路石"，团队中老中青三代科技工作者用十几年的无私奉献和艰苦奋斗，向世人展示了我国自主研究特种巨磁致伸缩材料的成果，在科技的大潮中走到了世界的前面。

当时能够满足空天宽温域环境和海洋服役环境的宽温域和耐腐蚀巨磁致伸缩材料和高精度巨磁致伸缩特种器件对于全世界来说都是陌生的，没有可借鉴的参考资料和技术支持，这就决定了对特种巨磁致伸缩材料的研制将是一项长期而艰苦卓绝的工作。在徐惠彬教授的带领下，一个个白天、一个个黑夜，没有周末、没有假期，大家一心扑在实验室里查资料、做实验、测参数，每一个人都在为实现中国自主研发特种巨磁致伸缩材料的梦想不懈努力着。

在采访中，蒋成保老师动情地说："我们团队里的老教授都近70岁了，他们不求名、不求利，一直和我们并肩战斗。"

"一个人能为国家直接作贡献的机会很难得，我们既然有直接参加国家重大项目的机会，就一定要把它完成好。"这是毛剑琴教授经常挂在嘴边的一句话。毛教授虽已年近七旬，却还坚持每周参加项目组讨论会，一到实验关键阶段必定亲自"过问"。同学们对毛老师印象最深的是，每当深夜做实验的时候，最想也最"怕"接到毛老师的电话，因为她常常会在电话里花上一个多小时的时间和我们讨论技术问题，直到找出解决的方案。

团队里和毛老师一样默默奉献的老教授还有很多。最年长的朱梓根教授虽然已经退休，仍然坚持在科研的第一线，时刻关注学科前沿动态，掌握大量的技术细节，亲自指导博士生做实验，常常和年轻人一起熬到深夜。

正是老教授们那种孜孜不倦、精益求精的科研作风感染着团队里的中青年科研工作者，甘于奉献的精神在研究团队中传承和发扬着。

材料学院的党委书记朱立群说："这个研发团队给人最深刻的印象就是年轻而富有朝气，领军者是意气风发的中青年学科带头人，参与人员更是以研究生为主体的新一代科研尖兵，从这个求真务实、敢于创新的团队走出了一批有理想、有激情、有能力的科研骨干，奋斗在材料研究的前沿阵地。可以说，优秀的人才保证了特种巨磁致伸缩材料攻关的成功，而这一有挑战、有意义的科研课题也为优秀科研人才的培养提供了一个平台。"

项目初期经费紧张，也没有现成的设备，做实验所需要的温度、预压应力，以及磁场的热、力、磁耦合作用环境箱都是集体智慧的结晶。蒋成保教授回忆说："那时候，我们自己缠线圈来提供磁场环境，1998年大年三十的前一天，我们还顶着寒风蹬着三轮车把液氮罐和线圈送到厂家去联合加工……"

北航特种功能材料研究团队进行学术研讨

单晶生长实验的整个过程要求连续一个星期不能中断，为了制备出合格的单晶，团队成员24小时轮流值班，始终坚守在实验设备前，在此期间，大家吃得最多的就是方便面，睏的时候就在实验室的折叠床上打个盹。

实验室里有一个人最忙碌，他就是现在团队里的大师兄刘敬华。团队成员谈起他都非常敬佩："刘师兄是团队的技术骨干，自己的工作已经很忙了，但是无论谁遇到困难，或者设备坏了，他都会主动过来帮忙。特别是设备抽不上真空的时候，我们会非常泄气，刘师兄总是耐心细致地帮忙修理设备，给我们讲解原理，有时需要几天的时间。在他的带动下，我们都成为修理设备的'高手'，而且团队也形成了互助的氛围。"

采访过程当中，我们听到了很多这样的故事，但是每个成员脸上的微笑告诉我们，他们所付出的一切都是值得的。

立足创新　铸就腾飞辉煌

国外研制的巨磁致伸缩材料的磁性转变温度限制了这类材料的服役温度范围，其超磁致伸缩特性仅能保持在 −20 ~ 60℃的较窄温域，并且其高温度系数使得磁致伸缩性能随温度升高急剧降低，远不能满足空天大温度变化环境的使用需要。稀土材料自身耐腐蚀性能差，无法满足海洋环境长期服役条件的要求。空天环境和海洋环境应用的迫切需求，呼唤着特种磁致伸缩材料的出现，一直是国际上材料科学家研究的热点课题。北航研究团队经过十余年的深入系统研究，创造性地研制成功了宽温域和耐腐蚀两种四元合金体系的特种巨磁致伸缩材料，突破了高活性、易挥发、多组元复杂体系特种巨磁致伸缩材料制备专利技术，提出并研发成功了多种具有自主知识产权的纳米级高精度巨磁致伸缩特种器件。

这些辉煌成就的背后是研究团队付出的艰辛汗水和忘我的工作热情，谁都忘不了实验室里彻夜不熄的灯光，谁都忘不了成千上万次实验的破茧重生。

纳米级高精度巨磁致伸缩特种器件的研究不仅对器件的响应速度和行程要求极高，同时要达到纳米级控制精度。这项技术在国内外是首创，查遍国际上的专利、论文、会议均无对此项技术的任何公开报道，一切都要在摸索中进行，徐惠彬和他的团队面临着前所未有的挑战。

徐惠彬教授洞察国际前沿科学问题，在把握总体方向和确定研究方案的同时，不放过任何一个试验中的新现象和曲线中的奇异点，他管理工作之外的所有时间都是在实验室度过的，他坚持的每周工作时间必须达到 80 小时。当有航空航天科研单位的同事告诉他，由于任务十分繁忙，所在单位施行了“611 工作制”，即每周工作 6 天，每天工作 11 小时，徐惠彬笑着说，我们一直是“712 工作制”。蒋成保教授每天都奔波在材料制备和性能表征的第一线，与课题组人员和研究生共同制定技术方案、研究技术细节，解决了一个又一个的技术难题。毛剑琴教授不顾自己年事已高，再晚都亲临指导，和大家一起想办法、找出路。李琳教授负责器件总体设计，从器件设计到总体结构，方案改了一遍又一遍，试验做了成千上万次，产品从第一代到第二代直至第三代，直到所有的参数都达标。

参与器件研制的张天丽老师是学材料专业出身的，几年来，她自学了电子、控制、机械、精密仪器等学科的知识，从设计器件、CAD 出图、机械加工、装配、测试设备各个环节都亲历亲为。最让团队成员感动的是，张老师在怀孕期间一直坚守在工作岗位，每次老师同学们劝她回去休息时，她都笑笑说：“不在实验室待着，我的心总是放不下来。”

硕士生杨蕾被称为实验室里的“拼命三郎”，虽然家在北京，但是为了在最短的时间里高质量地完成器件研制，他经常在实验室里熬通宵做实验，周末也顾不上休息。读研究生期间，他回家的次数屈指可数。

经过两年多的研究，器件的响应速度最终达到并超过了指标要求，而且性能参数比类似器件有质的飞跃，达到纳米级控制精度。在应用单位的验收会上，对方单位领导激动地说：“我们把这个课题交给你们是放心的，但是绝没有想到你们能在这么短的时间内完成得这么好，这是超世界一流水平的！”

北航特种功能材料研究团队正在进行实验

2004年，特种巨磁致伸缩材料研究攻关到了最关键的时候，面对的挑战是腐蚀机理的研究和耐腐蚀性能的提高，这在国际上都是一个重大难题，而且时间紧迫，需求和指标都在面前，能否做出令大家满意的结果却是谁都没有底的。2004年的夏天烈日炎炎，但实验室里的研究热情却极为高涨，徐惠彬带领团队成员日夜奋战，攻克了一道道难关。

第一道难关就是如何在腐蚀过程中实时监控材料的磁致伸缩性能变化。传统的测试方法会破坏材料表面腐蚀层，从而无法得到准确的数据，团队成员大胆设想，“能不能利用我们自主研发的巨磁致伸缩器件进行改造呢？”通过一次次的实验，他们建立了一种全新的磁致伸缩性能测试手段，在不破坏试样表面腐蚀状态的情况下准确快速地完成了性能测试，为耐腐蚀性能研究提供了先决保障。

这个技术难点刚刚突破，新的技术细节问题又出现了。由于磁致伸缩材料同普通的铅、锡等金属浸润性都很差，在制备腐蚀电极的过程中给研究人员带来了不小的麻烦，往往忙碌了一两个星期也无法制备出一块符合实验要求的腐蚀电极，这是个极为考验细心和耐心的工作，几十天的准备也许就看最后的一道工序是否成功，失败的沮丧何尝不会影响工作的热情，那段时间，团队里的人都互相鼓励、互相支持着，每次有成功的样品制备出来时，不论老师还是学生都开心得像孩子一样。

科研的道路往往充满了荆棘。从腐蚀动力学分析的实验结果来看，新材料的耐腐蚀性能有了很大的提高，当研究人员沉浸在这一阶段性胜利的喜悦中时，随后进行的浸泡腐蚀试验结果却让每个人都感到迷惑不解，取向材料的耐腐蚀性能不升反降，一股挫败感油然而生。但这不是沮丧的时候，徐惠彬一边给团队成员打气鼓劲，一边带领大家群策群力，誓要搞清问题的关键。这个夏天没有人想到休息、没有人觉得炎热，汗流浃背却全神贯注，一门心思扑在项目上，经过无数次试验反复验证、采用各种分析手段逐一排查，功夫不负有心人，终于搞清了问题出现的原因，找到了提高巨磁致伸缩材料耐腐蚀性能的关键步骤，掌握了溶质元素分布控制关键技术。

正是凭着一股执着的精神、凭着集体无穷的智慧，这支科研团队犹如乘风破浪的航船，迎难而上，驶向胜利的彼岸。

任重道远　扬帆再次起航

由于该课题在国防领域中的重要地位，研究组的教授和研究生始终能感受到自己在从事一项有历史使命感的工作。在夜以继日的努力下，这个始终保有活力的团队研制出了具有自主知识产权的特种巨磁致伸缩材料，具有纳米级高精度巨磁致伸缩特种器件研制成功，达到了国际领先水平。每一个成功都是对科研人员付出的汗水和倾注的热情最好的回报，十余年的科研攻关岁月中，团队中的每个人都很好地诠释了特别能吃苦、特别能战斗、特别能攻关、特别能奉献的载人航天精神。厚积薄发、十年一剑，正是这种严谨务实的科研态度使得这支科研团队始终保持清醒的头脑和责任感，以发展我国自主产权的特种巨磁致伸缩材料为己任，以实现科技强国梦想为科学研究理想，甘于寂寞，在科研道路上踏踏实实走好每一步，铸造了中国科研工作者的又一辉煌，走在了世界特种巨磁致伸缩功能材料发展的最前沿。

荣誉属于过去奋斗的日子，掌声在响起的那一刻就成为了历史，翻过了令人激动的篇章，这支充满朝气的科研队伍向着更高的目标整装前进了，研究出拥有更高的可靠性、更低成本、更大能量密度的特种巨磁致伸缩材料，以适应诸如数千米以下深海的探测和水下通讯的要求成为了新的挑战；在能源危机日益严重的今天，特种巨磁致伸缩材料在石油开采中的应用备受重视；特种巨磁致伸缩材料在机器人高精度微位移控制、光通讯和汽车重要部件热加工中的应用也在开始，并积极探索多种新型特种功能材料研究。新的高度不断被征服，这支精锐的科研团队一直在前进，向着更高的目标出发。

（原载《北航校报》2009年1月11日第750期）

拙于言而敏于行的科研团队

——记北航小型高精度天体敏感器技术创新团队

□ 贾爱平

北航小型高精度天体敏感器技术创新团队

2009年1月9日，北京人民大会堂里春意盎然，暖意融融，2008年度国家科技奖励大会在此隆重举行，北航“小型高精度天体敏感器技术”获2008年度国家技术发明一等奖。该项目历经十年，全面开展了小型高精度天体敏感器技术研究，发明了天体敏感器量值传递新方法和新装置，建立了完善的天体敏感器量值传递体系；发明了一种全新的天体敏感器质心跟随成像体制，发明了信息处理专用芯片及系列硬件装置；发明了4种小型化高性能天体敏感器光学成像系统；发明了一系列全天球星图快速识别新方法和星体实时跟踪新方法，发明了电注入星图的天体敏感器功能测试装置；发明了天体敏感器系列航天型号产品，主要性能指标国际领先，为实现我国航天器小型化、高精度自主运行提供了重要技术途径与更新换代产品；又发明了系列高精度角度测量民用产品。

在中国珠海国际航展和俄罗斯莫斯科国际航展上，国外同行专家不仅折服于该项技术的重大突破，更惊叹于该项技术的工程化推进，因为作为高校的科研人员，研制出航天型号产品实属不容易。

作为该项荣誉的获得者——北航“小型高精度天体敏感器技术”创新团队成员，面对荣誉和镜头，他们却一直淡定荣誉，回避宣传。联系采访该团队成员有近一个月的时间，他们却一直没有时间，有时是因为上课，有时是因为出差，有时虽然上午出差回到了北京，但下午又要接着上课，而晚上，他们则又要到外地出差了，他们的日程总是排得满满的。等好不容易见着他们，他们真诚地道歉，关于荣誉却一字不提，朴实的话语中找不出一句豪言壮语："我们一直忙于国家的航天型号任务，喜欢潜心做实事，不习惯被宣传。""就是想尽力而为，把事情干好。"低调、质朴、真诚，朴实做人、朴素生活，就是该创新团队的风格。

心系航天　志存高远

北航"小型高精度天体敏感器技术"创新团队隶属于北京航空航天大学"精密光机电一体化技术"教育部重点实验室，依托于北京航空航天大学精密仪器及机械学科。该学科是我国惯性技术人才培养的摇篮，为国防建设培养了大量高层次专门人才，并已成为我国国防工业和军队建设的领军人才。

姿态测量是航天器飞行的重大核心技术，对保证航天器准确入轨和变轨、高性能飞行、可靠对地通信、高精度对地观测、高质量信号转发，及顺利完成各种空间任务具有重要意义。太阳敏感器和星敏感器是两种重要的天体敏感器，是实现航天器姿态测量的两大核心部件。航天器小型化和高精度不仅对降低发射成本、延长在轨寿命、提高运行性能具有重大意义，更重要的是，已经成为当前我国和世界各航天强国微小卫星、深空探测器、空间动能武器和高分辨对地观测等多项重大航天和空间计划的迫切需要。小型高精度天体敏感器技术是军民两用技术，不仅对军、民航天计划意义重大，而且在民用高精度角度和姿态动态测量中也具有广阔应用前景。

自1999年，北航"小型高精度天体敏感器技术"创新团队受国家民用航天重大科研计划、国家"863"计划、国家"211工程"建设项目、多个国防基础科研计划与企业委托项目资助。团队负责人张广军说："高校的科学研究就要瞄准前沿，锁定在制约行业发展的重大瓶颈技术，并应贯穿于从基础研究到工程应用的全过程"。他还说："航天型号产品需要众多人参与，是一项大系统工程，需要团队的合作精神、吃苦精神、奉献精神、拼搏精神。我们现在赶上了行业发展

2008年度国家技术发明奖获得者与领导人合影：第2排左6、7分别为国家技术发明一等奖获得者、我校张广军教授、徐惠彬教授，第4排左7为国家科技进步二等奖获得者、我校怀进鹏教授

的好时候，国家投入、支持非常大。北航是人才成长的沃土，有着适于我们发展的良好环境，我们应该抓住机遇，为国家的发展、行业的发展做出自己应有的贡献。”

赤子情怀　科技报国

他们研制的是工程化航天产品，与五院513所等十几家科研院所有着密切合作。本次获奖成员中，包括航天东方红卫星有限公司的张晓敏研究员、航天科技集团八院812所的刘付成研究员。张广军说：“我们的项目是产学研用结合的产物，团队成员不只是获奖名单上的6个人和3个单位，其实还包括实验室的其他老师、研究生以及十几个航天厂所、科研院所的几十人，他们都默默无闻地做了很多工作，但由于名额限制，他们没有列在获奖名单上，但他们都做了大量工作，为项目付出了很多的心血。”

谈到研制过程的难忘瞬间，团队成员首先说的一个字就是“苦”。

团队成员魏新国说：“我们的项目不是仅停留在实验室，我们要实现工程化，要和很多的科研院所合作，要克服、解决很多的困难，所以非常辛苦，非常难。”

团队成员江洁说：“张老师是我们的表率，作为带头人，许多事他亲力亲为，他和我们一起亲自到外地做实验和测试，在河北兴隆做实验时，有时候张老师亲自开车和我们一起去。为了赶时间，往往当天去，当天回，中午一两个面包就打发了午饭。所以在这种影响和氛围下，大家也都不觉得苦了。”

对于研制过程中的辛苦，张广军却说：“搞科研工作确实很辛苦，但当研究成果为行业发挥了作用，尤其是在国家重大工程中得到应用后，就觉得自己的努力得到了最好的回报，心里感到非常欣慰。”

英国卢瑟福国家实验室首席科学家沃尔瑟姆教授在与北航“小型高精度天体敏感器技术”创新团队技术交流后表示：“对于类似的工作，我们尚处于研究阶段，你们的研究结果让我们看到了希望。”

而研制过程的辛苦，却是点点滴滴、真真切切。

团队成员都很难忘在云南丽江做太阳敏感器外场实验时，丽江蓝天白云上那火辣辣的太阳，在丽江实验时，他们一般得找海拔高、日照好的地方，强烈的紫外线往往把皮肤晒得第一天通红，第二天蜕皮。

2008年8月的许多个夜晚，当全中国人民都在赛场或者电视机前观看2008北京奥运会精彩的比赛时，北航“小型高精度天体敏感器技术”项目团队成员却在实验室埋头处理数据，或者在偏僻、遥远的外地观星。团队成员魏新国说：“2008北京奥运会时，我们在吉林的白城观星，往往是夜里12点到观星地点，一直做实验到凌晨4、5点钟，虽然北京的8月很热，但当地夜里非常冷，往往是4、5度的低温，记得有一天夜里我和张老师通过手机短信交流观星情况，最后累到发不动短信。”

有一次在新疆的山上做观星实验时，第一天还有地方住，而第二天由于临时变故，他们就没地方住了，只能住帐篷。新疆的晚上非常冷，在没有炉火的帐篷里，他们会被不时地冻醒，而张广军，也和团队成员一起在艰苦的环境里做外场试验。当人们在喜迎国庆、新年等佳节之际，他们却往往在新疆的山上做观星实验。

由于星敏感器的观星实验必须得晚上做，而白天要处理数据，所以他们出差在外，往往夜里做实验到凌晨，不吃早饭小睡一会儿，起来接着就得处理数据。由于赶天气，有时出差晚上11点多到宾馆，马上就得放下行李赶到外场做实验。出差往往每天都在这样睡眠严重不足的连轴转中度过。

不光是外场实验，即使在学校，他们也难得有休息与休闲的时间。

樊巧云回忆说：“对太阳敏感器设计参数做标定时，由于水冷系统白天有问题，当时在北航1号楼后面的简易房做，只能晚上11点人走后做，往往一做就做到凌晨3、4点，结果做完不成功，白天还得研究失败的原因，晚上再做实验，每天都非常辛苦。”

魏新国住在回龙观，虽然北航每天上下班有班车，但几年来，他晚上几乎从来没坐班车回家过，倒是经过北航到回龙观几趟公交车的末班车时间他都知道。每天，他都是坐这些末班车回家。而小孩出生后就送回老家了，在孩子出生后的前三个月，他和小孩在一起呆的时间连10天都没有，而且每天晚上回家孩子都睡着了，而早上当他上班的时候，孩子还在熟睡中。但让他说最难忘最苦的事情说，他想了半天却说："没有，不记得了，我们每天都是这样过的，苦或者累已经习惯了。"

团队成员都是在该专业领域非常年轻有为的博士，甚至"长江学者"特聘教授，他们本可以有非常轻松安逸的生活，但他们却选择了这种"苦行僧"般的日子。

低调团队　硕果累累

这个团队的人有很多共同的特点：瘦、内向、踏实、朴素、真诚、勤奋，都不爱说话，都喜欢干实事，都不习惯面对镜头和采访。当说到他们的项目时，他们会很认真地讲解、一丝不苟、严肃认真、缜密。但采访生活的细节或者研制过程中的成功或喜悦时，他们就会变得不那么善谈，往往问一句，说一句，正如魏新国所说：拙于言。

但正是这样一支低调、年轻的团队，他们却做出了令人瞩目的成绩，他们不用语言，而是用成果、用数据来证明自己：

"小型高精度天体敏感器技术"已应用于"中俄联合火星探测计划"——火星探测器等我国7项重大航天型号和空间计划、4项新一代航天武器系统研制计划、星敏感器校准设备国家建标、20余家国防工业和科研部门关键技术攻关，在2家航天工业部门实现了成果转化，并在10余家民口企业机电装备和自动化装置的开发与生产中创造了重大经济效益。申请发明专利38项（包括美国专利5项），其中授权23项。在国内外SCI和EI收录期刊发表论文70余篇，撰写国防科技报告百余份。

近15年来，张广军带领的研究团队还开展了激光视觉在线动态测量技术研究，突破了一系列重大关键技术瓶颈，研制生产了20余种80余台套在线动态测量设备，成功用于我国国防多种重点武器型号的多个产品的研制、生产与大型综合试验，及轮胎快"节拍"生产制造、铁路安全运营等，取得了重大经济和社会效益。"激光视觉在线动态测量系统及关键技术"获2006年国家技术发明二等奖。

在“神舟”飞船7次巡天的历程中，该课题组成员所研制的“载人飞船二氧化碳分压传感器”圆满完成了监测飞船内二氧化碳浓度，保障宇航员生命安全的重要使命。这是工信部属高校研制的唯一一件载人飞船上天重要设备，该项技术的原理样机“二氧化碳分压传感器”获1997年国家技术发明四等奖。而团队负责人张广军也于2003年10月我国首次载人航天飞行取得圆满成功时获得国家颁发的嘉奖令，于2004年获得北航唯一一个“中国载人航天工程突出贡献者”荣誉称号。

张广军带领的这支团队有10余名教师，获2007年教育部创新团队，平均年龄不到35岁。虽然他们很年轻，但他们对他们的项目非常自信：“对于任何一项科研任务，我们都能够在基础理论与关键技术上取得突破，而且实现了技术的工程化转化，在工程应用中发挥了重要作用。”

这是一支非常低调、埋头做实事的创新团队，也许在别人看来他们低调、朴实，甚至有点“老实”，但他们就是这样一群有着一颗赤子之心的年轻人，他们说：“攻克一个技术难题本身就能给人带来丰富的精神财富。”

采访完张广军是2008年冬天的一个晚上，从采访过程中找他的几个电话中，我发现，他近期的日程其实已经被排得满满的。其中一个电话是催他体检的，第二天是学校安排体检的最后一天，张广军说，他已经好几年体检没去了，而今年的体检，他又要错过了。

透过该团队实验室的落地窗，可以看到北航新主楼中间花园里的“时代轮”雕塑，那是1987届自动控制系33大班的校友们为庆祝母校55周年华诞而捐赠的。艺术雕塑“时代轮”印证着北航又好又快发展的足迹，也象征着学校在未来建设中将继往开来，永无止境，象征着北航这些年轻的团队紧跟时代步伐，为祖国的科技腾飞而奋斗！

（原载《北航校报》2009年1月11日第750期）

张广军教授为本科新生作《瞄准前沿、自主创新——动态视觉测量与工程应用》的专题讲座

为中国民用航空运输发展保驾护航

——记北航网络化协同式空管系统研究团队

□ 廖行 邓怡

北航网络化协同式空管系统研究团队

在我国辽阔的空域里，同一时刻有近千架民航飞机在空中高速穿梭，2005 年，我国民航运输总量就已经位居世界第二。面对如此庞大而繁忙的空中交通运输系统，“如何确保飞行安全，同时提高运行效率？”成为一项重大课题。北航“网络化协同式空管系统研究团队”经过十余年的艰苦努力，研制出“空地协同的民航空域监视新技术及装备”，该项目荣获 2009 年度国家技术发明一等奖。这已经是北航近 3 年荣获的第 4 个国家技术发明一等奖。

这项发明重点解决了与飞行安全密切相关的定位完好、监视精准和航迹保持问题，解决了与运行效率密切相关的态势增强问题，满足了民航飞机飞行可信监视和全球飞行服务信息增强的要求。

“尽管项目获了奖，但成绩只能说明过去，将科研成果快速转化为产业实际生产力还有很多难关需要攻克，我们不能停下脚步。”44 岁的团队负责人张军教授对我们说。

心系民航　志存高远

保障民用航空运输安全、高效运行的关键在于空中交通管制，空中交通管制的根本是空中交通监视。传统空中交通监视主要是依靠地面雷达监视系统。美国全境布设千余部雷达，欧洲大部分空域可实现三重以上的雷达信号覆盖，地面雷达系统的建设为欧美航空运输发展发挥了重要作用。随着我国航空运输的发展，“九五”以来，我国东部地区陆续布设了一批雷达系统，截至 2009 年，全国民航监视雷达共有 100 余部，这为东部地区空中交通的快速发展起到了重要的保障作用。

然而，随着我国民航运输的持续发展，飞行繁忙地区流量日渐饱和，我国民航运行环境复杂、雷达覆盖有限，尤其在西部荒漠、高原地区和海洋等无雷达覆盖地区，地基监视保障能力严重不足，迫切需要研制民航空域监视新技术。该技术是欧美等发达国家下一代航空运输系统的核心，被严密封锁，同时由于国家空域监视信息属于战略情报资源，涉及国土防空安全，禁止国外介入。正是在这样的背景下，基于国家、民航安全、民航空管发展的要求，北航网络化协同式空管系统研究团队立志依靠自主创新，研制出适合我国国情的空域监视新装备。因为“北航作为新中国第一所航空航天高等学府，我们责无旁贷！”

正是这种敢为人先、迎难而上的精神，让北航网络化协同式空管系统研究团队用了十多年的时间在民航空域监视新技术及装备上取得了杰出的成绩，摘得了国家技术发明一等奖，他们发明的空地协同的民航空域监视新技术针对飞机无法自主检测卫星定位误差超限的问题，发明了地基区域完好性监测方法及装置，实现了我国民航空域内飞机自主定位误差超限及时告警，为位置监视提供了完好的定位信息；针对空基、地基异构监视系统存在的飞机位置监视模糊的问题，发明了空基实时可信监视方法及装置，解决了复杂飞行环境下飞机动态位置持续可信监视的难题，保障飞行位置的可信精准监视；针对航路飞行中飞机航迹保持能力各异的问题，发明了航路安全容限动态监测方法及装置，突破了适合我国空域特点的航路安全容限监测的技术瓶颈，可有效保障飞行安全；针对传统地空航行情报信息发布方式难以支持空地态势实时高效共享的问题，发明了综合态势增强监视方法及装置，实现了面向飞行服务的空地态势按需监视与实时共享，可有效提高运行效率。团队还创造性研制了我国首个移动空域监视平台，解决了高原、荒漠、海洋等无雷达覆盖地区安全高效飞行保障的难题。

国家空管新航行系统技术重点实验室落户北航

团队成员深知，现在我国的民航需求增加了，国家空管委和民航局等上级领导部门对科技创新非常支持，北航也对创新团队的成长和发展提供了广阔的平台，他们下决心要针对学科的航天航空特色，立足自主创新，打破国外封锁，取得一批具有国际先进或领先水平的成果，以满足我国民航和空管的需要，不辜负国家、民航局和学校对他们的重托和期望。

砺剑拼搏　不畏前行

成功让人羡慕，但自主创新是一个漫长而艰苦的过程，回忆起项目刚刚起步的时候，大家都有一个共同的感受，“太不容易了”。团队负责人张军教授说：“科研成果要转化为实际生产力，就必须采用产学研用一体化的创新发展模式，才能使新技术和新装备得到最大限度的应用。”1997 年，团队与民航数据通信有限责任公司联合建立了“民航数据通信科研基地”，2003 年，成为中国民用航空局“民航数据通信及新航行系统科研基地”（重点实验室），开始了空地协同的民航空域监视新技术的研制。跋涉在科学研究的道路上，张军不曾有过懈怠和满足。从北航电子信息工程学院讲师、副教授、教授，到电子信息工程学院副院长、院长，再到北航副校长，工作繁忙可想而知。他没有休息日的概念，周末和节假日几乎都在办公室和实验室度过。熟悉张军的人，对他从事科学研究的执著精神，严谨的学术态度，无不心生钦佩。张军常说，不论大小项目，没有解决不了的问题，没有过不去的坎儿。不管碰到什么样的难题，或理论或实验过程方面的，他一定会鼓励大家别灰心、别放弃。自己苦思冥想，大家集思广益，加上虚心请教，千方百计找出解决问题的办法。

项目研制初期遇到的最大的难题就是技术资料的匮乏和设备平台的落后。实验室副主任张学军教授回忆说：“国外空域监视核心技术一般都掌握在有军方背景的研究机构或公司手中，其核心技术资料很难得到。另外，他们的实验室基础平台环境也都是我们无法想象的。由于当时项目经费相对紧张，研究条件比较艰苦，没有设备只能想方设法找别人借，或者干脆自己研制。”为了查找最新资料，团队中许

国家空管新航行系统技术重点实验室学术委员会成立暨第一次全体会议召开

多成员都有这样的经历：坐着公交车，冒着严寒酷暑跑遍北京的图书馆，借阅相关资料。

整个项目涉及到全国10余家空管部门、10余个机场、9个航空公司以及多个军方航空管制部门，从最初的调研，到研制开发、安装测试，再到后期的运行维护，几乎每个环节都需要与相关单位协调，工作起来非常困难。实验室总工朱衍波说：

“项目研制过程中，协调工作所付出的时间和精力是我们最初没有意料到的。手机经常都是半天就打没电了。很多时候还必须到现场去了解情况，去安装调试，曾经最忙的时候团队中的成员同时分布在6个不同机场进行飞行试验，有些成员甚至两三个月都没有回过家。”

张军的办公室有两样关键的“法宝”：一块白板和一个投影仪。团队常常会在这里开会讨论问题，遇到技术难题时，大家都围着白板写写画画，各抒己见，白板上的讨论结果每次都要用照相机拍下来，形成电子记录。讨论到技术方案时，大家看着投影屏幕，指指点点，提出各种改进意见，完善每个技术方案。这种团队交流的方式被实验室的老师和学生形象地比作是“头脑风暴”。

蔡开泉博士回忆说：“空域监视持续可信度判定难题就是在这样的‘头脑风暴’中攻克的。”

2004年冬天，项目的研发进入了攻坚阶段，面对的主要挑战是空域监视完好性的研究和空域持续可信监视能力的提升，这在国内空管领域从未开展，在国际上也是一个重大难题。由于项目时间紧迫，性能指标要求都摆在面前，能否顺利达到项目预期目标当时谁都没底。北京的冬天，寒风凛冽，滴水成冰，但实验室里的研究热情却极为高涨。团队成员连续半年内几乎都集中在张军办公室，日夜奋战，终于完成了项目任务。这期间，投影仪都烧坏了一部，但没有人喊过一次“累”，没有人说过一次“苦”。

领导参观我国首个空域监视测试车

厚积薄发　硕果累累

空域监视设备研制成功后，还需要经过实际的飞行加以测试与验证，史晓峰正是团队中飞行测试与校验工作的负责人。这项工作除了要求拥有扎实的空管电子设备测试与校验的业务技能外，还要求具有细心严谨的品质和坚强的体魄。由于搭载设备进行飞行校验的飞机绝大多数都是7座左右的小飞机，机舱内空间狭小，安装调试空域监视设备较为困难；飞机在空中飞行姿态变化较为频繁，同时受气流影响，经常出现颠簸，在这样的飞行环境下还要对空域监视设备的30个测试参数进行监视，其工作难度可见一斑。为了避免影响机场白天繁忙时段的航班正常飞行，校验飞机的本场飞行都必须安排在凌晨6点之前，史晓峰经常需要半夜就从家里出发，提前到机场进行飞行前准备。对此，他毫无怨言，常常笑着说："趁现在年轻，能干就多干些，能够确保项目研制设备的安全可靠，自己再累点也能感觉到舒心。"

2006年，项目进入部署前的安装测试工作。薛瑞博士和蔡开泉博士带着一个小组前往林芝高原机场安装与测试空域监视设备。林芝机场坐落于雅鲁藏布江河谷地带，地理环境恶劣，飞行航路最窄处距离峡谷两侧山脊不到4000米。为了避免信号遮蔽，空基监视系统设备一般必须安装在山头上。薛瑞所带领的小组不但要克服高原反应，还得背着设备，爬上海拔4000多米的高山，在安装和测试的过程中，往往得往返三四趟，一星期下来有些组员瘦了近10斤。回想起当时的情景，薛瑞说："大家都挺不容易的，我们就是一心想着把安装测试工作完成好"。

采访过程当中，我们听到了很多这样的故事，但是每个成员脸上的微笑告诉我们，他们所付出的一切都是值得的。

经过团队的不懈努力，项目验收时，应用单位领导和行业相关专家给出了高度评价："该项目成果拥有完全自主知识产权，取代了原需进口的国外相关装备，打破国外技术封锁，符合中国民航空管发展的实际需求，得到了国际民航组织（ICAO）的认可，提高了我国空域运行效率，为保障飞行安全发挥了重要作用。"

领导考察我校国家空管新航行系统技术重点实验室

2009年度国家技术发明一等奖项目的研制成功正是在这样的发展环境中取得的。课题组的成员同心协力，团结奋进，不论教师、学生，还是公司员工，都像亲兄弟一样，紧密团结在一起，形成了一个积极向上的团队，凝聚了一股敢打敢拼的科研力量。张军谈到这些时，感慨万分，动情地说：“我们最难能可贵的就是这种能吃苦的干劲和拧在一起干事业的韧劲。正是这种奋斗的精神，把我们凝结在一起，克服了科研过程中遇到的种种困难，才最终取得了可喜的成绩”。

一路走来，在张军的带领下，团队瞄准我国未来空天地一体化空中交通管理系统发展需求，开展航空导航、航空监视、空天地一体化网络和空管协同运行等技术研究，以产、学、研合作的方式联合承担了国家科技攻关计划、国家863计划、民航重大技改工程等多个项目与工程，在重大工程中提炼出共性应用基础问题和制约空管技术发展的瓶颈问题，自主创新，取得了一批原创性强、在国内外有重要影响的研究成果。该团队中拥有国家杰出青年科学基金获得者2人，长江学者2人，国家“百千万人才工程”国家级入选者2人，中国青年科技奖2人，新世纪优秀人才计划入选者3人，全国优秀博士后1人。十余年来，获得了国家技术发明一等奖1项，国家科技进步一等奖1项，国家科技进步二等奖2项。近五年来，发表论文200余篇，授权国家发明专利近40项，获得软件著作权20项，形成民航行业标准5项，相关成果已在中国民航全行业推广，取得了显著的经济和社会效益。团队分别于2009年和2006年获批国家自然基金委创新群体和教育部创新团队。

厚德载物　科技报国

他们研究的是民航项目，与民航局空管局等多家科研单位有着密切合作。本次获奖成员中，包括民航数据通信有限责任公司的吕小平高工和朱衍波高工。张军说：“我们的项目是产学研用结合的产物，团队成员不只是获奖名单上的6个人，其实还包括实验室的其他老师、研究生以及科研单位的几十人，他们都默默无闻地做了很多工作，由于名额限制，他们没有列在获奖名单上，但他们都做了大量工作，为项目付出了很多的心血。”

“新一代国家空中交通管理系统”重大项目通过科技部验收

在张军的领导下，团队成员团结奋进，与民航局空管局优势互补，围绕网络化协同式空管系统的理论方法与关键技术，共同建立学科创新平台、共同建立省部和国家级重点科研基地、共同承担国家重大项目、共同建立学术交流平台，共同为新兴交叉学科发展做出了重要贡献，参与研究的所有人员都立足本专业优势，结合其他专业知识，形成一个有机的整体，每个部分的研究相互扶持、相互依存，形成了一条产学研用相结合的全套科研链，科研成果直接运用到了民航领域。

10 多年的拼搏与求索，5000 多个日日夜夜的坚守与实验，他们完成了空地协同的民航空域监视新技术及装备的研制，该项目发明的系列化监视装置，已通过产学研联合方式在中国民航全行业推广，应用于全国军民航 20 多家管制单位、航空公司及航空安全相关保障部门。为全国实施飞行高度层缩小垂直间隔奠定了技术基础，有效地提供了安全保障监控手段，比传统空域增加了 85% 的空域容量，保障了管制间隔缩小条件下和恶劣环境下的飞行安全，特别是使西部高原机场、气象条件复杂机场返航率降低 30%，保证了飞行安全，提升了航空运输能力。提高了航空公司飞机运行综合态势监视能力，可为在我国飞行情报区飞行的 100% 的国际航班、90% 的国内航班和重要专机提供全球飞行协同服务。在奥运期间，该技术为千余架专包机在首都机场的安全抵离和开幕式期间的空中净空保障发挥了不可替代的作用。近 3 年累计创造经济效益逾 7 亿元。基于本项目的精密监视算法，还形成了“中国米制 RVSM 飞行高度层方案”，被国际民航组织采纳为米制高度层配备标准，成为我国首个被国际民航组织采纳的标准。

在张军办公室的墙壁上，贴着“厚德载物”四个大字，回顾这十多年来走过的路，张军把获得成功的经验归结为“知识、品德、汗水、灵感、机遇、团队”12 字箴言，并常以此鼓励团队里的每一名成员。在实验室里，在课堂上，张军常对学生说：“什么时候能把这 12 个字变成自己的自觉行动，那就是该毕业的时候了”。

荣誉属于过去奋斗的日子，掌声在响起的那一刻就成为了历史，翻过了令人激动的篇章，这支充满朝气的科研队伍向着更高的目标整装前进了，新的一年刚刚来临，他们正充满信心地展望未来：“‘十二五’期间，我们将继续围绕国家民航需求进行研究，为我国民航的跨越式发展做出新的贡献。”

（原载《北航校报》2010 年 1 月 11 日第 779 期）

虚拟的世界同样绚烂多彩

——记北航实时三维图形平台科研团队

□ 廖 行

实时三维图形平台是计算机领域继操作系统、数据库之后又一日益普及的大型通用基础软件系统，直接影响社会各行业计算机应用的水平，成为软件知识产权和基础软件市场竞争的新目标。北京航空航天大学实时三维图形平台科研团队，历时10年时间，研制成功了我国第一个集成贯通了建模工具、布景工具和绘制引擎的大型图形基础软件系统BH_GRAPH，使我国图形支撑技术取得重大进步，大型实时三维图形软件实现了从无到进入国际前列的跨越，创造了重大的社会效益、军事效益和良好的经济效益。十年磨一剑，团队带头人赵沁平教授和他的同事们谱写了一曲努力攀登科学技术高峰的乐章。

北航实时三维图形平台科研团队的“实时三维图形平台BH_GRAPH”荣获国家科技进步一等奖

2011年1月14日上午，2010年度国家科技奖励大会在人民大会堂隆重举行。北航实时三维图形平台科研团队研发的“实时三维图形平台BH_GRAPH”荣获国家科技进步一等奖。在此前6年的国家科学技术奖中，北航已捧得4项技术发明一等奖和2项科技进步一等奖。特别是备受关注的技术发明一等奖，自1999年至今只产生10项，而其中有4项花落北航。

“北航的科学研究首先要解决国家经济、社会和国防建设中提出的重大科学技术问题”，这是获2010年度国家科技进步一等奖的赵沁平教授及其团队在接受采访时对他们所获成就的质朴想法，这说起来轻松，但一路走来，我们看到的是他们的艰辛、执著与奉献。

立志创新 打破国外技术壁垒

早在上世纪末，随着图形化操作系统的诞生，计算机图形技术逐渐走进了人们的视线并得到日益广泛的关注。社会各行业计算机图形应用日益普及，相关的设备、软件、应用和服务市场空间迅速增长，产业链已经形成。当今社会许多行业中重大问题的解决都依赖于大型实时三维图形软件的支撑，凡是大中型的实时三维图形应用系统，必定会涉及三维模型的输入、处理、真实感图形生成和实时交互等问题。但是，长期以来国内没有可与国外图形平台相抗衡的软件系统，开发人员可选用的图形平台有国外商业产品、开源平台和国内游戏引擎中的图形引擎。其中国外商业产品存在价格昂贵、深层开发和优化受限、技术壁垒和安全性等突出问题，这些都严重影响了我国各有关行业，特别是军事领域的实时三维图形应用。因此，迫切需要研发遵循标准数据格式、适应硬件发展、便于融入新方法和新算法、易于使用的具有我国自主知识产权的实时三维图形开发与运行平台，以打破国外产品在技术、价格上的壁垒和垄断，推动我国实时三维图形的应用，提高我国各行业计算机图形应用的普及化程度和应用水平。

1993 年，从事人工智能研究多年的赵沁平教授赴美国匹兹堡大学高访，其研究目标集中在如何提高计算机生成兵力（CGF）的智能化水平。在此期间，赵沁平教授系统地研究了虚拟环境生成、感知和交互等先进的虚拟现实技术，感受到虚拟现实技术的前沿性和广阔的应用前景，意识到这一技术必将成为我国信息技术新的生长点和制高点。

1994 年回国后，在汪成为院士等前辈专家的支持下，赵沁平教授等召开了我国第一个虚拟现实技术研讨会，承担了我国 863 计划虚拟现实的第一个重点课题，并成立了北航虚拟现实技术实验室。想起当初课题组的成长历程，北航虚拟现实实验室的技术骨干们深有体会地说，“在早期开发虚拟现实应用系统时，使用了多种国外图形平台，如：OpenGVS、Vega 等，对国外产品的技术壁垒深有体会，也深受其苦。现在回想起来，当时真是太不容易了。”

为了形成我国三维图形领域的核心竞争力，推动我国信息技术创新和安全发展，课题组从 2001 年开始了对实时三维图形平台的研制工作。经过十年的不懈努力，终于在 2010 年完成了自主知识产权的实时三维图形平台 BH_GRAPH 的研制、推广应用和初步的市场开拓。

“回顾实验室整个发展历程以及 BH_GRAPH 的研发历程，我们可以很清楚地领略到赵沁平教授当初选择虚拟现实作为实验室主要研究方向的高瞻远瞩。”成果主要完成人之一的郝爱民教授对记者说，“在实验室创立之初，国外的虚拟现实水平尚处于起步阶段，对比网络、操作系统等国外较为成熟的技术，我们在虚拟现实领域与国外的差距‘相对’较小。正因为如此，赵沁平教授认定虚拟现实技术将是我国打破国外计算机技术壁垒的一个‘突破口’。”

而十多年后的今天，他们研制出来的实时三维图形平台 BH_GRAPH 是我国自主研制的第一个集成贯通了建模工具、布景工具和绘制引擎的大型图形基础软件系统；在可扩展的图形绘制引擎体系结构、多深度图像自动配准与高精度建模方法、复杂场景和对象几何模型数据管理与优化方法、大规模场景与对象实时绘制方法、复杂场景与对象逼真绘制方法等五个方面实现了重要创新和突破，多项性能指标处于国际领先水平。

精诚团结 攻克科研险阻

成功让人羡慕，但研发的道路是一个漫长而艰苦的过程，一点儿浮躁或者急功近利的心理也要不得，需要在脑力和体力上付出艰辛的努力。“阳光总在风雨后”，回想起一路走来的点点滴滴，课题组的成员用这么一句美好的歌词道出了他们心中最大的感慨。

实验室刚刚成立初期，为了在计算机上生成可交互操作的三维虚拟环境，课题组先后使用了 WTK、OpenInventor、Performer、MultiGenII、VEGA、VTREE、OpenGVS 等国外三维图形软件开发包（SDK），完成了具有重要意义的我国第一个分布式虚拟现实应用系统支撑环境 DVENET 和飓风 2000 等高级概念演示系统。这些图

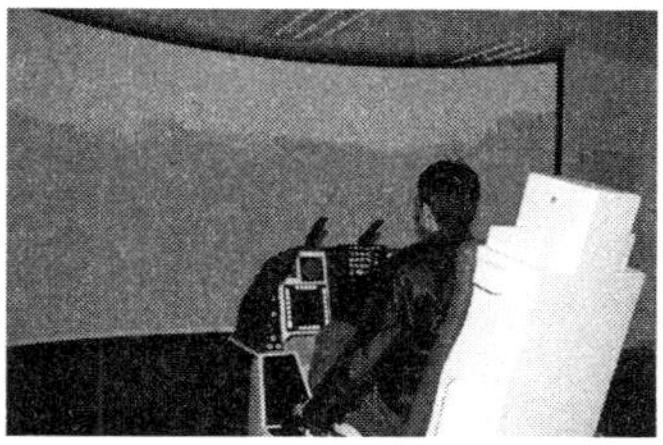

北航实时三维图形平台科研团队成员做模拟飞行试验

形平台较好地封装了底层接口的技术细节，为专业开发人员提供了更易理解和使用的二次开发方法或函数库。团队人员无须为高难度算法和效果花费过多的时间和精力，可以更好地集中精力解决应用相关的具体问题，有效加速应用系统的开发。但是，当课题组要进一步开展自主创新研究，深入开发虚拟现实应用系统时，使用国外商业图形平台的三个突出问题，价格昂贵、深层开发和优化受限以及存在技术壁垒和技术垄断严酷地摆在他们面前。

“不经历风雨，怎么见彩虹？”正当大家有些畏难情绪的时候，赵沁平教授的话又重新激起了团队成员的信心，“夫未战而庙算，多算胜，少算不胜。”

1998 年，研究团队在北京小汤山召开了虚拟现实技术发展战略研讨会，对长期使用国外图形产品的弊端进行了深入分析，与会的老师同学都深深地感受到了受制于人的压抑，立志研发出我国自主知识产权的大型实时三维图形平台，该平台须在某些领域替代价值昂贵的国外商业化软件，打破国外商业图形平台的技术、价格壁垒和垄断，有效提高实时三维图形应用系统的开发效率，从根本上推动我国实时三维图形理论研究和应用推广的整体水平。

“1998 年的那次庙算小汤山，对我们团队来说，确实是迈出了意义深远的一步。”对当时的情景，郝爱民教授记忆犹新，颇有感慨。

从那时起，虚拟现实技术实验室下决心启动了自主知识产权的实时三维图形平台的研发工作。研发图形平台的难度是相当大的，主要有三点：一是面对的应用类型多，图形平台要尽可能方便用户，支持应用系统开发的全过程，需要有系统级的集成创新；二是处理的对象千变万化，图形算法种类繁多，要求全方位的可扩展性，需要有软件体系结构方面的创新；三是要保证各种大规模图形绘制的实时性和逼真性，必须有持续的图形理论和技术创新。

面对困难，团队全体成员心往一处想，劲往一处使，夜以继日地泡在实验室，不懈努力，历时 10 年，先后投入 200 多人，经过了三次重大改版，申请国家发明专利 70 项，已获授权 27 项，发表学术论文 107 篇；获软件著作权 21 项，终于成功研制出实时三维图形平台 BH_GRAPH。

第三方软件测评结果表明，实时三维图形平台 BH_GRAPH 功能全面覆盖多个应用领域需求，绘制效率、内存占用率等主要性能指标超过国外商业化软件，在大规模场景的实时逼真处理和基于脚本控制的流程仿真等方面具有鲜明特色。

十年一剑　终铸辉煌成就

实时三维图形平台 BH_GRAPH 在国内一些单位以及重大军事和民事应用中取代了国外同类软件，各类用户近千个。基于 BH_GRAPH 开发的“2008 年北京奥运会开幕式创意仿真系统”、“建国 60 周年首都国庆阅兵方案推演和决策系统”、“陆军合成部队战术指挥模拟训练系统”为奥运会开幕式、60 周年国庆阅兵、军事指挥模拟训练做出了突出贡献，产生了重大的社会效益、军事效益和良好的经济效益。

成果主要完成人中唯一一名女教师，1977 年出生的王莉莉副教授把人生中最宝贵的十年青春都贡献给了 BH_GRAPH 的研发工作。在接受记者采访时，她微笑着说，“It’s my baby!（它就像我的孩子一样），看着 BH_GRAPH 从无到有，觉得付出再多也是值得的。”

10 年来，北航虚拟现实技术团队从小到大，从弱到强，在共同的事业中，他们既经历了成功的喜悦，更多的是经受了困难，甚至失败的砥砺，在摸爬滚打中不断创新、壮大。十年磨一剑，赵沁平及其研究团队深信，科学的道路是一步步走出来的。在成果面前他们没有止步。赵沁平时常挂在嘴边的一句话是，“一个人是否能获得成功，很大程度上要看他如何安排 8 小时以外的时间。”

正是这样一批老中青学术骨干，历经 10 年的沧桑，攻克一个个技术难关，研制出了我国第一个集成贯通了建模工具、布景工具和绘制引擎的大型图形基础软件系统，为我国的计算机图形领域做出了重要贡献。

有人说过，幸福不在于拥有金钱，而在于获得成就时的喜悦以及产生创造力的激情。站在人民大会堂神圣的领奖台上，虚拟现实技术团队成员收获了鲜花与掌声。面对未来，他们又将整装走上新的征程。

北航实时三维图形平台科研团队演示科研成果

（原载《北航校报》2011 年 1 月 21 日第 809 期）

蓝天上抒写梦想与忠诚

——记北航无人驾驶飞行器设计研究所党总支

□ 航 萱

北航无人机研究所全家福

进入 21 世纪，让飞机在天空自由翱翔，犹如无声的士兵不分昼夜地在万里之遥源源不断地传回信息，是人类的新梦想。

这个梦，对很多普通人来说遥远而神秘，而在北航无人驾驶飞行器设计研究所，一群天空的热爱者心怀对飞翔理想的执著、对航空事业的情怀，历经 7 年日夜付出，终于把这个梦想变成了现实——国家重点型号“长鹰”长航时无人机研制成功，使我国无人机实现了由近中程、短航时，向远程、长航时的历史性跨越。

在这个“英雄”团队中，有一群人是“排头兵”，他们叫共产党员；有一个组织是主心骨，她就是无人机所党总支。

服务国家，到险处看风景

长航时无人机被誉为“大气层内的人造卫星”，是空天信融合的高精尖产品，研制难度极大、研制任务极重。型号的研制不仅需要高超的学识能力，而且需要付出巨大的牺牲，要中断正常的学术研究和教学，常年到试飞基地开展试验试飞工作。

无人机所党总支紧密围绕航空梦想和忠诚祖国开展深入的思想动员工作，将 120 余位不同领域的优秀人才，从学校各个院系、从祖国四面八方招进了“长鹰”型号研制团队。

在研制过程中，无人机所实行了“611”工作制，一周工作 6 天，一天工作 11 小时，如果到了外场，连周日都不能休息了。外场的生活条件艰苦：试验基地是战备机场，冬天没有暖气，夏天没有空调，3 人挤一个宿舍。女同志更加艰苦，半个月才能洗一次澡，机场跑道边没有厕所，为了不耽误工作，大家干脆不喝水。

生活上的苦还在其次。无预研、无样机、无参考资料是“长鹰”研制面临的真正难题。高难度不仅意味着需要艰苦的付出，还意味着精神上的巨大压力。攻关时的煎熬、试飞前的紧张更是一路伴随着型号研制人员，失眠几乎成为职业病。

面对艰难险阻，“到险处看风景，在屏息间练能力，体会与祖国共呼吸的成就”，成为无人机所团队的精神追求。

身先士卒，党员冲在最前头

酷暑，跑道上的温度达到 50 摄氏度，负责飞控分系统的共产党员王英勋用绳子将自己绑在吉普车上，手拉着绳索牵引飞机滑跑，肚子被勒得留下深紫色的凹痕。

这是发生在 2004 年 7 月的一幕。“长鹰”原型机刚上跑道就遇到了跑偏的难题。由于没有任何飞机地面滑跑的动力学模型可以借鉴，没有时间制作牵引设备，为了摸清飞机滑跑的自然特性，王英勋亲自上阵，亲身体会飞机跑到某种速度下的偏转角度和力矩，从低速到高速、从匀速到变速，反复试验。

型号女副总设计师、共产党员韦志棉，在外场一泡就是 5 年。她的丈夫身体一直不太好，几次动手术，她都不能陪在身边。有时她匆匆回京，丈夫为了与她见面时间长一些，常常送她到火车站直至她登车离去。一次，她晚上到了外场，第二天一大早就接到家里电话，丈夫心脏病发作，正在医院抢救。“我当时愣在那了，可当天有飞行任务。”她回忆说，“当时我姐姐去陪护了，我没回去。”简单的几句话，就带过了她生命中可能最艰难的一次抉择。

在党总支的引领下，“双带双跨、双岗双责”成为无人机所共产党员的优良传统，即党员干部带头、党员专家带头，党员跨岗位、跨单位发挥作用，在承担本职工作的同时，还要在研制工作中兼担安

北航无人驾驶飞行器设计研究所荣获
2009 年度国家科技进步一等奖

全保密、宣传教育、后勤保障等岗位责任。

在共产党员的感召下，北航无人机团队成功创立了独立的无人机系统技术体系，全面突破了大型长航时无人机的关键技术，使我国无人机设计开发、试验试飞水平达到了国际一流。

党风引领，在蓝天上写辉煌

越是困难的时候，越要加强思想政治工作；越是关键的时候，越要依靠党组织。

型号研制过程中同时涉及技术和思想的事太多了。无人机所的党政班子为此摸索出了“党政团结、共同负责”的管理体制，制定了相关制度，对各级党政干部的提议权、建议权、决策权等作出详细规定，将党务工作与业务工作融合互动的途径、内容和方式方法予以明确，从制度上为党政合作奠定了实施基础。在党总支的影响下，“科研人员也要讲点政治，没有对国家前途命运的关心，没有对团队每名成员的了解和关怀，就难以有科研上的大成果”，成为党政班子和全体参研人员的共识。

党组织要想被信赖，还要做好服务。在10余年的研制过程中，长年艰苦工作必然对家庭生活带来巨大影响，许多年轻人更是恋爱谈了吹、吹了谈，一些人干脆“型号不成功不谈恋爱”。于是，帮助职工家庭买东西、照顾小孩，为年轻职工介绍对象、创造恋爱条件，都成为党总支关心的事。

在无人机所党政领导的带领下，无人机所建起了一支以北京市教育系统优秀党员为代表的优秀党员队伍，一支以教育部长江学者和新世纪人才为骨干的高水平研制团队，型号副总设计师以上高级技术岗位中，党员比例达95%。

（原载2011年《北京市深入开展创先争优活动简报》）

中共中央政治局委员、国务委员刘延东与北航无人机所成员合影

耕耘结硕果　蓝天任翱翔

——记北航光电技术研究所女教师团队

□ 贯爱平

2008 年 1 月 28 日是北航放寒假的第一天，校园里的人骤然少了起来。路上偶尔的几个人，也都在寒风中行色匆匆地走过。整个校园显得安详而静谧。而在校园东南角的一栋大楼的五层，却充满了浓浓的春意。

北航光电技术研究所女教师团队

一群年轻的女教职工正在五楼的走廊里拍照。远远就听到传来的清脆的“茄子”以及银铃般的笑声。中国红、玫瑰红、米黄……，刚从楼梯走上来，扑面而来的五彩缤纷让人骤然感到春的气息。

随着“喀嚓”一声相机快门的按动，二十多张如花的笑脸瞬时定格。她们，就是我校光电技术研究所的半边天。别看她们大部分都非常年轻，但她们为我国国防惯性事业的发展做出了突出的贡献，也为自己赢得了社会的尊重，许多优秀女性走上了管理的重要岗位。

“撑起北航光电所的半边天”

我校光电技术研究所是国内最早开展光纤陀螺及相关惯性技术研究的科研单位，在多项光纤陀螺的关键技术上取得了突破性进展，填补了国内空白。光电所的教师中，女教师的人数近一半，其中包括国家科研领域专家、教育部新世纪人才、光电所所长宋凝芳教授，北京市教育创新标兵、从俄罗斯留学归来的冯丽爽教授，外事处副处长、从德国留学归来的伊小素副教授，以及蓝天新秀等。她们大部分已经是教授、博导，其中半数女教师在科研项目上承担着学术带头人的角色，如研究光学惯性系统的宋凝芳教授、研究微光机电技术的冯丽爽教授、进行可靠性研究的马静副教授、从事精密光学仪器研究的杜新政副教授……，这些女教师们在自己的工作岗位上默默耕耘，独立“撑起北航光电所的半边天”。

谈到北航光电所取得的成绩，她们如数家珍：2006 年获国家技术发明二等奖和国防科技进步二等奖各 1 项，2005 年获教育部提名国家技术发明一等奖 1 项、国防科学技术二等奖 2 项和三等奖 3 项，2004 年获教育部提名国家技术发明一等奖 1 项；2004 年获得“全国五一劳动奖状”和“首都五一劳动奖状”；曾多次被总装备部和国家专家组评为“杰出贡献先进集体”和“杰出贡献团队”……，这些成绩的取得，饱含了她们辛勤的付出、努力和汗水。

“我们承担的很多课题有节点要求，我们必须夜以继日地干。幸好家人对我们都特别支持，所以我们能够没有后顾之忧地全身心地扑在工作上。”宋凝芳说。

“单位里工作那么忙，实在是在家里坐不住，能在单位多做点工作心里踏实。”杜新政老师在不慎扭伤脚、未拆除石膏便匆匆来单位坚持工作时说。

“有时候项目上来了熬夜，孩子放学后在办公室做作业，做完后自己在办公室就睡着了，等我工作忙完了才能叫醒孩子回家。”

冯丽爽说。

她们常常微笑着，但没有人知道微笑背后的艰辛。在 2 号楼时，她们熬夜到凌晨，就像男同志一样翻门出来；出差回来早上下火车，来不及回家就直接到办公室上班；生病了从来不会告诉单位，趁着周末或假期偷偷去医院看病……。所有这些，她们说，都“已经习惯了”。

虽然学校已经放寒假了，快过年了，作为女人，家里许多事情需要她们操持，打扫屋子、辅导孩子、置办年货……，工作了一年，她们也该歇歇了。但她们说：“我们的概念里没有假期”。她们依然每天来往于学校和家里，早出晚归……

北航光电技术研究所研讨会

“努力工作，优雅生活”

和光电所的女教师们聊天是一件很愉快的事情，她们说话时总是微笑着，让人感觉亲切、自然、舒服。她们发型或精致、或活泼，让人感觉到她们对生活的热情。“不仅要努力工作，更要优雅生活”，她们微笑着说。

光电所是一个非常团结的集体，对学校和学院的文体活动，都能积极参加，甚至常常拿奖。学校的歌咏比赛、国庆55周年活动……，诸多的学校文体活动，光电所一个都不会拉下，而且参加的人往往最多。光电所的女教师们，也各有“拿手的”，宋凝芳教授歌唱得不错，马静副教授舞跳得好，冯丽爽教授喜欢电影，杜新政副教授喜欢旅游……，除了工作，她们的生活也多姿多彩。

作为光电所的所长，宋凝芳对光电所的管理显得细腻、温情：所里特意购买健身器材鼓励女教师积极进行体育锻炼；每个生小孩的女教师也都会得到单位送的贺礼……，事情虽小暖人心，在这种和谐的氛围中，女教师们抛下后顾之忧，更加积极地投入到工作中。几年来，光电所没有一个女教师因为工作不顺心或家庭困难调离研究所。

她们的办公室里，干净、舒适、整齐；她们的办公桌上，放着可爱的玩偶、充满童趣的储物筒；她们看上去优雅、美丽、甚至有些许的柔弱，但是，在心里，她们有一股“巾帼不让须眉”的劲儿，她们在自己的岗位上做出了和男同志一样的贡献。

“我们愿意做默默无闻绽放的花朵”

宋凝芳作为光电所的所长，严格要求自己，坚持吃苦在前、享乐在后。同事们说，不管早上上班还是晚上下班，都能在光电所发现宋老师在工作岗位上。

正是领导的带头作用，单位女教职工身处科研教学第一线，表现出良好的素质，战斗力很强，光电所形成了一个和谐、创新、发展的科研团队，团队因在国防建设中的突出贡献曾获国家863突出贡献奖、863先进集体等表彰，2007年获批教育部光机电一体化创新团队。

北航光电技术研究所荣获全国“五一”劳动奖状
同时获得首都“五一”劳动奖状

在这些荣誉中，作为光电所的重要组成部分，女教师团队在其中发挥了不可替代的作用。全体女教师不仅提出了许多合理化创新建议，同时坚持执行各项规定，发扬北航“勇于创新，敢为人先；艰苦奋斗，百折不挠”优良传统。

多年来，光电所的女教师们一直不放寒暑假，不休星期六，坚守岗位，完成任务。平时还加班加点到深夜。哪里有加班任务，哪里就有她们。但这些女教师们对此没有一点怨言。而且她们承担完成的863项目、国防科工委、国防预研、二炮等众多项目中，由于研究的特殊性，许多研究成果和获得的个人荣誉和专利并不能为大家所知道。在宋凝芳等光电所女教师的办公室，我们看到一摞一摞的获奖证书，国家部委的、总装备部的、北京市的……，她们笑着说：“虽然我们的一些研究成果由于其特殊性不能为人所知，但我们喜欢自己的工作，愿意为国防科技事业贡献自己的力量，我们愿意做默默无闻绽放的花朵。”

走出那栋灰色的小楼，忽然看到小楼旁边的腊梅开了，在寒冬里迎风绽放。而小楼里光电所的女教师们，就犹如寒冬里的梅花，在这个灰色的小楼里绽放着独特的坚韧和美丽！

（原载《北航校报》2008年3月1日第724期）

发挥高校科研特色 奏响自主创新主旋律

——北京航空航天大学自主创新工作撷英

□ 航 萱

编者按：北京航空航天大学创建于1952年10月，由当时的清华大学、北洋大学等8所著名大学的航空院系组建而成，是新中国第一所航空航天高等学府。

北航新主楼

北航沙河校区教学楼

早在20世纪50年代，北航就被国家确定为全国首批16所重点大学之一，之后的各个发展阶段，北航一直是国家重点建设的高校。进入21世纪后，北航再次被纳入国家“面向21世纪教育振兴行动计划”，成为“985工程”重点建设的高水平研究型大学之一。

经过55年的发展，北航已建设成为一所具有航空航天特色和工程技术优势的多科性、开放式、研究型大学，学科涵盖理、工、文、法、经济、管理、教育、哲学等8个学科门类，在航空、航天、动力、信息、材料和管理等领域形成明显的比较优势，是我国高层次人才培养和基础性、前瞻性科学研究的重要基地。

学校现有省部级以上重点学科33个，有11个国家重点学科，16个国防科工委重点学科和6个北京市重点学科。在全国一级学科整体水平评估中，航空宇航科学与技术学科名列全国第一，力学、交通运输工程、仪器科学与技术等名列全国前5名，11个一级学科进入国内前10名。

全校共有教职工3000余人，其中两院院士14名，“长江学者”特聘教授21人，博士生导师470余名。具有博士学位的教师比例达

52%，位居全国高校前列。目前，在校普通本专科生约 1.3 万名，研究生 1 万名，其中博士研究生近 3300 名。

“十五”期间，学校取得一大批具有重大影响的科技成果，学术声誉高，社会与经济效益显著。获得国家级科技奖 17 项（其中国家科技进步奖一、二等奖 15 项，国家自然科学二等奖 1 项，国家发明奖 1 项），省部级科技奖励 175 项，国防科技进步一等奖 10 项，全国百篇优秀博士论文 8 篇。

光电技术研究所

北航仪器科学与光电工程学院光电工程系暨光电技术研究所以北航陀螺惯导研究室（第五研究室）光纤陀螺课题为基础，于 2000 年 9 月成立。主要从事光学工程、精密仪器与机械等学科的本科、硕士、博士、博士后等不同层次学生培养工作及光纤传感器、光纤陀螺技术、集成光学技术、光电子技术等研究工作。光电所是国内最早开始陀螺技术、导航技术研究的单位之一，对国内多种陀螺技术发展做出了重大贡献。

自主创新的典型做法

加强协作，服务国防事业。光电所团队主要从事的科研项目具备鲜明的国防特点。在承担科研任务的过程中，始终牢记服务国防的宗旨，与其他不同技术领域的科研单位一起协作。这种协作，不光是技术领域的交流、合作，更多的是项目研究过程中的配合、帮助。

光电所团队在进行光纤陀螺研究的 20 多年，与航天科技集团、航天科工集团、中航第一集团、中航第二集团、中船重工集团和中电科技集团等科研单位、兄弟院校及其他企业进行了多年的联合攻关，充分发挥了高校的科研创新能力及科研院所的工程能力、应用牵引及配套基础能力。

北航也在光纤陀螺技术研究中占据了诸多第一：国内最早开展光纤陀螺研究单位；在国内首先实现了全数字闭环光纤陀螺技术和样

机；牵引了国内光纤陀螺器件发展；组织制定光纤陀螺国军标和技术规范；在国内首次进行光纤陀螺武器应用研制。

加强科学管理，提高科研效率。光电所团队在与其他科研院所合作过程中，逐步认识到国防科研的自身规律性，自觉在承担科研任务过程中引入 GJB9001A 质量管理体系，并开始按要求进行管理，于 2005 年通过了体系认证，认证范围包括研发、生产及服务等范围，这也将光电所科研的规范化提高了一大层次。

加强产学研结合，努力促进技术创新转化为生产力。为了使国家持续投入的重点项目实现产业化，探索产、学、研紧密结合形成规模化生产的新模式，开发具有我国自主知识产权的光纤陀螺产品，在产品的研发、生产、市场销售构成上下游产业链，委托北航资产经营管理公司负责光纤陀螺产业化的实施。北航资产经营管理公司明确了发明团队的股权，2006 年 9 月成立了北京天华捷锐光电技术有限公司，北京航空航天大学做了相应的授权，同意北京天华捷锐光电有限公司无偿使用北航光纤陀螺的技术成果和相关设备。目前在密云北航科技生产基地建立了专业化的厂房和设备，组织专门从事光纤陀螺产业化的专业骨干队伍和营销队伍，将在实验室基础上进行工艺改进和工程稳定化实现光纤陀螺的规模生产与销售。

北航光纤陀螺产业化项目实施完成后，可以牵引北京市以“光机电一体化”为特色的高新技术的发展，带动相关的上下游产业，培养一大批光电技术人才，使北京成为光机电一体化技术的创新中心，进一步提高北京作为国家创新基地的地位。

经验与成效

北航是国内最早从事光纤陀螺研究的单位，在国内光纤陀螺的研究领域始终处于领先地位，通过 20 余年的积累，具有国内一流的光纤陀螺及其元器件研究与工程化试验条件。

由于光纤陀螺属于惯性技术中的核心器件，国外对国内在技术与产品上完全属于封锁状态，从事该技术研究，必须走独立自主创新

北航光电技术研究所团队

的道路。

积极创建研发平台，为技术创新提供源泉。光电所团队目前研究实验室超过 2000m^2，拥有齐备的光路和电路分析、测试和工程化设备，以及光路、电路、结构辅助分析、设计仪器与软件，具备了承担重大国防科研项目的实力。

坚持独立自主，形成核心创新成果。光电所团队始终坚持独立自主精神，在国际上对光纤陀螺技术及产品进行严格封锁的环境中，在多项关键技术中取得突破，为整个光纤陀螺技术领域的发展做出了重要贡献。

大小叶片压气机课题组

发动机被喻为飞机的心脏，是一个国家科技工业水平和综合国力的重要指标。压气机是发动机研制中最难突破的一个关键部件，航空技术先进国家是这样，我国更是这样。大小叶片是轴流压气机的一种先进气动布局，美国在1988年提出的“综合高性能涡轮发动机技术”计划中，将其列为必须突破的一项关键技术，以支持美国研制下一代推重比 12 ～ 15 的航空发动机。为了使我国尽快突破大小叶片压气机研制技术，缩短我国与世界领先水平的差距，北京航空航天大学陈懋章院士领导的研究团队，自 20 世纪 90 年代就开始对大小叶片压气机的基础理论和设计方法展开研究，10 多年来走过了从基础研究到应用研究的全过程。将大小叶片技术用于多级压气机在世界范围内是由我国率先开展的。通过这 10 多年的工作已初步建立和发展了拥有自主知识产权的大小叶片压气机设计软件。

自主创新的体会

在航空发动机大小叶片压气机领域的研究和创新团队的建设中，主要体会是：

一是要立足于国民经济和国防发展的需要，看准方向，提出有引领作用的重大创新目标。方向要准，目标要高，台阶要大，要在科学和技术上有重大意义，当然应是经过努力可以实现的。团队是将

中国工程院院长周济考察北航大小叶片压气机实验室

大小叶片技术作为突破口，是看准了它具有明显的技术优势和潜力。大小叶片技术，作为美国研制下一代航空发动机的一项关键技术，对外严加封锁。而团队通过自己的独立研究，基本突破了关键技术，使我国成为国际上第二个掌握该项技术的国家。

二是实行“一竿子插到底”的工作原则。团队从基础理论研究入手，通过软件研发、试验研究、验证，最后落实到在发动机型号上的工程应用，落实到发动机性能的提高。团队要求自己的每一项科研工作都要走完这一整个过程，并把这简称为“一竿子插到底”的原则，这既有利于基础研究的深入和联系实际，也有利于尽快把理论成果转化为提高部队装备的技术水平。

三是充分利用现代科技成果，在研究和发展的技术路线和模式上创新。团队没有走先建实验设备、依靠大量实验数据进行设计的传统研制模式，而是充分利用数值技术成果，以数值模拟和优化为基础，进行设计研制。这样做，投资小，周期短，风险低。当然，这不是宣扬不要实验，而是要逐渐减少、甚至摆脱对大量实验的依赖，由必然王国，逐渐进入自由王国。

四是科技工作者要始终保持扎实苦干、潜心钻研的奋斗精神。诚信，是团队遵循的一条基本准则。诚信不只是做人和学术道德问题，也是智慧问题。

北航鱼形机器人参与国家水下考古探测

五是要加强联合、优势互补，并进行多学科综合，这是取得成功的重要保证。北航组成了跨单位的创新团队，在校内组成了气动、强度、振动联合研究组；在校外组成了由北航牵头、370 厂、西工大和 608 所参加的阵容强大的研究创新团队，强强联合，发挥了各自的优势，使各项工作得以顺利完成。

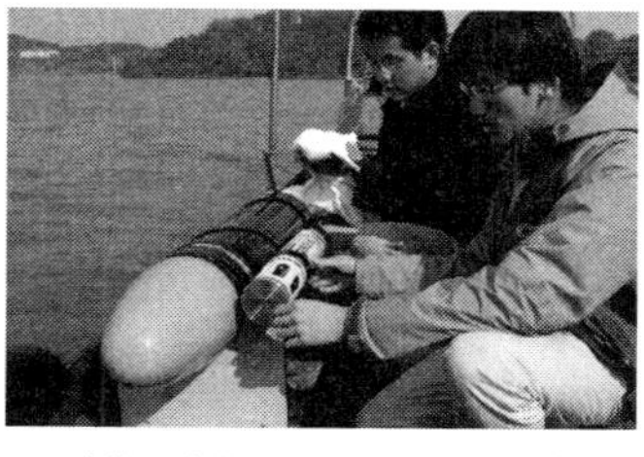

北航研制的新一代仿生机器鱼横穿太湖检测水质

微小型机器人技术创新团队

北航微小型机器人技术创新团队自 2000 年在国内率先开展了仿生推进机理研究及多种微小型机器人系统技术研究，在仿生技术、生物力学、仿生结构设计、微小型传感器与智能控制、信息集成处理等关键技术领域开展创新研究，完成微小型仿生机器鱼、仿生机器蛇、模块化机器人和微小型飞行器实验样机等集成验证系统，取得理论与实验方法的创新研究成果与技术积累。

自主创新取得的成果

仿生机理与生物力学：重点研究昆虫飞行的高升力机理、鱼类游动的高效推进机制、运动稳定性与控制原理、生物力学、仿生研究的新概念和新原理等，获得原始创新的研究成果。在仿生流体力学、流动控制、旋翼复杂流动等方面取得一系列国际公认的成果。

仿生机构设计：重点研究生物体结构、外形和高效运动的关系，设计制造各种仿生体，通过结构相似实现功能相近，取得原始创新的研究成果。近年发表研究论文 20 余篇，专利多项。研究更加紧凑、有效的仿生运动机构，发展新型驱动和控制器件、部件，形成高效率、高功率密度的尾鳍推进器装置，模块化、分布式的仿生机器蛇，为构建高性能的水下仿生航行器、仿生机器蛇、空中仿生飞行器奠定基础。

智能感知与控制：从生理机制上对智能进行了模仿并实现仿生神经网络智能控制，在模式识别、智能控制等方向进行研究，取得原始创新的研究成果。

微小型机器人集成系统与实验验证：注重基础理论研究与科学实验验证并重，设计研制的仿生航行器实验平台，通过外形减阻设计、减少结构重量比例、降低传动和驱动损耗、分布式锂动力电池管理等多项措施，使得功耗显著降低。进行了大量的科学实验研究，在微小型水下仿生航行器与微小型飞行器系统集成及其演示验证等方面，取得国内一流的集成创新研究成果。

电磁兼容理论与应用团队

北航电磁兼容理论与应用团队自成立以来，一直以科研创新为团队的宗旨。团队在电磁兼容研究方面所做的工作已取得了巨大的成绩，电磁兼容设计在国内起到了开创性的作用，并得到了专家的肯定："开创电磁兼容设计的先河"。正是由于这一领域的开创性成果，使军队型号研制任务得以顺利进行。目前，这一成果已取得“国防科技进步一等奖”，并向国家级奖励冲刺。

自主创新的典型做法

目前，我国信息系统的研制过程中存在大量的电磁兼容和抗干扰问题，需要有效的手段对它们在复杂电磁环境下的抗干扰能力进行全面评估，系统功能指标与我国电磁兼容研制设计水平相对落后之间存在着尖锐的矛盾。而国内复杂系统的电磁环境效能仿真研究尚属起步阶段，特别是系统级的电磁兼容问题的预评估、预设计水平与国外有较大的差距。

针对上述问题，团队率先提出“行为级仿真”概念，针对复杂电子系统的电磁兼容预分析、预设计、预评估问题，开展电磁兼容和抗干扰的理论和应用研究。

通过该项研究将在我国系统级电磁兼容的理论研究方面发展和提高复杂电子系统的电磁兼容性分析方法和能力，对提高复杂电子系统的电磁兼容性设计水平和提高系统的电磁兼容和抗干扰性能有极其重要的意义。

总结团队的创新模式是以国防科技需求为中心，从实际的工程型号任务中挖掘创新点，从理论角度将问题升华，研究解决方案，并将创新研究应用到工程型号中，将理论研究与实际工程相结合，走出一条“创新服务于国防的创新之路”。

经验与成效

团队在全机电磁兼容研究中率先提出“自顶向下的设计理念”，并结合实际研究提出“行为级仿真”概念，针对特种飞机进行了全面的理论研究及实践研究，开创出特种飞机电磁兼容预分析、预检测、预设计技术。

团队承担及出色完成了多项国防和国家重点型号工程的系统级电磁兼容设计，解决了型号研制成败的关键问题；首创精确化协同综合优化设计理念和设计手段，首次实现“从飞机总体角度进行系统性

北航电磁兼容实验室顺利通过 CNAS 和 DILAC 实验室能力认可现场评审

电磁兼容预设计”和“从飞机顶层高度提出量化电磁兼容指标要求”，解决了一些重大电磁兼容机理问题，突破了特种飞机电磁兼容技术瓶颈，打破了国外技术封锁。

团队在系统级电磁兼容试验系统集成及系统试验方面凭借不断创新，已成为国内首屈一指的领军团队，也是国内唯一具备大型装备电磁兼容试验系统研制能力和经验的国内研制单位。

（原载《中国军工》2007年7月13日）

下篇：莘莘学子　成才表率

心有梦　行无疆

——记全国大学生十大年度人物、北航电子信息工程学院蔡开泉博士

□ 冯　蓉　丁永斌

蔡开泉

我们如约来到蔡开泉博士的实验室。见面之前，我们一直在想，这位在 2009 年获得国家技术发明奖一等奖（个人排名第 5），2011 年获得国家科技进步二等奖（个人排名第 3），发表学术论文十余篇，获授权国家发明专利 4 项，被同学们誉为“多产博士”的年轻人会是什么模样？会不会是带着厚厚的眼镜片，不苟言笑？

推门，映出一张白净清瘦的脸，充满热情的微笑，让人感觉阳光、亲切。两个小时的访谈中，这位看似文弱的博士生表现出的勤奋、刻苦、坚韧深深地打动了我们。他言语中流露出的幽默与谦逊更像一杯咖啡，让这个充满阳光的午后顿时有了精神。

回首，梦开始的地方

蔡开泉，1981 年 11 月出生在福建莆田一个普通的农民家庭。这个家庭所具有的勤劳、坚韧与拼搏的精神深深影响了蔡开泉。同时，蔡开泉的成长还深深受到家族中一位堂哥的影响。这位堂哥年长蔡开泉 16 岁，也是这个家族的骄傲——15 岁考入北航，26 岁取得博士学位，至今已在航空航天领域从事 20 多年科学研究，并取得相当的成果。蔡开泉从小就以这位堂哥为榜样，以考入北航、投身航空航天领域为自己的目标。

梦想一旦扎根，便有无穷的力量。2000 年 9 月，蔡开泉以优异

的成绩考入北航电子信息工程学院，四年的大学学习，让蔡开泉学到了很多东西。而让他与自己的研究方向——民航空中交通运行监控结缘的，还是2004年在北京举办的全国空管建设与发展展览会。展览会云集当时国内空管领域技术实力最强的科研单位、空管行业知名专家、学者以及各类民航用户。蔡开泉负责展览过程中讲解和维护一套空域管理与评估系统。为了能够完成这项任务，蔡开泉铆足劲头，没日没夜，拼命翻阅国内外资料，恶补空管专业知识，努力学习这套系统，终于以一个月的时间深入了解了这套花了3年的时间由5家单位共同开发完成，拥有5个子系统、50余个功能的应用系统，并在讲解和维护过程中获得参观人员与展览组织单位的高度认可。正是这次展览活动燃起了蔡开泉对这一研究领域的浓厚兴趣，开始了自己的航空航天科研梦想之旅。

钻研，照亮梦的方向

追寻着自己的航空航天梦，2004年蔡开泉决定考研。在诸多知名导师中，北航“长江学者”特聘教授张军深厚的学术造诣和独特的人格魅力，像磁石般深深吸引着蔡开泉。“我一定要刻苦复习，努力考取张军教授的研究生”，这是考研期间，蔡开泉贴在自己床头的一句话。功夫不负有心人，蔡开泉凭着自己的刻苦在激烈的竞争中脱颖而出，如愿考取了张军老师的硕士研究生，并在2006年继续跟随张老师攻读博士学位，从事民航空中交通运行监控方向的研究。

进入实验室后，蔡开泉对于实验室分配的工作任务，从来都按照高于要求的标准提前完成。他每天都更新一次自己的学习记录，在整理国内外技术进展情况的同时，跟踪自己的学习历程。他时常引《老子》中的一句名言激励自己：“合抱之木，生于毫末；九层之台，起于垒土；千里之行，始于足下。”平时的点滴积累，成为他日后科研工作的坚实基础。脚踏实地、吃苦耐劳的作风，使他在科研团队中快速成长。

蔡开泉在飞行模拟器内

在日常资料阅读中，他常常想着亲自动手验证前人的思想和技术思路，特别是对于一些存在疑惑的技术细节。一次，在查阅国外发表的一篇关于飞行程序基线转弯程序设计新算法的学术文章时，他发现文章所提出的设计算法在碰撞风险评估算子的设计方面可能存在漏洞。于是，他决定重新实现这篇文章中的算法，经过整整一周的日夜攻关，最终证明了文章中所提的算法的确存在设计漏洞，并指出了该算法的优化设计方案。导师知道这一结果后，赞许地说："要保证技术调研的客观性和真实性，就要有科学的批判精神，要做好科研就要有开泉这样的钻研劲！"正是凭着这股"钻"劲儿，蔡开泉顺利完成了他的第一份科研工作，踏上了空管科技创新实践之路。

勤奋，为梦插上翅膀

对于蔡开泉，张军教授是这样评价的：开泉在我的学生当中不是最聪明的，但却是最勤奋、最踏实的，这注定了他是最优秀的学生之一。2005 年的秋天，导师在参加完一次全国空管领域的高层会议之后，决定成立"全国空域缩小高度层垂直间隔技术研究"项目小组，并任命蔡开泉为组长。

得知这一消息时，蔡开泉既兴奋又紧张。兴奋的是导师将如此重大的一个项目交给他，说明导师对他高度信任；紧张的是对于刚刚上研究生二年级的他而言，这个项目无疑是个巨大的挑战。为实现300米的飞行间隔，欧美航空发达国家历经了10余年才完成此项技术。而对于我国，仅有短短 2 年多的时间，其技术难度可想而知。国内数据资料的缺失、基础技术手段的落后、国外核心技术封锁等一系列问题，成为摆在项目组面前一道又一道的难关。在项目启动阶段项目经费相对紧张，研究条件比较艰苦，面对困难和挫折，蔡开泉常常想起导师鼓励大家的那句话："唯有三倍乃至十倍于常人的努力方可有所成就"。作为项目组长，他觉得自己应当冲在最前面，因此经常是实验室里最早到和最晚走的，项目工作紧张时甚至经常熬夜，最长的一次是 5 天下来总共睡了 10 个小时。实验室的老师和项目组的同学给了他"铁人"的称号。

蔡开泉为电子信息工程学院研究生党员作报告

2007 年，蔡开泉所在的团队，成功地将自主研制的"空域运行安全和监视平台"应用于全国高空空域的高度层改革中。正是由于这个项目的重要贡献，在各方面的大力支持和协作下，项目成果荣获

2009 年度国家技术发明一等奖。

分享，让梦充满希望

访谈接近尾声，实验室里的许多同学逐渐围了过来，他们是蔡开泉的同学、学弟与学妹，他们的加入让访谈变得更加热闹起来。你一言，我一语，不难看出他们对这位“大师兄”的敬佩与喜爱。

一位学弟谈到，在实验室里蔡开泉有着极好的人缘，学术上大家有不明白的事情常常第一时间想到他，他总是毫无保留地耐心解答；生活中遇到不顺心也多会找他聊聊，他的一些建议会让人茅塞顿开，他就像一位大哥哥以宽容和耐心关爱着实验室里的每一个人。

一位学妹讲述了自己所了解的蔡开泉。她本科就读于山东大学电子信息工程专业，对于空中交通监视与优化方向的技术方法不甚了解，常常陷入迷茫与沮丧。作为师兄，蔡开泉从她的兴趣、现有理论知识以及未来的发展方向上，多次与她进行了深入的探讨与指导，并为她提供了详细的背景、理论学习资料，最终将她的课题定在航路网络优化算法研究上。在课题的研究过程中，蔡开泉将自己所学的知识传授于她，一步步指导她的课题进展。最终，她在刚刚结束的毕业答辩中获得了优秀硕士论文。当我们翻开她的毕业论文时，看到这样一段话：感谢敬爱的蔡开泉师兄对我殷切关怀与深刻指导，对我的硕士研究生生涯起了至关重要的作用，他是我的良师益友！

作为实验室里的“大师兄”，在蔡开泉的协助下，完成本科毕业设计、硕士课题的学生已经有十几名。他说，导师张军教授常说的一句话是：单兵作战式的“散兵游勇”能力有限，有组织有纪律的“花样游泳”才能展现出最强的战斗力和生命力。这就是团队的力量……他说，自己踏入北航已经 12 个年头，进入实验室已经 8 个年头，回首当年懵懂的自己，也是在导师和多位老师的耐心指导下才一步步走上科研的征途，他早已被北航、被实验室中那份浓浓的科研团队凝聚力所感染，他希望自己能像导师那样去钻研、去分享，把自己的所知所学无私地传递给更多投身航空航天科研梦想的人！这样，梦想才拥有更多的希望。

中共中央政治局委员、国务委员刘延东与获得年度大学生的蔡开泉（右三）等人合影

结语：心有梦，行无疆

在蔡开泉博士的实验室，我们看到了一面团队成果墙，其中每个项目中都能看到蔡开泉这个名字：

2008 年，“中国民航数字化空域平台、关键技术及应用”项目荣获中国电子学会电子信息科学技术二等奖，他排名第 3；2009 年，“空地协同的民航空域监视新技术及装备”项目荣获国家技术发明一等奖，他排名第 5；2010 年，“中国民航飞行流量监控系统关键技术及应用”项目荣获教育部科技进步一等奖，他排名第 9；2011 年，“中国民航飞行运行监控系统关键技术及应用”项目荣获国家科技进步二等奖，他排名第 3；……这一系列的数据，犹如一个又一个沁着汗水的脚印，让我们看到一个年轻人为了追寻科研梦想努力奔跑的模样。

访谈结束，走出实验室，我们似乎依旧长时间地沉浸在某种气氛中。我们想到了温家宝总理的那句寄语：我们国家需要一些仰望星空的人。我们想到了这个即将迎来自己六十华诞的高校……回望，一道阳光照在北航新主楼上，我们觉得心里暖暖的，很有力量。

（原载《中国研究生》2012 年第 4 期）

执著于科研　执著于航天

——记北航仪器科学与光电工程学院孙津济博士

□ 高鹏飞 向珉 郭卉

孙津济

他是2007年国家技术发明一等奖第三完成人（学生排名第一），也是世界知识产权组织杰出青年发明者奖、第十七届全国发明展览会金奖的获得者。他入选北航首届“研究生十佳”，同时也成为“第三届感动北航人物”。这些似乎得其一就足以令人骄傲的成绩就这样集中在了他的身上。

他，就是孙津济，2010届仪器科学与光电工程学院博士毕业生，一个平和亲切的山东济南人。

对孙津济的访谈是在他的实验室里展开。与印象中的“书呆子”形象完全不同，孙津济温和的笑容和幽默的话语只让人觉得像个亲切的邻家兄长，平静，自然，从容，温暖。

漫漫科研路，寻道不畏难

孙津济于2004年考入北航仪器科学与光电工程学院攻读博士学位，师从房建成教授，研究磁悬浮飞轮和磁悬浮控制力矩陀螺的电磁设计技术。他的本科和硕士阶段并非在北航度过。谈到当初来到北航的原因时，他表示，作为一所具有航空航天特色和工程技术优势的高水平研究型大学，北航为科研人员提供了优越的软硬件条件，为个人成才与服务社会提供了广阔的舞台。“当时，北航房建成教授团队急需电磁设计人员，对于硕士阶段即将毕业的我来说，正是施展才华的大好机会。”怀着攀登科学高峰的渴望和为国家做贡献的志向，孙津济来到北京航空航天大学，从此与北航，与飞轮和陀螺，结下了不解之缘。

孙津济研究的磁悬浮飞轮和磁悬浮控制力矩陀螺技术是国际前沿的高科技技术，也是航天领域的关键技术之一，因此受到西方国家的严密封锁。就连查阅国外的相关资料，也只能查到上世纪80年代。为了打破国外技术封锁，孙津济跟随导师房建成教授，依靠整个科研团队的力量，迎难而上，克服了重重困难。谈起走过的科研道路，孙津济表示，这是一个探索、积累、创新、摸着石头过河的过程。整个过程从无到有，逐渐提高。谁也记不起来有多少个刻苦攻关的不眠之夜，谁也不知道有多少次失败之后的勇往直前。回忆起遇到的挫折，孙津济谈起了印象最深刻的两次经历。一次是在没有充分调研就贸然在飞轮上应用了新的磁性材料，一次是由于对功耗研究不深入导致飞轮用磁轴承设计不合理。孙津济说，这两次都是由于自己考虑不周，实验不充分，导致项目进展受阻。谈起这些，他的语气中透着些许自责和遗憾。一丝不苟，精益求精，孙津济的科学精神深深地感染着他的学生。

鲜花和掌声永远属于刻苦勤奋的人，孙津济成功的背后其实蕴含了他十年如一日的刻苦和努力。“漫漫科研路，寻道不畏难”是对孙津济科研生涯的最佳诠释。

大家拾柴火焰高，众人齐心可断金

创造重大的科研成果，离不开整个科研团队的帮助和支持。孙津济说，正是团队成员齐心协力，才收获了今日的累累硕果。这其中的所有荣誉，不是他一个人的，而是团队中每一位成员竭力尽智换回来的。

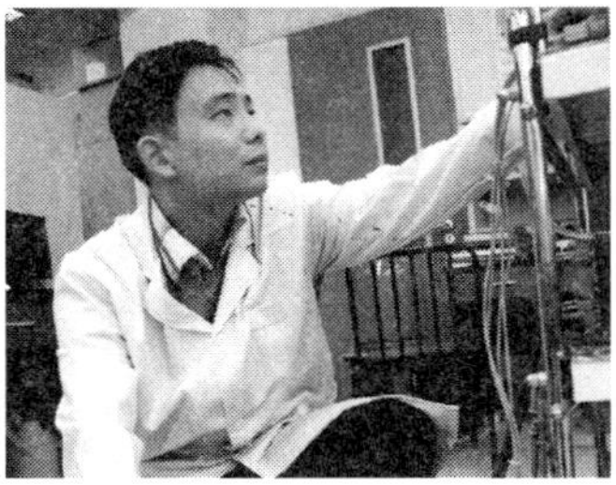

孙津济在实验中

十年磨一剑，宝剑不变，磨刀石却换了一茬又一茬。孙津济说，他们团队的磁悬浮飞轮和磁悬浮控制力矩陀螺已经有十余年的研究历史，这期间，一茬又一茬的研究生、博士生不断接力，挥洒了无数的汗水与科研热情，所以才取得今天的成果。在整个团队中，所有的同学和老师都彼此关心、彼此鼓励，每一位师兄师姐都把自己的经验毫无保留地传授给学弟学妹，每次攻关完成一个课题大家都不会松懈而是把更多的时间和精力投入到更前沿的未知领域里去。温馨的科研氛围铸造了整个科研团队强大的凝聚力和战斗力。同时，在他们的团队里，还有优秀的院长、技工和年逾花甲的返聘老教授，有这些人做技术指导和科研顾问，有他们提供的宝贵经验，孙津济的科研成果才能顺利实现，磁悬浮控制力矩陀螺和磁悬浮飞轮的工程化才能顺利进行。

讲到这里，孙津济动情地说起了恩师房建成教授。房老师教给他的不仅是专业知识，更有系统的科研理念：引领学术发展，走在世界前沿。在房老师的熏陶下，他培养了逻辑性的思维方式。在他看来，有了这种思维方式，就能透过纷繁复杂的表象发现事物的主要矛盾。而这正是他读博士期间最大的收获。

探索未知的道路是崎岖和坎坷的，但是，有优秀的团队支持和优秀的导师指点，有整个课题组作坚强后盾，孙津济才终于走到了研究领域的最前沿。

留恋北航生活，无悔人生选择

孙津济博士毕业之后，选择了留校任教。当询问他这么做的原因时，他说是因为自己在北航待了六年，对这里非常有感情。这里，有他熟悉的老师和同学，有他敬爱的导师和优秀的科研团队，他已经习惯了北航的生活，已经迷上了这里的科研氛围。他说自己不喜欢社会上那些复杂的人际关系，在那里面周旋太累。而做一个兢兢业业的科研工作者，安安静静的做研究才是最适合自己的。

孙津济（右三）与学弟学妹合影

当问他对北航建设有什么看法时，他回答说，北航作为一所优秀的大学，有着良好的科研环境，能够为莘莘学子提供良好的科研条件和成长空间，带他们到世界科研领域的最前沿。但同时，他希望北航能够多一些人性化的关怀。他说北航的学生学习都很勤奋，老师也都很负责，所以很多时候大家都是集中在实验室里，娱乐活动较少。所以他希望北航能够为同学和老师多开展一些娱乐和休闲活动，让北

孙津济和本科生交流

航的师生能够在学习之余放松身心，从而提高工作效率。

不知不觉，采访就在快乐的气氛里接近尾声。忙碌的他，又迈起匆匆的脚步，伴着北京的骄阳，阔步走向前方，投入新的科研工作中。

执著于科研，执著于航天，执著于“脚踏实地”，孙津济无怨无悔，勇往直前。正像他出生并成长的泉城济南或奔涌或细润的泉水，健康，宁静、透澈、充满活力。他一直微笑着，一路轻轻地歌唱着奔向他未知的前沿领域。

我想，没有什么可以阻拦他在科研路上走得更远。

（原载北航新闻网 2011 年 8 月 8 日）

心系航空　志在蓝天

——记第十届“挑战杯”全国大学生课外学术科技作品竞赛一等奖获得者王耀坤

□ 任 宣

坚定心中梦想，步步茁壮成长

王耀坤

王耀坤自上小学起，就对各种模型有着浓厚的兴趣，那时他一放学就会在模型店研究四驱车。上初中后，技术含量低、制作简单的四驱车已不能满足他对模型的强烈热爱。这时他恰巧有机会接触到了线操纵特技模型飞机的制作及飞行技术等航模技术，从刻螺旋桨，削翼肋，拼木板，焊操纵线，到清洗发动机，他终于完成了他的第一架全手工 P2B 飞机。当他把自己亲手用木片制作的模型飞机送上蓝天时，对蓝天的憧憬与渴望充盈了他那年轻、充满热情的心，使得他从此与航天事业结下了不解之缘。

之后近十年的寒暑假，工作间与外场就成了他的家。他常常白天提着一串飞机去外场，下午回家时飞机都变得缺胳膊少腿，一堆碎片，惨不忍睹。为了不耽误第二天的飞行，他就狼吞虎咽地吃几口饭，然后连夜将飞机修好，经常会忙到深夜一两点。每次修完飞机，往窗外一看，他就看到只有自己家的灯是亮的，此时忘却劳累，他感到的只是一种充实与自豪。

就是这样，在学习的间隙里，他就对航模飞机加以研究。逐渐地他从一个只是充满好奇却一窍不通的小学生，一步步成长为市冠军，省冠军，全国冠军，实现着自己的梦想，距离蓝天的翱翔一点点地接近。

恩师辛勤哺育，铸就梦想起航

航空模型是一项高度专业化的活动。如果没有一位专业的教练，简直寸步难行。王耀坤的启蒙教练郭书军教练促使了他的梦想起航。

郭教练航模制作技艺精湛，曾代表国家出征法国，并取得了世界第三的好成绩。虽然是航模高手，但是郭教练并没有架子，相反，他总是以一种平等的姿态，像朋友似地启发和教育王耀坤。从线操纵特技模型飞机的制作到飞行技术，从刻螺旋桨开始，一步步循序渐进，削翼肋，拼木板，焊操纵线，清洗发动机，郭教练看着王耀坤做出了他的第一架全手工 P2B 飞机。更可贵的是，郭教练不仅教给他航模技能，还教他很多做人处事的道理与方法。

航模是一项吃苦的事业，没有大量的训练而天天待在屋里休息就想拿成绩肯定是痴人说梦。进入大学后，他从教练身上明白了这一个航模的定律。他知道自己的教练们之所以能取得骄人的成绩，很大一部分原因是因为他们的刻苦训练。从这些教练的身上他学到了什么叫敬业，怎样为自己的目标而努力。学航模，使他树立了一个崇高的理想——为祖国的航空航天事业努力奋斗。这是一种激励，更是一种鞭策，使他集中精力向目标冲击，直到梦想成功。

王耀坤（中）与学校老师合影

扎实理论基础，释放思想光芒

进入大学以后，王耀坤积极利用所学知识，科学地分析以往的经验教训，业余之时撰写文章，先后在专业杂志《航空模型》中发表了《F2B 项目的最新发展》、《我“飞”进了北航》、《国外室内模型飞机的新发展》、《模型火箭设计与制作基础》、《图解 F2B 特技动作的规范与要求》以及《梦想从这里起飞——亲历北航第十八届“冯如杯”竞赛》等多篇文章。

王耀坤与沙河校区本科生分享科技实践创新经验

经过专业论文的撰写，王耀坤实现了从单纯的热爱航模到科学严谨地理解航模的过渡。这不仅使他制作航模有了理论依据，进而制作技艺有了很大提高，还使得他及时地把自己所学的专业课知识应用于实践，理论和实践相促进，既增强了学习兴趣，又提高了学习效率。

理想蓝天殿堂，任他尽情翱翔

2005 年，王耀坤进入北京航空航天大学学习，犹如鱼儿进入了大海的怀抱，他在这片理想的蓝天殿堂中，尽情地翱翔。

收到录取通知书，还未到正式报到时间，他就来到了北航，随着北航校航模队一起为“2005 年全国青少年航空航天模型锦标赛”做准备。提前融入大学生活，他吮吸着北航里的航空航天气息，感觉自己到了梦想的地方，找到了释放自己心中抱负的殿堂。经过一个多月的准备，此次比赛中，他凭借线操纵特技模型飞机获得了国家级二等奖，释放出了自己大学生活的第一道光芒。

这只是梦想的开端，随后的大学生活中，他运用一切课外实践机会，逐步完善心中的航空梦想。

2006 年 10 月，他和航模队队友做的“电动载重空投”获“天津六建杯”2006 全国航空模型锦标赛国家级团体第二名。

2007 年 5 月，他做的“适于巷战侦查的可自由起降飞行器”获北京航空航天大学第十七届“冯如杯”学生课外学术科技作品竞赛校级二等奖。

王耀坤作品“具有超机动竖直悬停性能的可自由起降飞行器”获得第十届“挑战杯”全国大学生课外科技学术竞赛国家级一等奖

2007 年 11 月，代表北京航空航天大学参加第十届挑战杯飞利浦全国大学生课外学术科技作品竞赛，其作品“具有超机动竖直悬停性能的可自由起降飞行器”获得此次比赛国家级一等奖 ，并为北航赢得了“优胜杯”。

2008 年 6 月，他所研究的“具有超机动竖直悬停性能的可自由起降飞行器”获北京航空航天大学大学生科研训练计划校级优秀奖。

心系五系航空，志在祖国蓝天

“冯如杯”、“挑战杯”已经成为历史，但心中的梦想从未改变。进入北航五系——航空科学与工程学院，他一直为自己的航空梦想努力着。现在他被推荐为免试研究生，进入了北京航空航天大学特种飞行器研究室工作和学习，继续着自己钟爱的航空事业。

王耀坤在第十届大学生创新创业成果展上为国务委员刘延东展示其作品

近来，他参加了 985 课题、2008 年奥运期间特殊保护行动等等，用他自己的话来说，就是这些事情对他而言都非常非常地有意义。现在他又要起航，为我国大型运输机的研发做出自己的贡献。“虽然很辛苦，但我总能感到一种幸福，因为我正在一步步实现自己的梦想——为祖国的航空事业而奋斗！”

（原载人民网教育频道 2008 年 12 月 24 日）

人生在勤不索何获

——记第十一届“挑战杯”全国大学生课外学术科技作品竞赛一等奖获得者裴森

□ 廖 行

裴森

裴森，男，汉族，1988年7月生于山东省潍坊市，中共预备党员，现为北京航空航天大学数学与系统科学学院2006级学生，曾获2007-2008学年度及2008-2009学年度国家奖学金、第11届“挑战杯”航空航天全国大学生课外学术科技作品竞赛一等奖、北航学生最高荣誉“金质奖章”、北航第十九届“冯如杯”学术科技作品竞赛一等奖、北航优秀生、“三好学生”等，并已免试推荐攻读北航基础数学动力系统专业博士研究生。

初见裴森时，阳光的他身着黑白相间的运动服，脸庞上总挂着灿烂的微笑，开朗而不失沉稳。动笔写裴森，发现这样一个普通的男孩子学习生活中有着别样的性格。

随着时间的流逝，每个人的大学都会留下别人不可重复的足迹。在裴森看来，大学4年真正铭记于心的是在北航的坚持和求索、团队和友谊、成长和责任。

学习——志存高远，分享快乐

4年前的裴森，怀揣着父母的谆谆教诲和满腔的桀骜不驯踏入北航，性格外向的他随即投入到丰富多彩的校园社团活动中，不想第一学期的成绩平平给了他当头一棒。于是，裴森开始重新审视大学的生活，他认识到，虽说学习不是大学的全部，但学习是实现大学梦想的重要阶梯。从那以后，裴森为自己制定了详细的学习计划，他放弃了周末的休息时间，经常泡在图书馆里；不厌其烦地寻求师长的指导和帮助，慢慢地，他摸索出一套适合自己的学习方法。“有计划，就有动力！”在谈到学习经验时，裴森很有自信地说，“每天清晨，制定好一天的计划并努力完成它，天天坚持，相信时间会做出最好的诠释。在课堂上，听重点、看例题、做习题，课下，认真复习。”简单的话语在他身上得到了真实的体验。

优秀奖学金、国家奖学金、三好学生、优秀生……各种荣誉接踵而来，他逐渐体会到自主学习的快乐。但当裴森开始体会到学习快乐的时候，身为小班生活委员的他却莫名地感到一种孤单感。每日的埋头苦读，让他忽略了与身边同学的交流，漠视了与朋友的真诚沟通；封闭在自我的圈子里，让他从没有真正仰望过美丽的天空。这种飘飘然、被人仰视、不踏实的感觉让裴森感到忧虑，他决定改变自己，让身边同学分享学习的快乐。在裴森的帮助下，周围很多同学的成绩都有了明显的进步。“人与人的沟通其实非常简单，我用我的真诚陪伴身边同学共同学习、共同体会人生的成长，当身边同学因为我的帮助取得巨大进步时我才发现，与人分享学习成果是多么快乐、多么有成就感的一件事。自主学习是快乐的，学习与人分享更是快乐的。”裴森告诉记者。

优秀是一种习惯。裴森是这样想的、这样做的，自然而然地就在稳步前进，水到渠成，就有了今天我们所看到的成果。

科研——敢于创新终起步

裴森坦言，自己曾刻意追逐过某些荣誉，可是事实证明那样反而没有得到好的结果，而且压力更大。倒是发挥自己的特点，开拓自己的科研方向，才有了后来的自己的道路。

裴森为数学与系统科学学院本科生作讲座

大二那年，他很幸运地入选了郑志明教授主持的本科生动力系统讨论班，开始了在基础数学领域的探索性学习和研究。裴森非常敬佩郑老师在科研方面给他的点拨：在他刚进讨论班开始做科研的时候就叮嘱他要突出自己的特长，找到自己的定位。一次偶然的机会，裴森在认真研读动力系统领域的经典著作时，发现一篇著名博士论文中存在一个核心错误。起初，他有些怀疑自己的判断，毕竟这一研究成果已被业界广泛接受和应用，而自己只是一个本科生，是不是有点狂妄自大、不知天高地厚呢？

“正因为你是本科生，你最大的优势就是敢于挑战权威，而不是屈服于权威，用你的实际行动拿出证据来吧！”郑志明教授的一席话让裴森信心倍增。从 2008 年 10 月起，他与讨论班的几个同学共同申请承担了大学生科研训练计划（SRTP）项目“一般单参数映射族具有正李雅普诺夫指数的拓扑条件”，开始对该问题进行深入探讨。经过一个个难忘的不眠之夜、一篇篇文献的彻夜阅读、一次次反复的证明推理，裴森和他的同伴一起攻克了一系列的难题，成功改正了文章中的错误，得到普适性结论将研究范围进一步推广，并将研究成果进行总结，撰写成论文发表在核心期刊上。裴森回忆当初还是激动不已：“以科学的态度思考问题，不畏惧挑战权威，这是我在郑老师的课题组里学到的最珍贵的知识。”

在谈到实验和科研遇到困难的感想时，裴森说：肯定是有的！不过自己的心态很乐观。科研本来就是一个探索的过程，如果什么都知道了还探索什么呢？就是因为有这样的不确定性，才使得科研的过程本身也充满了乐趣。”功夫不负有心人。持之以恒的付出使裴森在科技创新道路上收获了丰厚回报：北航第 19 届“冯如杯”学术科技作品竞赛一等奖，第 11 届“挑战杯”全国大学生课外学术科技作品竞赛一等奖，北航学生最高荣誉“金质奖章”，并代表学校赴东南大学参加第二届全国大学生创新论坛。

当被问及在科研上能取得累累硕果的原因时，裴森的回答是“踏实”。这样朴素的语言蕴含了极深刻的内涵，这也印证了北航人“行胜于言”的一贯作风。

社会实践——怀寰宇之心，励报国之志

社会实践也是裴森履历中浓重的一笔。2008 年北京奥运会志愿

裴森在北航纪念建党 89 周年大会上发言

者服务的经历让他体会到了奉献、友爱、互助和进步；农民工子弟小学的支教活动，让他读到了孩子们清澈的双眼中对梦想的渴望、对幸福的追求；“新起点”红色 1+1 社会实践团服务让他看到了祖国新农村建设的希望。

裴森对社会实践有自己独到的看法：“做社会工作，我觉得最重要的一点就是你要找到自己的位置，最适合自己而又能最大贡献自己力量的位置，这样既能够为大家服好务，自己也得到了更好地成长。”正因为有这样的初衷和一步步的努力，在各个社会工作岗位上裴森都作出了不俗的成绩。

一个小时的采访，裴森的言辞正如他的外表一样平实而真诚，没有华丽的修饰却不失幽默与深刻。正如他对自我的评价——人生在勤不索何获，这位集多种荣誉于一身的北航学子也许并非在任何场合都表现得激情四射，但他却把激情融入了 4 年来学习、工作的点点滴滴，用“扎实”的态度践行着那些也许每个人都懂、但并非每个人都能坚持做到的“显而易见的道理”，把各种看似平凡的经历化为不凡的荣誉光环和宝贵的人生财富。

如今，裴森已经被免试推荐攻读北航基础数学动力系统专业博士研究生。相信在未来的日子里，这个朴实无华、扎实肯干的北航男生，将以母校为新的起点，学好本领，用感恩的心回报社会，让青春在祖国最需要的地方闪光。

（原载《北航校报》2010 年 5 月 1 日第 787 期）

让人生的光芒在西部释放

——记北航宇航学院2007届硕士毕业生裴晓强

□ 赵创 杨晗

在同学眼中，他是一个善于学习、有魄力和亲和力的学生干部，是凝聚集体的“强化剂”；在老师眼中，他是一个有思想、工作和实践能力较强、综合素质较高的优秀毕业生。然而，放弃在北京大城市的优越生活条件，义无反顾地选择了甘肃兰州航天科技集团510所的研究工作，在很多人看来是匪夷所思，但在裴晓强看来，这将是他一生之中无悔的选择。

裴晓强

“树林看树成，更要在荒漠种绿地”

兰州，他从那个西部重要的城市来到北京，在经过近8年的学习，他毅然选择回到他的家乡，将他的光芒在那个城市尽情地释放……

裴晓强，曾获得校“冯如杯”科技作品竞赛、校天文知识竞赛、校飞行器设计竞赛、国防教育定向越野竞赛等多种活动奖项，在2007届硕士研究生毕业典礼上同时获得国防科工委优秀硕士研究生、校级优秀硕士论文、研究生振兴国防奖学金、院级优秀硕士论文四项全奖的优秀毕业生——在2007年4月这个春意盎然、即将步入社会的时刻，他的心里却少了许多毕业生对就业的犹豫和彷徨，因为他一直坚定着一个选择——回到西部家乡兰州。他将他的简历只投给了甘肃兰州航天科技集团510所。

北京、上海等大城市的就业岗位的选择面很大，但是其岗位内部的发展机遇就相对比较少。裴晓强对此作了一个生动的描述："在北京、上海这些大城市，他们的发展就如同已经绿树成荫的一片树林，而我们所能做的就是在这片树林里看着一棵棵树木成长。而在西部或者中小城市就不同，可以这么说，那里还是一片荒漠，我们需要做的就是将这片荒漠改造成绿地。"

在裴晓强看来，把荒漠变成绿地无疑是更大的工作和奋斗的动力。北京、上海等大城市人才济济，在研究生扩招的形势下，大城市的人才已几近饱和。然而在西部和中小城市，研究型人才尤其是重点大学的研究生人才仍然是十分匮乏的，因此，人才的用武之地也非常的大，竞争也有一定的优势。他打了个比方，就如同"打井"，在西部，一个会打井的人可能就可以称得上专家，然而在北京，会打井的人数不胜数，这就是一个机会十个人分和一个人选择十个机会的不同，也许在北京打井技术很高的人都不一定有机会去做这项工作，然而在西部，即便我的技术并不是很高，但是我是为数不多的会打井的人，这样的机会就非我莫属。然而往往如此，一个人的能力并不是一开始就能培养到很高的水平的，而是要在锻炼中建立起来的。

回顾我国航天事业的发展，裴晓强感慨到，"两弹一星"研究时，研制条件非常艰苦，正因为如此，"两弹一星"的成功成为了航天人永远的骄傲，这也是裴晓强选择回兰州的"定心剂"。在他看来，现在西部条件相对较差，资源相对匮乏，但那片热土却有着广阔的发展空间。

"人，在适合自己的地方才能得到最好的发展"

相比之下，北京作为一个大城市，有着其得天独厚的条件和机遇。有良好的科研条件和雄厚的科研基础，有广泛的就业资源，也有着优越的生活条件和薪水条件，然而裴晓强认为，地域、金钱都不是最重要的，最重要的是要找到适合自身发展的地方，他说："人，在适合自己的地方才能得到最好的发展。"

正是秉持这样的理念，裴晓强在已经确定保送读研时主动申请保留入学资格 1 年，担任本科生的专职辅导员。他谈到当辅导员的经历时感慨道，当初选择辅导员这个工作，是希望将自身的经历和成长中积累的一些经验，毫无保留地传递给学弟学妹们，希望他们少走弯路。他说，很多新生从中学到大学，从小城市到大城市，心理上不可避免地会形成一些落差。比如，农村的孩子来到大城市，可能他们以前在家里养成了一些成熟懂事、艰苦朴素的良好习惯，但是到了大城市很可能就容易跟风变质；另外，一些在中学期间成绩优异的学生来到大学，重点大学本来就是优秀卓越的精英聚集地，他们很可能就因为承受不了压力和成绩落差而导致心理上的问题。回顾那段当辅导员的经历，裴晓强觉得非常值得，他付出了很多，也收获了很多。

在他的学生看来，他们眼中的裴导是一个外冷内热的人。裴晓强带的 2003 级学生袁宇说："他是一个什么事都藏在心里的人。他很关心我们，很爱惜我们，但平时都不表现出来，甚至于我们还觉得他过于严格。当时我们有同学生病，比较严重，我们听到别的辅导员说，他看我们这么辛苦，虽然对我们依然很严格，但晚上却偷偷跑回宿舍里哭。这件事让我们终于体会到了他又当爹又当妈的苦心，觉得非常感动。" 2003 级另一名学生纪欣言说："由于宇航学院的工科特色，宇航学院的女生很少，裴导对我们呵护备至，在我们的心中他一直就如同大哥哥一般。虽然他是个男辅导员，但却十分细心，班里每个女生的生日都印在他的脑海里，然后准时地为我们送上礼物。"纪欣言感叹到，那一年裴导送给她的生日礼物——小钥匙链，至今她都悉心珍藏着。

选择西部，如同选择当辅导员一般，都是他对自身定位的精心考量后的决定。西部，可能对于很多人来说，是偏远和落后，但在裴晓强看来，那却是他给自己人生的定位，是他充满激情施展拳脚的地方，是那个适合他的地方……

"志于航空航天，志于国防，志于西部"

在谈到去兰州工作的另一个原因时，裴晓强说，投身航天事业，投身国防，投身西部是北航宇航学院的优良传统。宇航学院的老师和同学都对振兴祖国的航天事业有一种强烈的认同感，把自己能进入航天科研领域视为极大的荣耀。同其他同龄人不同的是，宇航学院的同学们所崇拜的明星，不是周杰伦这样的娱乐天皇，也不是詹姆斯这样的体坛精英、比尔·盖茨这样的商界巨鳄，而是戚发轫、袁家军这样一心从事科研、不问功名利禄的航天英雄、校友。在他们眼中，航天事业虽不是那种最耀眼的职业，却是最能实现他们人生价值的归宿。

宇航学院研究生指导主任杨立军认为，现在的大学生普遍对求职没有一个清醒的认识，考虑的只是地域与工资，而对祖国最需要的西部却很少有人问津。因此，像北京、上海这样的一线城市往往因为人才饱和而导致求职竞争激烈，工作压力大，一份很普通的工作往往有几百人去竞职。尽管如此，还是很少有人愿意离开大城市到偏远的西部，尽管那里充满机遇，人才匮乏，需要大量的人才去充实。

在裴晓强的导师、宇航学院副院长黄海教授的印象中，出生在兰州的裴晓强对家乡有着一种强烈的责任感。他回到西部，投身国防事业，并非“不得已而为之”的选择，而是最初就已经决定好的。国防科工委月球探测中心办公室曾到北航宇航学院来要毕业生，学院推荐了裴晓强。面对导师和学院领导的青睐，裴晓强婉言谢绝了。他还是坚持选择回到家乡甘肃兰州，在航天科技一线从事研究工作。

每个人的个人荣耀和成功并不是最重要的，而一批人才带领一个地区的成功和发展，这才是改变一个地方贫困落后的根本方法。裴晓强就是抱着这种认识决定回到西部。“家乡养育了我，把我从兰州带到了北京，让我接受了先进的教育。现在，是我回到家乡，回报家乡的时候了。”裴晓强还说道，父母对他的选择并不赞成，认为好不容易学有所成应该在北京找一份好工作，留在北京发展。“其实，父母都是希望自己的孩子过得好的，只要孩子幸福，他们也就满足了。但是，在他们内心深处，何尝不是希望能和自己的孩子在一起，共享天伦之乐呢？我回到了兰州，可以有更多的时间和父母待在一起。因此，从某种程度上，是对家乡的责任心驱使我作出了这样的选择。”

裴晓强认为，相对艰苦的环境和条件下工作更能磨炼自己的意志，在以后的工作和生活中，遇到挫折和困难会促使自己变得更加成熟。就像同样是登山，有些人选择缆车，有些人却选择徒步攀爬，虽然结果一样能到达山顶，但过程的大相径庭往往使得意义完全不同。前者固然轻松，但却体会不到登山的乐趣；后者固然劳累，但却体会到了奋斗的价值。

“可持续地快乐生活、工作一辈子”

在被问及是否会在兰州作出一定的成绩就回到北京时，裴晓强这样回答：“我愿意在兰州工作一辈子，这并不意味着对北京的排斥，只是北京激烈的竞争环境对我而言会产生巨大的工作压力，并不利于我的能力的施展。而兰州，工作压力相对较小，工作之余还可以多享受生活的乐趣。这样的生活是平衡的，是一种可持续的快乐。很多人选择工作和生活，仅仅是为了一个大城市的户口、优厚的工资等而忽略了其他很多更重要的东西，这样反而得不偿失。

裴晓强风趣地谈到：“一口吃一个胖子，是很容易噎住的。生活就应该像吃饭一样，一口口慢慢地吃，细细地品尝，才能体会到乐趣。”他认为“学习、工作、生活、娱乐”每个方面都应该充斥着每天的生活。这样的生活才是有效率的，积极健康的。“鱼和熊掌不可兼得”，可持续的快乐也是裴晓强在做出自己人生的选择时所看重的。

裴晓强以“黄豆效益”结束了我们的访谈。他将自己比作一颗黄豆，在北京可能最多被磨成豆浆，而剩下的豆渣就无用武之地了，然而这个黄豆如果放在西部，他就可以尽其所用，剩下的豆渣也会当成肥料，带来新的成果，甚至带来比原来更大的效益。他认为，地域和金钱并不是最重要的，一个优秀的毕业生，应该以自身的定位为准，用长远的眼光，作综合的考虑，要做到“学得多，用得更多”。裴晓强不赞成在西部有了一定发展后再回到大城市的观点。他认为，回到家乡是其义不容辞，也将是他乐于享受的生活。“回到西部，回到家乡，我并不准备以家乡为跳板，有所成就后再到大城市发展。我是一心一意地要留在那个地方，如果可以，我希望是一辈子。”

“西部，是培养我的地方，我的父母将我送到了北京来学习，现在，是我学有所成后，回到家乡释放光芒的时候了。”2007 年 4 月 11 日，

裴晓强（左二）与杨利伟等合影

在裴晓强踏上了西行的列车，正式走上工作岗位的前一天，他的话语里充满了诚恳、坚定以及对未来的期望。

（原载《北航校报》2007 年 4 月 21 日第 699 期）

用爱诠释生命的意义

——北航研究生尤升磊的临终抉择

□ 曲文卿 贾爱平

尤升磊

2008 年 5 月的北航，每一个人的心中都被一个 23 岁的青年感动着。这个青年在临终前委托父亲将治病剩余的近 4 万元捐给四川灾区，委托父亲帮他交纳人生最后一次党费，而他自己，则带着一颗爱与感恩的心永远地离开了他深爱的北航校园。

这个青年，就是机械工程及自动化学院 2007 级硕士研究生尤升磊。他用自己的行动和爱诠释了一个灿烂的 23 岁生命的价值和意义……

"我很幸运能生活在北航这个温暖的大家庭中，病好后，我要努力学习，献身于国家的航空航天事业"

尤升磊来自山东省临沂市莒南县的一个普通农民家庭，2007 年 9 月，怀着立志投身航空航天事业的梦想，他由石家庄铁道学院考入北航机械工程及自动化学院攻读硕士学位。但谁也没有想到厄运会突然降临到这样一个充满阳光与梦想的年轻学子身上。2008 年 1 月 27 日，在寒假回家的路上尤升磊突然患病，当家人把他转到北京的医院检查后，被确诊为 "W5 髓细胞性白血病"。

腊月二十六，尤升磊从山东辗转回北京治病，此时大部分同学都回家过年了，尤升磊的宿舍只剩下一个同学张国庆在，而他也已经订好了当晚回家的车票。但当听到尤升磊患病的消息后，张国庆立刻向学校汇报了情况，并把车票退掉，帮助尤升磊及其父亲到校医院办理相关手续，并到医院陪伴尤升磊。由于尤升磊病情紧急，校医院特事特办，为了不耽误医治，迅速为他开具了 9 万元住院支票。校医院院长陈章峰还向尤升磊父亲详细讲解白血病护理常识，并向他介绍北京治疗白血病的专业机构。大年初二，同学巫鹏伟听到消息后提前返校到医院照顾尤升磊。机械学院党总支书记满庆丰，研究生指导主任曲文卿，尤升磊的导师梅中义，以及机械学院的陈永红、王春杰、席平等老师和尤升磊班上的同学几乎每天轮流去医院看望，询问病情和需要做的工作。

尤升磊的父母都是普通农民，除了种田收入外，没有其他收入，家里还有一个妹妹在外打工。面对每天高额的医疗费用，尤升磊的家人一筹莫展。得知情况后，尤升磊的同学和老师立即在北航校园组织了“情满人间、生命因爱延续”的募捐活动，为尤升磊筹集医疗费用。第一次就募集到 67452.84 元。这笔钱马上交到了尤升磊父亲的手中，解了燃眉之急。之后，机械学院又在该院教师范围内再次为他捐款，北航离退休老同志、北航教育基金会也为他筹款，最后捐款总额达到 96394.84 元。

医院的医生和护士对尤升磊说：“你有这么好的老师和同学，相信你一定会战胜病魔的！”尤升磊在感谢医生和护士的同时，他深深地知道，是同学的照顾和老师的关怀又唤起了他生活的勇气和动力。他也知道北航历来就是一个爱心互助的温暖大家庭。他所在的机械学院 1997 届本科毕业生王贵宝在校期间父母双亡，是在学校的大力支持和帮助下才顺利完成学业的，因而毕业 8 年后，王贵宝于 2005 年返回母校，捐款资助贫困学生学习，他当年的同班同学也踊跃响应，共同设立了“王贵宝贫困助学基金”。2002 级学生周宇于 2005 年为素不相识的病人捐献了造血干细胞。2007 年 4 月，北航师生还为已毕业的患脑膜炎的 2006 届学生马军民捐款 6 万余元。在病中，尤升磊吸取了精神的力量，也坚定了积极治疗、坚持学习，将来报效祖国的决心。

在老师和同学们的关怀帮助下，经过医院的悉心治疗，尤升磊的病情曾一度得到控制。他感觉长时间没有上课，非常渴望学习，病床上一直放着《VC语言编程》、《图形学》、《航空制造技术》等书籍。他还多次对同学和亲人说，“你们知道我们国家正在上大飞机的项目吗？我毕业后一定要到我国大飞机制造领域中去工作。”党支部讨论了尤升磊党员转正申请后，特地在医院他的病床前向他宣读了顺利转正的通知。当时他感觉身体状况有所好转，看见支部同志非常高兴，有说有笑，连声道谢，并汇报说经常在床头复习功课。

尤升磊深情地对他的父母说：“生病是不幸的，但我很幸运地能生活在北航这个温暖的大家庭中。生病让我更深地懂得了生命本身，更深地懂得了爱与感恩，我要回报北航师生给我的爱，病好后，我要努力学习，献身于国家的航空航天事业。”

“升磊一边吸氧，一边一字一句地跟我说，如果他不行了，就把学校捐给他的治病的钱都捐给灾区……”

根据治疗需要，尤升磊于2008年3月28日转入北京道培医院进行大剂量的化疗，他承受着常人无法忍受的化疗副作用的折磨，恶心、呕吐、腹胀，但是这一切都没有打倒他。在病痛时，他仍不忘安慰父母和同学，让他们不要太难过，不要为他担心。进入5月后，尤升磊的病情突然急剧恶化，各器官开始出现严重的衰竭现象。2008年5月14日，尤升磊永远地离开了与他朝夕相处的老师和同学，离开了他深爱着的北航。

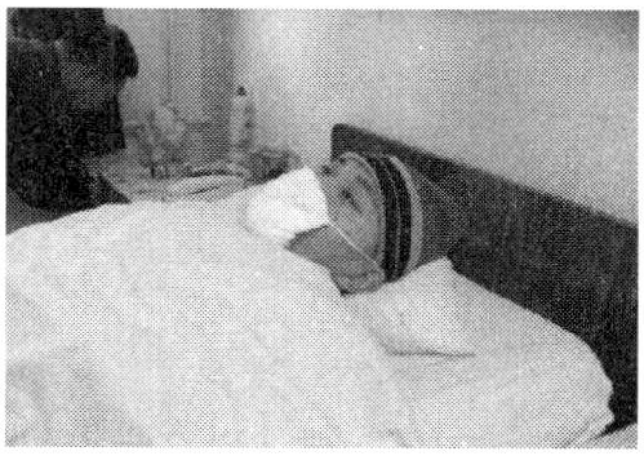

尤升磊在病床上

就是在5月12日他生命中的最后时光，他听到了汶川大地震的消息。14日一早，他吸着氧仍旧感到呼吸困难，但他却再次叮嘱家人一定要把治病剩余的钱送到灾区需要的人手中，委托父亲向他所在的党组织交纳自己人生的最后的一次党费，并委托父亲向北航师生表示感谢。

尤升磊去世当天，他的七名同学在辅导员带领下赶往山东临沂莒南县，参加他的葬礼并代表学校给尤升磊父母带去5000元慰问金，但是，他们家里把这笔钱和剩余的治疗款都放在一起，全家人又凑了一些钱，随后专程赴北航完成尤升磊临终前的心愿。

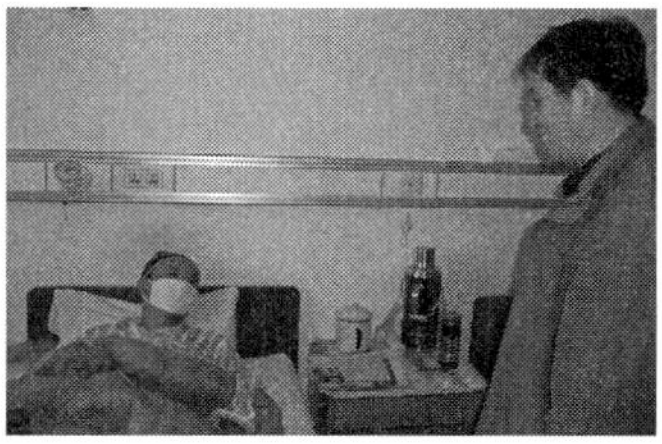

学院领导看望尤升磊

5 月 18 日，尤升磊的父亲带着永远定格在 23 岁的年轻生命的临终嘱托，从山东临沂坐了 11 个小时汽车连夜赶来北航。“那是 5 月 13 日，当得知地震发生的消息后，还在病床上的升磊跟我说，想给灾区捐款，我说你放心吧，等你病好了咱们就捐，谁知，14 日一早升磊就……”尤升磊的父亲哽咽着说，“当时升磊感觉到自己呼吸困难，一边吸氧，一边一字一句地跟我说，如果他不行了，就把学校捐给他的治病的钱都捐给灾区……”

在捐款现场，这位质朴的山东籍农民深深鞠躬，回顾了儿子患病之后北航师生所给予的无私关怀和热情捐助，表达了尤升磊及其全家的由衷感激之情：

“今天，我代表尤升磊来北京航空航天大学完成三个遗愿：一是，在我们最困难的时候，北航师生帮助了我们，我们对北航所有关心支持我们的老师和同学们表示衷心的感谢；二是，我们要将北航捐助尤升磊的善款余额通过北航转捐四川灾区，将这份爱心传递下去；三是，帮他交纳人生最后一次党费”。当尤升磊的父亲尤开峰将 39643.84 元善款和 2000 元党费郑重地交到党委常务副书记谭振亚手中时，在场的人员无不为之落泪。仪式结束后，一名四川德阳家中受灾的学生感动地与尤升磊的父亲深情拥抱，代表家人和灾区人民向他表示感谢。

“北航感动了尤升磊，尤升磊也感动了我们，我们要尽自己的一份力量，用爱让生命延续……”

2008 年 5 月的四川，很冷。5 月 12 日的汶川地震，让山河呜咽，举国同悲。而 2008 年 5 月的北航，很温暖。尤升磊临终托父将治疗剩余善款捐献灾区事迹迅速在北航校园内传播开来，同学们都深受感动和教育。北航校园一次次地掀起为四川灾区捐款和献血的热潮。北航学子也多次要求为灾区献血，根据北京市血站的需要，针对当前紧缺血型，分两次共有 300 多人光荣献血，1000 多人完成了血型备案。

在 5 月 19 日下午六食广场的捐款现场，记者遇到一个多次捐款但不愿留下姓名的研究生，他说：“这是我的第三次捐款。尤升磊的事迹让我感动，我感觉我们北航的研究生有义务把这份爱心继续传递给四川灾区”。

北航大飞机班的研究生听说后，表示一定要努力完成尤升磊未竟的遗志，把自己的人生融入到祖国航空航天事业中去。尤升磊的同学们在网上论坛中深情地写道：

“他曾经是一个风华正茂的青年，是一个刻苦攻读的学子，白血病病魔无情地夺去了他的生命，但是他的三个遗愿深深地打动了我们！”

“尤升磊同学虽然已离我们远去，但他的精神将和中华民族的精神一起，永存于我们心中！”

“仁慈与善行，虽寂静无声，却可水滴石穿。北航感动了尤升磊，尤升磊也感动了我们，我们要尽自己的一份力量，用爱让生命延续……”

（原载《北航校报》2008年6月11日第734期）

科研小忙人

——记北航 2011 年度金质奖章获得者孙睿晨

□ 陈 鹏

孙睿晨

21 岁的年纪，刚刚大学本科的学历，但言语间，已经能够感受到孙睿晨在生命科学领域的累积，一个个听起来十分拗口的专业术语不断从她的嘴中冒出，这背后，是她大学 4 年从事科研的积淀。

对科研的浓厚兴趣，在孙睿晨看来还要得益于高中时期的学习，孙睿晨高中时就读的华南师范大学附属中学十分重视对学生的全面培养，这让她始终保持着对知识的好奇心和兴趣，加上父母都从事科研工作，耳濡目染让她从小痴迷于科学研究。

从小就成绩优异的孙睿晨高中毕业后顺利考入北京航空航天大学生物与医学工程学院。初入大学校园，不少同学正忙着享受高考厮杀后的轻松，孙睿晨却已经有了自己的计划。

大一时，孙睿晨就开始坚持阅读每期的 *Nature* 和 *Science* 杂志，最初是在学校的图书馆里，后来干脆自己订了这两份杂志。虽然杂志中有很多专业性的英文词汇，一开始读起来有很大的难度，但孙睿晨还是很享受这个过程，每有一些体会或是读懂了相关的原理就会令她十分兴奋。

“书本上的知识都是成果的展现，而看不到研究的过程”，大二时，孙睿晨给本学院的戴克胜老师发邮件，申请进入其实验室进行科研训练。她强烈的科研愿望受到了戴老师的欣赏，面试过后，孙睿晨如愿以偿，开启了自己从事科研的第一步。

“老师还有自己的研究生和博士生，所以很多时候自己要主动去想去做”，在半个学期的科研训练中，孙睿晨一有时间就跑到实验室，即使是在和师兄师姐的沟通中，她都认为自己学到很多。

2010年暑假，一次偶然的机会，孙睿晨在网上看到了瑞士洛桑大学暑期科研项目正在招募科研学生，本来没抱希望的一次尝试最终却给她带来了惊喜，她被暑期科研项目录取，并在对方的全额资助下赴瑞士开展了8周的果蝇神经生物学研究，而她也是这个国际科研小组中唯一一名中国学生。

在瑞士期间，孙睿晨进行了“一种新发现的化学感觉受体，在果蝇幼虫对味觉的感知过程中起到的作用”的课题研究。为此她进行了动物行为学的相关实验和研究，在特制的培养皿中，将野生型果蝇幼虫对该培养皿中的味觉刺激物的反应，与突变掉IR25a基因的果蝇幼虫的反应量化后进行比较与统计学分析。

经过两个月的研究，孙睿晨的数据很好地证明了IR25a这个受体在果蝇幼虫对于感知环境中游离的谷氨酸根离子有着重要的作用——野生型的果蝇幼虫能正常感知到环境中的谷氨酸根离子，而IR25a突变体不能，二者之间具有显著性差异。

她的课题在新的研究方向上做出了一次有益的探索，并得到了洛桑大学教授们的认可。项目结束后，洛桑大学举行了一个报告会，将孙睿晨和课题组其他成员的科研成果做成海报进行了展示。

“这是我第一次在国外先进实验室进行科研，和不同国家的学生在一起学到了很多，他们的合作精神很强，而且很有牺牲精神。”瑞士洛桑大学的这次暑期科研项目，让孙睿晨收获的不仅是科研成果本身，更有来自不同文化背景下的相互学习。而至今仍留给她很深印象的，是导师给了他们很大的自由空间，并十分尊重他们的每一个想法。

有了上一次的成功合作，2011年寒假，她再次赴瑞士洛桑进行生物信息学的实习，在5周内出色地完成了两个课题。

虽然刚刚处于本科阶段，但孙睿晨却在科研上不断对自己提出要求，一旦有机会，她就会全力去争取，认真去对待，在科研上她闲

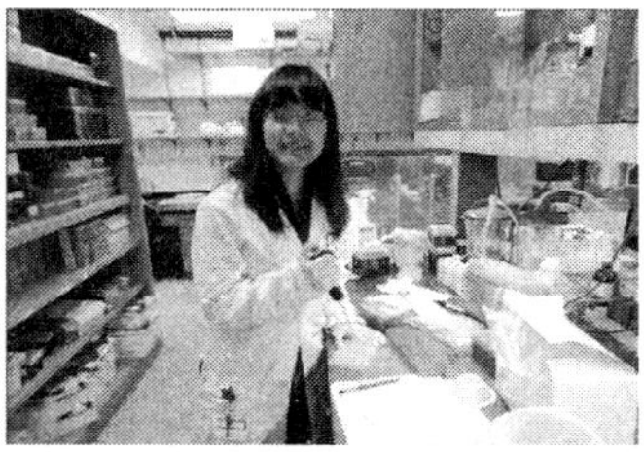

孙睿晨在实验室

不下来。

孙睿晨的大部分时间都待在实验室里，“在科研工作的过程中，认识到了很多不同的人，大家都非常友善。”实验室的其他科研人员，也都把她当做小妹妹一样照顾，这令她在生活中从没感到过孤单。

2011 年暑假，孙睿晨又获得了美国加州斯科普里斯研究所的暑期科研项目的全额资助，开展“在动脉粥样硬化过程相关的细胞中小 RNA105 对于 2 号 Toll 样受体（Toll-like receptor 2）的调控作用”的研究，她的研究成果依然出色，并指导了整个课题组的研究方向。

2012 年新年刚过，孙睿晨就接到新加坡国立大学教授的邀请，赴新加坡进行毕业设计，同时，她还在申请本科毕业后去美国攻读博士学位。

对于将来，孙睿晨“不敢”有很高远的畅想，因为在她看来，生命科学是一个很宽广的领域，科研也需要一步一步踏踏实实地去做。

这个即将结束自己本科阶段学习、又从事了很多科研活动的“小忙人”，只是希望自己能做出一流的科研成果，使基础科学能够更直接更有效地去服务社会。

（原载《中国青年报》2012 年 2 月 20 日）

航空报国　献身国防

——记北航 2011 年度金质奖章获得者宫建

□ 东　方

宫建，男，汉族，中国共产党党员，1989 年出生于山东淄博，现为北航能源与动力工程学院 2008 级本科生（国防生）。大学期间，宫建一直刻苦学习科学文化知识，提高思想认识，积极参加各类学科、科技竞赛及文体活动，表现优异，现已获得北航能源与动力工程学院流体机械及工程专业免试攻读博士学位的资格。三年来，他担任过北航能源与动力工程学院学生会社会实践部副部长，组织部部长，小班学习委员等职务。先后获得了“国家奖学金”、“优秀生”、“学习优秀一等奖学金”、“西飞奖学金一等奖”、“‘冯如杯’二等奖”、“校数学竞赛二等奖”等荣誉。

宫建

过硬的政治素质是对一名国防生的基本要求。宫建同学一入学就积极向党组织靠拢，第一批提交了入党申请书，以优异的成绩从北航学生党校毕业，在院系的入党答辩中，从众多申请人中脱颖而出，成为班内第一批加入中国共产党的同学。入党后，他加强了对党的理论的学习，积极参加学校及学院组织的各类党建活动，关注时事政治，紧跟时代步伐，坚定政治立场。是非面前信念坚定，实事求是，认真学习马列主义、毛泽东思想、邓小平理论、“三个代表”重要思想及科学发展观，不断提高自身政治素质。

学海无涯，追求卓越。本科期间，宫建始终保持高度的学习热情、认真的学习态度和刻苦的学习精神。“少而不学，老而无识”。他深知打好专业知识基础对于日后走上工作岗位、奉献自身力量而言具有无可替代的重要意义。他也曾为了某项学生活动而“翘课”，也曾在考前“刷夜复习”，但更多的是注重平时的积累，抓紧点滴时间学习巩固，扎扎实实学好每一个知识点，一丝不苟完成每一个实验。他不喜欢“单打独斗”，“独学而无友，则孤陋而寡闻”。他乐于和同学一起自习，一起交流。相互督促，相互学习，共同提高是他追求的目标。在学好专业课程的同时，他注重广泛涉猎，全面汲取知识，积极参加数学、英语、科技等多项竞赛，先后获得“北航数学竞赛二等奖”，“北京市大学生物理竞赛三等奖”。

经过三年的刻苦努力，宫建以大班总评成绩第二(全大班150人)，大二、大三学年连续两年单学年成绩第一（大班150人）的成绩获得面试攻读博士学位的资格。

“对于一个本科生而言，参与科研实践的过程有时的确比较辛苦，占用很多时间，很多东西都要重新学习，但正是这个过程却又是一种极好的锻炼，也是一种学以致用的机会。”宫建认为，科研实践活动正是践行“知行合一”的最好舞台，从中既能收获丰富的知识，也能得到无穷的乐趣。

2009年9月，宫建参加SRTP项目“自主演示风洞”，设计一种用于教学演示的风洞，为流体力学、气体动力学等课程提供一种有用的工具。画出整个构造的图纸，得到评委老师的一致好评。同时，他参加“国家大学生创新性实验计划”的答辩，但由于还处于大二的他知识面相对较窄，答辩没有通过。但这次失败为他后来的成功奠定了基础。2010年9月他再次参加“国家大学生创新性实验计划”的答辩，这次的题目是“超行程移动燃烧室”，这次的答辩异常顺利，顺利通过答辩后，获得20000元基金支持。

2011年春天，宫建参加了“冯如杯”科技竞赛，其中“菱形转子发动机”项目获“冯如杯”二等奖。这是他无数个晚上通宵夜战，设计图纸、加工零件、打磨缸壁换来的成果。

宫建与他的SRTP项目“自主演示风洞”

自大一入学以来，他坚持全面发展自己，加入院系学生会社会实践部，举行“赴红星小学宣讲”活动，先后组织数十人次前往农民工子弟小学——红星小学宣讲，把航空航天的精神传播到小学校。随后担任社会实践部副部长，协助学院主持北航“节能减排”大赛，将节能的观念普及开来。大三学年，宫建任学生会组织部部长，协调整个分团委学生会的工作，联系校团委和分团委，传达上级指示，传递下级意见，成为分团委的中流砥柱。主持举办两年一届的学院大型活动——“动力之星”颁奖晚会，获得学院领导的一致好评。

从平凡到优秀，从优秀到卓越，“德才兼备，知行合一”的北航校训宫建始终牢记，他将插上飞翔的翅膀，为祖国的航空事业和国防事业做出自己的贡献。

（原载《北航校报》2012 年 3 月 1 日第 838 期）

把简单事情做好，它就不再简单了

——记北航 2011 年度金质奖章获得者张永健

□ 若 曦

张永健

张永健，男，汉族，生于1989年，云南建水人，中国共产党党员，北航仪器科学与光电工程学院2008级本科生。现任北航3817大班党支部副书记、中国仪器仪表学会学生会员，曾历任仪器光电学院第6期院党校小班长、北航第48期校党校小班长、北航3817大班党支部宣传委员等职务；曾连续三年获国家励志奖学金、多次荣获北航学习成绩优秀奖学金、获中国仪器仪表学会奖学金，荣获北航第21届“冯如杯”科技竞赛一等奖、2011年全国大学生电子设计竞赛北京市二等奖，并获得北航“大学生科技明星”、北航校级“三好学生”、“仪器光电之星”等多项荣誉称号。

张永健来自云南省红河哈尼族彝族自治州，那里民风淳朴，风景秀美，气候宜人，但是那里的教育水平却相对较为落后，所以从2008年跨入北航校门的时候开始，他就下定决心要好好学习，增长才干，将来为家乡的建设贡献自己的一份力量。在过去的三年半的大学生活中，张永健从课堂上、图书馆获得了丰富的基础知识，从科研项目的经历中锻炼了动手能力并实践了基本的科研方法，从社团活动和社会实践中学会了待人接物。这一路上，他踏踏实实地走着每一步，力求让自己在学习和生活的点滴中成长，“这让我保持着一颗积极向上的心，更让我找到了勇气追逐梦想，超越自我”张永健如是说。

拥有远大理想，所以仰望星空。张永健从跨进大学校门的时刻开始，就立下了报效祖国的远大志向，而实现这个理想，有着多种不同的途径，为了更好地实现报国的理想，张永健一直在努力着。很多人觉得报效祖国是一件很空的事情，但是他却不这样认为，“报效祖国，不一定非要去守卫边疆、去支教才叫报效祖国，到祖国最需要的地方，去祖国最需要的行业，为祖国的强盛贡献自己的一份力量，将自己的作用发挥到最大，这才是更好地报效祖国，也才能起到更大的作用”。

做好简单实事，所以脚踏实地。“把简单的事情做好了，它也就不再简单了”——有这样的一句格言，张永健也一直践行着这样一条格言。所以他能够在学习上踏实认真，把简单的事情做好了，老师布置的每一次作业、需要提交的每一次报告、需要调试的每一段代码、同学的每一次请求帮助，哪怕非常简单的一件事情，他总是在力所能及的范围内做到更好，这也使得他在每一次的简单小事中积累、磨炼、成长。踏踏实实办事，认认真真学习，诚诚恳恳待人，他践行着自己的格言，“仰望星空，脚踏实地”，胸怀远大的理想，踏踏实实做好身边的小事。

张永健来自农村，深知父母的不易，靠着国家的助学贷款解决了学费，在程先安助学金的帮助下有了第一笔生活费。在四年的大学生活中，在合理处理好学习工作的同时，他积极参加各种学校的勤工助学活动，担任过图书馆勤工助学岗位助理、暑期的楼管助理、门卫助理，担任过家教等，他的生活费几乎都来自勤工助学的补贴和学校每年的助学金、奖学金，四年来很少向家里要过生活费。“天行健，君子以自强不息”，他一直这样激励自己，自强不息的精神在他的身上得到了很好的体现。暂时的贫穷并不可怕，可怕的是精神的贫困，所以他坚持天天进图书馆，在图书馆里如饥似渴地学习。“当我看到一本好书的时候，我就会非常地冲动，很想把它一口气读完；而当我新接触到一类新知识的时候，我也总是有一种很想把它学会的冲动”，他这样说，而他也总是保持着一颗谦虚好学、求知上进的心。

在努力学好基础课程的同时，张永健积极参加学校组织的各项科技实践活动：2009 年 12 月，他和另外的两名同学申请了一个大学生科研训练计划（SRTP）项目——基于凌阳单片机的车载式防醉驾仪，已经顺利结题，得到评委老师的一致认可。次年10月，他作为第一作者又申请了一个SRTP项目——智能门铃系统，尚未结题。张永健很早便进入实验室学习锻炼，起初是做SRTP项目，后来便进入到学院的捷联惯导实验室，从事MEMS导航方面的研究。

“我觉得这个奖不仅属于我个人，更属于曾经帮助过我的所有人：班主任王玮老师、项目指导老师徐烨烽老师、辅导员徐韬、佟杰等等许许多多在我成长的道路上给予过我帮助的人，没有他们就没有这个荣誉。”在谈到金质奖章这个奖项时，张永健坦言，从步入大学校门的时刻到现在，自己得到了许多人的许多帮助，在刚进入校门的时候，程先安助学金给了自己第一笔生活费；在自己最迷茫的时候，是班主任王玮老师找自己谈心，给自己指明了前进的方向；在做项目最艰难的时刻，是徐烨烽老师给了自己项目和生活上的指导；在生活上最困难的时候，是徐韬、佟杰两位辅导员给予了最无私的帮助等等，这样的事情还有许多许多，谈到这些的时候，我们可以感受到他心中充满着无限的感激之情。

“我们要常怀一颗感恩的心，从小到大有很多人给了我很多帮助，我只要有一点能力，就要回报社会。”张永健觉得北航有非常浓烈的学习科研氛围，有一种不甘人后的精神始终在鼓舞着他，使他有危机感，从而通过努力而变得更加优秀。正是怀着这样一颗感恩的心，张永健勇于承担社会责任，加入过蓝天志愿者协会，参加“挑战杯”等志愿服务活动，加入过北航红十字协会，参加过无偿献血活动。他用自己的行动诠释着自己对“责任”与对社会感恩的理解，用自己的实际行动展现着服务同学的理念，也展示了他作为一名中国共产党党员的形象。

“乐观开朗、积极主动，具有高度的责任感；待人真诚、诚实守信，具有很强的团结协作意识；吃苦耐劳、勇于挑战，具有较强的开拓创新精神。”这是张永健简历中对自己的一个评价，我们用来做今天的结语。四年的大学生活已经在张永健的心中播下一颗种子，风霜雨露，经年累月，最后成熟的果实尚不知晓，那么就让我们一同默默地关注，默默地祝愿，正如期待每一个在新主楼、图书馆、教学楼中耕耘青春的北航学子能够有“长江后浪推前浪，一代更比一代强”的表现。

（原载《北航校报》2012年2月21日第837期）

千淘万漉虽辛苦　吹尽狂沙始到金

——记北航2011年度金质奖章获得者练虹怡

□ 云 清

练虹怡

第一次见练虹怡，你可能会觉得她是个性格孤傲、不易接近的人。一旦你了解她，你会发现她不过是个简简单单、个性随和的南方女子。海峡西岸的福建省，给予了她南方的灵动与娴静；北京的求学生涯，却赐予了她北方的爽朗与执着。

四年前，练虹怡带着对大学生活的憧憬进入了北航法学院学习。刚入学时，法律的博大精深深深地吸引了她，但其晦涩难懂的语言和艰深抽象的理论却让她徘徊在法学大门之外。于是她大一的日子有一大半都在自习室中度过。一个学期下来，虽然她的成绩位于全系前十，但她并未体会到大学生活的乐趣。大一下学期，她抱着重在参与的心态，参加了北航第十九届“冯如杯”学生学术科技作品竞赛，没想到却成为了为数不多的获二等奖的大一学生。面对着未来三年的专业学习的道路，她认真地反思了自己的学习方法和学习态度。她渐渐认识到，大学和高中的区别，在于综合素质的培养，而非成绩的排名。

于是大二开始她便积极参加各种社团活动。从挑战杯志愿者，国际福祉博览会志愿者等各种志愿活动，到法学院主办的多场国际国内学术会议的会务与翻译工作，许多活动中都能见到练虹怡活跃的身影。

大二下学期，她经过外国语学院的多轮选拔，从全校一千多名英语口语的精英中脱颖而出，成为北航首届“口语精英班”的成员之一。她在精英班的培训和教学中表现突出，被选为校英语辩论队和演讲队的主力成员，和搭档们一起多次代表北航参加国内英语辩论及演讲比赛。

此后，她的舞台便从志愿活动和学术会议现场变成了英语辩论和演讲的比赛场地。她先后获得了2010年5月全国大学生英语演讲邀请赛三等奖，2010年10月北京市大学生英语演讲比赛三等奖等多项荣誉。在演讲和辩论的同时，她还积极将辩论与演讲的技巧融入专业比赛中。2010年5月，她第一次参加了正式的法学专业的比赛——英文模拟法庭。在由美国国际辩论教育协会与西安交通大学共同主办的首届China Open国际辩论中国公开赛英语模拟法庭的比赛中，她与电子信息工程学院2009级的王笑月同学崭露头角，力压群雄，获得了冠军，她个人同时荣获了“Best Oralist”（最佳陈述人）称号。这样的成绩也令其他选手甚至评委们惊讶，因为同场比赛的有许多是法学和英语专业的研究生，两个年轻的本科生，能在英文模拟法庭中有所斩获，确属不易。

赛后她和王笑月同学受主办方美国国际辩论教育协会的邀请，于2011年3月份赴美国波士顿进行法律游学。交流期间，在模拟法庭主裁判Elise Loukas的安排下，练虹怡同学参观了哈佛大学、麻省理工学院等美国一流学府，参加了哈佛法学院的午间讲座，旁听了萨克福郡法学院的宪法及口头辩论课程。同时，为了更加深入地了解英美法系的庭审制度，接待方还安排了米德尔塞克斯郡遗嘱检验和家庭事务法庭（Middlesex County Probate and Family Court）及全美法学院模拟法庭比赛（ABA Moot Court Competition）的旁听活动。此外，在活动期间练虹怡同学还与美国法律界人士进行了友好的交流，双方互相介绍了本国的法律制度与相关法律知识，并对当前法律热点问题进行了讨论与学习。她谦虚好学的态度受到了美国友人的好评，也让她自己学到了许多美国法律知识。

练虹怡（右三）等北航法学院学生参加中国第九届Jessup国际法模拟法庭全国选拔赛

练虹怡（右一）等获得首届China Open国际辩论公开赛模拟法庭比赛冠军

在比赛和出国交流的同时，练虹怡在学习上始终没有松懈过。她仍然保持着大一时泡自习室的习惯，但学习方法的改变，让她对专业知识有了更深的兴趣，也打下了更扎实的知识基础。终于，她的努力让她一跃成为全系第一，并获得了2009—2010学年国家奖学金，北航学习优秀奖一等奖学金。同时，她再一次获得了第二十届“冯如杯”学生学术科技作品竞赛二等奖。这样的进步让她更加确信，作为一名北航学子，学习固然重要，但更重要的，是综合素质的培养，是个人能力的提升。

大三的练虹怡，更加注重专业知识的积累和国际化视野的培养。2010年10月，她凭借着扎实的法律和英语基础，击败了来自全国140多所大学的300多名竞争对手，获得了第三届全国大学生法律英语大赛论文类一等奖（共十名）的好成绩。大三下学期，她又通过了北航和中日友好协会的多轮选拔，作为中方同时也是北航学生代表之一参加了第八届中国大学生“走进日企感受日本”访日团，在2011年3月日本大地震后随团赴日参观交流，对日本大阪、京都、静冈、神奈川、东京、千叶等地顺利进行了为期十天的访问。练虹怡同学此行，不仅加深了她对日本企业文化、经营管理理念、农业发展情况及传统文化的理解，还让她对日本以及日本人民有了新的了解与认识。尤其是日本社会对环境法的严格遵守与执行，让练虹怡同学印象深刻，也激发了她对于国外法律的制定和实施的思考。

2011年9月份，经过两个月的复习，她顺利通过了国家司法考试，向职业法律人的目标迈进了新的一步。同时，她受北航公益法律服务中心执行主任陈巍老师的邀请，加入了中心的核心部门诉讼部与外事交流部门外事组，参与法律援助工作的对外交流，协助律师出庭诉讼及处理案件等方面的事务。此后，她进入海淀区人民检察院实习，两个月的实务操作，也加强了她处理法律实务的能力，培养了她的专业能力。

练虹怡除了在学习和课外活动方面保持着很高的热情之外，在思想上也是一位积极追求上进的同学。她连续两年荣获北航“三好学生”荣誉称号，2010年荣获优秀共青团员称号。2010年6月，她光荣地加入了中国共产党，成为了一名中国共产党党员。

在北航法学院三年多的时间里，练虹怡同学从一个普通的文科学生成长为有着扎实的法律基础和较强的法律实务能力的法学院学子。这样的成长，与北航严谨的学风、法学院深厚的人文气息是密不可分的。北航和北航法学院带给她的，是一种沉稳而细腻的魅力，“因思考而美丽，因公正而坚定”，“高山仰止，景行行止。虽不能至，心向往之。”这些正是北航法学院学生的信念与一生的追求，也是练虹怡同学在平时学习和生活中所坚持的。雄关漫道真如铁，而今迈步从头越。象征着北航学生最高荣誉的金质奖章，对练虹怡同学来说，是肯定，是激励，更是鞭策。所有的光环和荣耀都将属于昨天，面对以后未知的道路和人生路上种种的挑战，她始终坚信，千淘万漉虽辛苦，吹尽狂沙始到金。

（原载《北航校报》2012年3月21日第840期）

坚持不懈 勇攀高峰

——记北航2011年度金质奖章获得者程思天

□ 落 蕊

程思天

程思天，女，汉族，1990年8月生于北京，现为电子信息工程学院电子信息工程专业2008级本科生。本科期间担任过3802大班生活委员、电子信息工程学院学生会副主席等职务，踏实肯干的工作作风受到同学和老师的一致好评。学习态度端正，成绩突出，三年总排名位列全年级第一。凭借优异的成绩、严谨的工作态度及出色的综合素质，她连续三年获得优秀生、校三好学生和学习优秀奖一等奖，还曾获得国家奖学金、学科竞赛一等奖、北京市三好学生、军训优秀学员等多项荣誉。她在英语学习方面表现尤为突出，并在各项英语水平测试中取得优异成绩，六级591，GREVerbal700（全球前3%）+Quantitative800（全球前6%），iBT（托福网考）113分，全国大学生英语竞赛特等奖。

程思天在学习和生活中都习惯于制定合理的计划，对于她来说，坚持按照自己的计划完成工作，甚至以高效率超额完成，是件非常开心的事情。

三年以来，她一直遵循自己的计划。她课上听讲和记笔记时刻苦努力的态度，课下积极思考讨论的精神，以及作业考试中的优异表现，既是同学学习的榜样，也给各位任课老师留下了深刻的印象。也正是对这种“今日事今日毕”理念的长期坚持，加上她积极认真的学习态度，程思天三年总排名在全学院284名同学中名列榜首。高效率和高执行力也是她的英语水平不断提升的根本原因。在准备 GRE 考试的近 3 个月里，她每天都按照上午 3 小时、下午 3 小时、晚上 4 小时完成学习任务。在状态不佳时她会选择休息调整，坚持保持学习中的最佳状态，但也绝不为懈怠寻找任何借口，最后在各项英语测试中获得了理想的成绩。

渴望知识的心从来都不会满足。进入大三，已经在专业领域打下坚实基础的程思天开始关注更加贴近实际的应用。在探索中她发现了不同于课本中简化模型的实际情况，一些实际应用中需要考虑的问题等等。带着强烈的求知欲，她主动进入实验室参加科研工作，并凭借自己突出的英语水平，阅读英文核心期刊、会议论文，了解领域内研究现状和热点。通过学习，她在气体传感器及物联网领域都初步形成了自己的想法，并尝试撰写英文综述论文。在协作通信领域，她对中继选择、转发策略算法、无线传感器网络具体应用中的可靠性度量及协议设计也有着较为深入的研究。

对待学习严谨求实，对待工作更是事无巨细，一丝不苟。就连大班账目管理、火车票订票等琐碎易错的工作，她都没有出现过任何差错，并且积极帮助辅导员完成大班工作。大二至大三担任电子信息工程学院学生会副主席，组织了“爱在北京——09 年这个冬天”等多项主题活动，丰富了学院同学的课外生活。通过这些社会工作，她的组织、合作、交流能力获得了不断提升。但她意识到这距离社会环境还有一定距离，于是积极投递简历，通过三轮面试，获得了在 GE 通用电气公司信息管理领导力项目 (IMLP) 的实习机会。在实习中她感受到了真正的外企文化和工作方式，并且她发挥学习能力和主动性出色完成工作，获得了正式工作的机会。

程思天在班级年级的多项活动中，都积极参与和响应。她曾在全国“挑战杯”竞赛中担任志愿者，参与了国庆 60 周年庆典群众游行，牺牲暑假休息时间进行训练，最后出色完成任务。在这些经历中，她都感受到了大家庭的温暖与力量，彼此的支持和鼓励是她不断前进的动力。她非常享受为了一个集体的荣誉而共同努力和奋斗的过程。

程思天（前排右一）与同学合影

生活中的程思天乐观开朗，总能带动起活跃的气氛，是大家公认的开心果。她与同学关系都十分融洽，善于肯定和鼓励别人，积极帮助同学解答学习上的问题，分享自己的理解、认识以及总结得出的方法。她的室友最后全部保送研究生，这也多少有着她的一些贡献。

荣誉永远只属于昨天的努力，程思天说，在探求未知的道路上，挑战才刚刚开始，而她喜欢这种挑战，不断挑战新鲜事物，人生才会丰富，人生才有意义。

（原载《北航校报》2012 年 4 月 11 日第 842 期）

脚踏实地　心系蓝天

——记北航2011年度金质奖章获得者蔡达

□ 紫 英

蔡达

蔡达来自山西省太原市，高中就加入了中国共产党，2008年以优异的成绩考入北航，就读于自动化科学与电气工程学院自动化专业。本科期间，凭借踏实勤奋的学习态度和一丝不苟的钻研精神，获得自动化学院总排名第一名，并免试推荐到北航自动化学院攻读研究生，专业方向为导航制导与控制。三年来，秉承北航“德才兼备，知行合一”的校训，心怀为祖国航空航天事业奋斗的梦想，努力学习，踏实工作，赢得了老师和同学的好评。

蔡达童年的梦想是成为一名科学家，对身边的事物，小到玩具，大到电视机，都充满了强烈的好奇心，总想拆开来一探究竟。当他看到在天空中呼啸而过的飞机时，梦想着有一天自己设计的飞机也能一飞冲天；看到电视里火箭腾空而起，直刺九天，也渴望着自己能研究火箭。也许正是从那时起，在他的心中就埋下了梦想的种子。随着知识的增长，他对科学产生了越来越浓厚的兴趣，陶醉于缜密的逻辑和严谨的推导之中。三年前，在他人生的第一个十字路口，他毫不犹豫地选择了北航。在他看来，选择了北航，就意味着自己和梦想又近了一步，同时为祖国的航空航天事业贡献自己的决心更加坚定。

踏入北航的那一刻起，他就被这所学校的气质深深地吸引了，一棵棵参天大树沉稳庄严，象征着北航人对待科学研究的严谨和踏实；一排排深红色的桌椅，经过岁月的洗礼，诉说着北航人为祖国航空航天事业奋斗的赤诚之心。在北航，他感到梦想的种子在破土而出，汲取阳光，向着心的方向努力生长。

懂得如何利用时间比过人的天赋更加重要。追逐梦想的日子是充实的，蔡达认真地对待每一天，汲取知识，努力让梦想的根须向着土地更深处延伸，获取更多养分。

三年来，他一直保持着上课做笔记的习惯，紧跟老师的思路，把老师课堂上讲到的知识点一一记录下来。同时，他会在课下翻看笔记，回顾老师讲课内容，把知识点重新整合，认真地做好总结，把自己的感悟记录下来。遇到不懂的问题，及时与老师和同学交流。就是这样，他认真地对待每一天，积极地思考每一个问题，到现在为止，他总结的笔记已经不下三十本。除了学习课本拓宽知识面之外，他还钻研了物理学的相关理论，加深了对基础知识理解，参加了全国部分地区大学生物理竞赛，并获得了二等奖和当年的北航学科竞赛奖学金。

天道酬勤，这是蔡达常说的一句话。不懈的坚持也让他收获了令自己满意的成绩，取得了自动化科学与电气工程学院三年平均成绩第一名，核心课平均成绩第一名，平均学分绩点第一名，总学分第一名，其中核心课平均成绩达到 93.24 分，高于第二名 2 分，同时连续三年获得国家奖学金，北航学习优秀奖学金一等奖和“北航优秀生”称号。

作为一个工科学生，蔡达明白，光有书本上理论知识是远远不够的，必须加强自己的科技实践能力，而北航也向来重视对学生的科技实践能力的培养，为学生提供了“冯如杯”这样一个舞台。由蔡达主持的项目“基于滚珠丝杠副的电动舵机设计及其故障诊断系统的实现”获得第二十一届“冯如杯”科技竞赛校级二等奖；“家用清洁机器人的研究与实现”项目获得第二十一届“冯如杯”科技竞赛院级三等奖。

参加“冯如杯”的同时，他还参加了多项科技活动，以“基于物联网的家用清洁机器人”项目参加校级“大学生科研训练计划（SRTP）”，作为立项人已通过了中期答辩，正在为项目的结题努力准备着。在大三时，他就主动和导师联系，进入了实验室，从事“飞行仿真转台”的相关研究，参加了航天一院“三轴位置速率转台设计与控制”项目，独立完成了手动控制盒的设计与调试。通过参加科研活动，锻炼了他的动手能力、分析问题和解决问题的能力，积累了较多的实际工程经验，学到了书本上学不到的知识，让他对航空航天领域有了全新的认识，也更加激发了他为祖国航空航天事业奉献自己的决心。

社会实践能力对一个人的全面发展至关重要，当代大学生应该走出校园，到社会当中去，锻炼自己与人沟通、处理问题的能力。

三年来，蔡达积极投身各项社会实践活动，2009 年蔡达所属党支部与北京市丰台区的永和庄村委会开展“红色 1+1”活动，为村民送去了珍贵的书籍，同时对村民的基本生活和国家的城中村改造政策也有了深入的了解。2010 年，他参加北京市朝阳区东坝“打工子弟爱心会（CMC）”，为打工子弟进行英语、音乐、美术、体育等课程的教学辅导。辅导经历让他感受到打工子弟生活的不易，同时也让他看到了社会对于打工子弟的关心，有很多志愿者会定期来到“打工子弟爱心会”做志愿服务，这种志愿精神一定会薪火相传。大四期间，蔡达成为了北航招生就业处的一名半脱产学生干部，协助老师发布招聘信息和接洽招聘单位。他踏实认真的工作作风得到了老师的好评，同时积累了很多工作的经验，自身得到了很大的提高。蔡达出生在一个党员家庭，他的直系亲属都是党员，家人从小就告诫他要把自身的成长与国家的命运结合起来，踏实工作，报效祖国。

一个党员是一面旗帜，遇到困难和问题，党员要第一个站出来，起先锋模范的作用。党员要全心全意为人民服务，而学生党员首先要做到的就是要为周围的同学服务，在生活中、学习上党员要起到表率的作用。进入大学以来，蔡达积极承担起各项社会工作。从大一开始到现在，蔡达一直担任 380304 班团支书，在他的带领下，380304 班荣获 2010—2011 年“校级先进班集体一等奖”，所在的班级也两次获得了“校级优良学风班”称号。蔡达为班级的付出得到了大家的认可，连续三年被选为“校级三好学生”、“校级优秀团员”，2009—

2010 年北京市三好学生，自动化学院“团务明星”。

金质奖章是用勤奋努力、踏实严谨和无私奉献铸成的，是北航学生的最高荣誉，相信蔡达同学一定会一如既往地努力学习，踏实工作，奉献自我，为我国航空航天事业贡献自己的力量，实现自己最初的梦想！

（原载《北航校报》2012 年 4 月 21 日第 843 期）

努力也是一种天赋

——记北航 2011 年度金质奖章获得者聂春雨

□ 陈 斌

聂春雨，满族，生于 1989 年，河北承德人，中国共产党党员。2008 年考入北航航空科学与工程学院飞行器设计与工程专业。先后担任 380502 班团支书，院党校小班长，3805 大班大班长。曾获得“三好学生”、“挑战杯优秀志愿者”、“航空学院十佳明星”等荣誉称号，连续三年获得“北航优秀生”、“国家奖学金”等奖项。担任 380502 班团支书期间，该小班获得了“优秀新生小班”、“优良学风班”、“校标兵团支部”、“北京市先锋团支部”等荣誉称号；担任 3805 大班大班长期间，参与了保研综合测评、奖学金评定等重要工作，为班级做出较大贡献。

聂春雨

三年前，聂春雨从河北省承德市隆化县一个普通的家庭来到北京，成为北航航空科学与工程学院的一名本科生。没有富裕的家境，没有过人的才智，他质朴而平凡。“优秀不是做最好的那个人，而是做最好的那个你”。就是抱定这个信念，在过去的三年里，他勤奋学习，认真工作，乐观生活，在平凡的位置上取得了不凡的成绩。

从不迟到，从不逃课，专心听讲，不耻下问，独立完成作业，这几句话虽然简单，却能够概括他持之以恒的学习态度。打开他的书包，课本水壶计算器，作业尺规坐标纸，装满了学习用具，足有十斤。大大的书包，略显矮小的身躯，形成了鲜明的对比。他特别佩服《士兵突击》里的许三多，也常常像许三多那样，严格要求自己。他说：“在北航这个地方，比我聪明机灵的人十之八九，比我能言善辩的人比比皆是。别人见多识广，博闻强识，比我聪明，那是他们的天赋；我从山区来，可以比别人更努力，可以吃更多的苦，我相信努力也是一种天赋！”

像许多大学生一样，他也喜欢聊天打游戏，但他却从不在上学期间用电脑做与学习、工作无关的事；别人去逛街打游戏，他难得去；别人谈天论地，闲聊消遣，他从不参与。他知道自己的记忆力不好，数学基础差，在课堂听不明白，就通过找到老师讲课的重点，回去花上两到三倍的时间自学。他把所有的空闲时间都放在了自习室里，没课一起床就开始学习，晚上十二点才回寝室。有时候自习室里座位紧张，关门太早，他就在书包里背一块泡沫板，垫坐在冰冷的新主楼地下停车场学习，不论冬夏。吃饭人多，排队浪费时间，他就学到食堂快打烊时才去吃饭。课本被翻看到破损严重，作业却认真详尽一向是最高分。课程愈是晦涩难懂，他愈加严格要求自己，力求学得更深更透。就是这样，在230人的大班里，他取得了三年总成绩第一名的优异成绩。

“全面发展，勇于创新”，这是北航对每个学生的要求。聂春雨在紧张学习的同时，也积极参与班级工作，全面发展。刚一入学，他就自告奋勇，担任了380502班的团支书。在全体同学的共同努力下，班级学风浓厚，活动积极。在学习成绩上，其所在小班于大二下学期彻底消灭了挂科，屡次获得“优良学风班”称号，平均成绩逐渐上升到3805大班第一名；在实践活动中，其所在小班表现优异，获得了“优秀新生班集体”和“北京市先锋团支部”等荣誉称号。与此同时，聂春雨还加入了学生会志愿者部，在党校担任小班长，参加国庆60周年“神舟飞天”方阵群众游行活动。聂春雨工作有很强的原则性，言必信，行必果。2011年，由于以往工作踏实认真，他被任命为3805大班大班长，在新的岗位上服务同学，锻炼自己，力求多做贡献。除了参与班级工作之外，聂春雨还多次参加了学校、学院的运动会和班级体育比赛和科技竞赛，聂春雨的工作成果获得了学院的肯定，授予其“航空学院十佳明星”的荣誉称号。2011年，由于工作态度认真和专业知识扎实，他被吸收进入第21届“冯如杯”冲金项目“矢量推进技术验证机”科研小组，经受住了8次试飞考验，最终夺得“冯如杯”一等奖。

在生活中严于律己，争当模范。聂春雨在高中就加入了中国共产党，进入大学以后，他能够以共产党员的标准要求自己，力争在生活中发挥党员模范带头作用。宿舍里卫生不好，每周轮到他打水，他都会认真地对寝室进行清扫；黑板常常写满了板书，课前课间总是他静悄悄地擦净黑板；他背着全班最大的书包，却常常是把书包放在地上，把座位让给同学；冬天天冷了大家不愿意起床以致迟到，他总是寝室里第一个起床，就算是不吃早饭饿一上午，也不肯迟到一分钟。作为一名北航的学生，他也能吃苦能战斗。初进大学时，他的父亲刚刚从再生障碍性贫血的顽疾中康复，深知父母的不易，他生活简朴，不和同学攀比吃穿，积极乐观地面对生活，相信努力能够弥补先天的不足，希望能用成功来让家人感到欣慰。身材矮小，体态敦厚的他，为了不让体育课和身体测试拖后腿，总是在测试前提前两三周锻炼身体。每晚上下自习后坚持冲刺一千米，遇到下雨时，他就到教学区主楼后做一百五十个蹲起，直到汗流浃背，即使第二天已经是肌肉酸痛，还是坚持锻炼。就是这样，他的体育成绩几乎都是满分。别人奇怪为何他几乎不打球游泳，却保持了良好的身体素质，只有他自己知道，这是用酸痛和汗水换来的。

三年来，聂春雨多少个夜晚在自习室通宵学习工作，连他自己都记不清了。同学们常开玩笑说，在宿舍见到“老聂”一面，比在北航找个女朋友还难。他对学习和工作的拼劲，也获得了身边同学们的认同。如今，他所在的寝室，从入学时只有一个党员，发展到名副其实的“党员宿舍”；他所在的30多人的小班，从大一时大班成绩平平，发展到学风和成绩最好、集聚学习工作科研精英的先进班集体，有16名同学在总评时具有保研资格。他说，生活在这个优秀的集体中，他感到自豪，他愿为这个优秀的集体添砖加瓦。

（原载《北航校报》2012年5月11日第845期）

心之所向　无所不能

——记北航 2011 年度金质奖章获得者陈大伟

□ 文 静

陈大伟

陈大伟，男，汉族，中国共产党党员，北航计算机学院计算机科学与技术专业 2008 级本科生。曾担任北航计算机学院小班班长、大班班长、学生会主席助理；连续三年成绩排名年级第一，期间每年都获得优秀生荣誉称号、学习优秀奖学金一等奖，同时还获得过国家奖学金、航天科工奖学金、三星奖学金等多项奖学金；2009 年参加国庆 60 周年群众游行“神舟飞天”方阵；2010 年获得北京市三好学生荣誉称号；在第 21 届“冯如杯”学生学术科技作品竞赛获得二等奖；2011 年 6 月，因成绩优秀，工作能力突出，获得计算机学院免试推荐研究生资格。现任北航计算机学院 2011 级本科生辅导员。

大学之本乃学也，学习上陈大伟从不敢懈怠，他十分珍惜学习的每一分每一秒，讲求质量、效率，学习上从不粗心大意，学好每一门课程。他抱着探究知识空间的求知欲，以极大的兴趣投身到专业学习中，用科学文化知识来武装自己，取得了较为优异的成绩。三年多来，他的学习成绩也一直非常优秀，连续三年必修课排名年级第一，并获得了国家奖学金、连续三年获校优秀生、两年获校三好学生等一系列荣誉。在大二结束时他便提前获得了免试推荐研究生的资格。

实践是检验真理的唯一标准，理论只有运用于实践才具有现实意义。在学习相关课程的同时，陈大伟还积极参与各类社会实践活动，在实践中运用、检查、巩固、创新理论知识，大一参加校 ACM 竞赛获得三等奖，大二参加“冯如杯”科技竞赛获得三等奖，大三参加“冯如杯”科技竞赛获得二等奖。

担任计算机学院 380605 小班班长是陈大伟在大学的第一份责任与荣耀，班级给予了他太多期望、信任、支持、帮助、温暖，而他也终于没有辜负同学们的期望，带领班级获得了很多荣誉：优良学生班、体育优胜班、校标兵团支部等。2010 年，380605 小班更是取得了北京市优秀团支部荣誉称号。

为了增进班级同学感情，增强班级凝聚力，他还组织过各种多彩的班级活动，如共同前往首都博物馆参观、主题团日活动、主题班会、班级出游活动等等。班级同学的和睦温馨、浓郁的班级学风、丰富的课余文化生活、骄人成绩的取得，让他倍感骄傲和自豪，380605 班，是他梦开始的地方。

在大二一年里，他担任了 3806 大班班长，在这一年的工作中，他协助辅导员、老师重点进行了优良学风的建设工作，并取得了卓越的成效。在这一年里，他也参与组织了大班的各种活动，丰富了工作经验。

接下来的一年，陈大伟进入了计算机学院学生会工作，担任了计算机学院学生会主席助理。担任这一职务后他认真思考了该如何开展工作和他能怎样为学生会服务的问题，思考后他有了很多想法，并开始将这些想法运用到工作中去，效果也不错，例如他发现学生会的基层建设需要加大力度，所以他把自己的大部分精力放到基层管理督促当中去，为各项活动开展打基础。同时他也将自己两年班长的工作经验融入到学联的工作当中，为每一次活动的开展献计献策。在大三的下半学期，他与计算机协会、科技实践部的部长重点参与了“冯如杯”的组织工作，这一场学术盛宴也让他收获颇多。

2011 年 6 月，陈大伟通过学院和学校的选拔，成为了北航计算机学院 2011 级本科生辅导员。从他刚上大学起，便对辅导员这份工作怀着无限的憧憬，而这时心愿达成，心情自然也是久久不能平复。他也深知学校和学院对他的器重和期望，只有通过行动来回报这一切。辅导员的工作绝不轻松，经历辅导员的培训，他也感受到了身上担子的沉重。不过这丝毫不影响他的工作热情，在一系列准备工作后，2011 年 8 月，他以最良好的姿态迎接了计算机学院 2011 级新生的到来。

心之所向，无所不能。这是陈大伟的座右铭，他总是能全身心地将自己的精力投入到工作、学习与生活中去。正是由于这份专注与执著，他才取得了现在的一些成绩。但他仍不满足于既得的荣誉，在他的心中永远有更高、更远的目标与梦想，他将继续追逐着自己的梦想永远向前，用自己的辉煌来诠释北航人的精彩。

（原载《北航校报》2012 年 6 月 11 日第 848 期）

实践求索　科技领航

——记北航2011年度金质奖章获得者董麒

□ 研 文

董麒，男，汉族，1989年9月生于河北沧州，中国共产党党员，材料科学与工程学院2008级本科生，现任3801大班班长，曾担任系学生会体育部副部长，参加建国六十周年国庆阅兵群众游行。2008年董麒被北航材料科学与工程学院免试录取，秉承“德才兼备，知行合一”的校训，几年来刻苦学习，成绩在年级中一直名列前茅，连续三年被评为校优秀生，先后获得校级优秀新生，北京市“三好学生”，北京市“优秀团员”和北航暑期实践先进个人等荣誉称号，曾获包括国家奖学金在内的多项奖学金。董麒具有较强的创新能力和开拓精神，积极参与科技竞赛和社会实践并多次在全国比赛中获得奖励，为学校赢得荣誉。优异的成绩离不开董麒的努力和坚持，更离不开学校和学院的大力培养。“德才兼备，知行合一”八个字始终镌刻在他的心里，引导和激励着他在人生道路上不断开拓，奋勇向前。

董麒

董麒是一个正直友善，追求进步的学生。他热爱祖国，积极向党组织靠拢，进入大学以来便参加各级党校的学习，能够以共产党员的标准严格要求自己，日常学习、生活上能够做到严谨、自律，工作务实、高效，团结同学，乐于助人。在学生党校学习期间，董麒积极参与党校安排的实践学习，热心组织实践活动，表现突出并多次获得奖励。经过党校的学习和党组织的考验，董麒目前已成为一名光荣的中国共产党党员。

董麒对待专业知识的学习十分认真、严谨，他深信要走进一个学术领域，没有扎实的基础和过硬的基本功是不可能的。在学习上，他一贯刻苦认真，勤于动脑，善于思考，面对挑战敢于迎难而上。对待问题总能够从更高的角度进行多方面思考，辩证地进行分析，并且从不放松对新知识的渴求。他在学好专业知识的同时，十分重视把握学科前沿的研究动向，每天坚持查阅高水平的学术期刊，进行文献检索和精读，并做好信息提炼，灵活运用到自己的学习和实践中。

凭借不懈的努力，董麒的成绩一直稳定在年级前列，三年总成绩排名年级第二。本科期间，获得过国家奖学金、中航国际中航技奖学金、PPG 奖学金、学习优秀一等奖学金等多项奖励，连续三年被评为校级优秀生，入学时还光荣地被评为校级优秀新生，2010 年被评为北京市“三好学生”，北京市“优秀团员”，还曾获得材料科学与工程学院“学生十杰”、“学习明星”等光荣称号。在学好课内知识的同时，他努力开拓自己的特长，不但具有较好的结构设计、绘画能力，同时还拥有一定法语交际和读写能力。

进入大学以来，在取得优异学习成绩的同时，董麒在社会工作中也表现得十分突出。目前担任大班班长，曾担任过大班体委，在学生会担任过体育部副部长，他是各级辅导员的好帮手，也是学院学生工作的骨干力量。他多才多艺，担任系女篮主教练，还多次在文艺演出活动中担任主持工作。

在社会实践方面，董麒取得了非常优异的成果：在大二期间，作为队长，他带领的关于“电子垃圾”资源化的社会实践队，从全国约两千支参赛队中脱颖而出，以优异的成绩代表北航获得了全国大学生节能减排社会实践与科技竞赛全国一等奖，为母校在这项赛事中实现了历史性的突破，他个人也被评为校级“暑期实践先进个人”。董麒还十分热心参与学院的社会实践组织工作，多次以领队的身份带领低年级学生社会实践团队进行实践，把丰富的实践经验传承下去。

董麒等同学的社会实践类作品《废弃电器电子产品的回收现状调查及绿色回收路线探索》荣获第三届全国大学生节能减排社会实践与科技竞赛一等奖

经历过学科竞赛训练的董麒，来到大学后，在科研实践方面表现出了过人的能力。他从大二开始就进入实验室跟随老师进行实验探究和课题研究。他积极参加各项科技竞赛，特别是“冯如杯”和大学生创新性实验计划，均取得了很好的成绩，获得了两项“冯如杯”竞赛二等奖。他还在科研和竞赛中展现了很强的综合素质和能力，在SAMPE国际复合材料机翼桥梁设计竞赛中，他带领的团队获得了桥梁组全国第三名的好成绩，再次为母校在全国赛场上争得了荣誉。他曾跟随学院老师参与了北京市科普科委专项资金资助的互动展示平台北京市级科普项目，为北京市科普事业做出了贡献。很早便进入实验室的他，本科还未毕业就已经具备了很好的科研能力。“创新是一个民族进步的灵魂”，这句话时刻指引着他从平时实验中的小事做起，敢于尝试新鲜事物，不断开拓新思路，摸索新方法，不断培养自己的创新意识和能力。

董麒还非常重视国际视野的拓展，2011年暑假，他参与了北航暑期国际视野拓展项目，前往美国，与普渡大学、麻省理工学院和哈佛大学的师生进行了交流，并在世界五百强之一的霍尼韦尔公司进行了参观和学习，增长了知识，开拓了眼界，也从此树立了到国外高水平学术机构及企事业单位访问学习的理想和目标。在这次与国外高水平研究机构的学生交流的过程中，董麒和其他的成员一起，把北航人良好的学术能力和精神风采展现给了世界。

这就是董麒，一个学习成绩优异，社会工作积极，实践和科研能力突出的优秀学生。这些荣誉凝聚着董麒四年辛勤的努力，四年的磨砺也让他拥有了坚定的理想和感恩的心。面对新的人生起点，他立志在今后研究生学习阶段，努力进取，刻苦钻研，加强自身对专业知识的积累，进而取得更大的成绩和进步，为母校争光，为祖国的发展和振兴贡献力量。

（原载《北航校报》2012年6月1日第847期）

新时代青年的责任

——记北航2011年度金质奖章获得者马超

□ 杨 峰

马超

马超，男，汉族，中国共产党党员，北航交通科学与工程学院2008级本科生。连续三年大班排名第一(1/148)，专业排名第一(1/30)；曾担任交通科学与工程学院学生会主席、宣传部部长、体育部副部长；381341小班副班长、组织委员；北航第27届学代会第一代表团副团长；以“航空发动机故障诊断方法及软件”项目参加第21届“冯如杯”学生学术科技作品竞赛，获得三等奖；担任SRTP项目“基于数学形态学的声发射信号处理技术与软件系统”立项人；曾前往美国普渡大学进行为期两个月的交流访问；撰写学术论文4篇，其中3篇为第一作者；第六届“飞思卡尔杯”全国大学生智能车竞赛二等奖；连续三年获得北航优秀生称号，连续三年获得国家奖学金，连续三年获得学习优秀奖一等奖，北航校三好学生，获得科技竞赛奖二等奖，优秀社会实践一等奖。

马超有着较高的思想政治觉悟，大一开学之际，马超主动递交了入党申请书。从此他抱着为共产主义事业奋斗终生的决心，时时处处用党员的标准严格要求自己，没有辜负老师和同学的希望，踏踏实实工作学习，经常为同学做一些力所能及的事，关心同学们的学习和生活，在各方面起到表率作用。2009年先后在学院党校及第46期北航党校入党积极分子学习班中以优异的成绩顺利结业，于第二年，成为了一名预备党员，经过党组织一年的考验，马超于2011年顺利转正，成为学院第一批入党同学中的一员。他在活动中学习理论，在活动中实践理论，努力提高自身的思想素质，求实创新，更好地起到了模范带头作用。

进入大学以来，马超便深深感受到了北航浓郁的学习氛围，他积极要求进步，锐意进取，从未放松过对学科知识的学习，在学校、学院老师的引导，优秀学长的影响，自我的督促下，取得了一定的成绩。

在学习之余，马超还积极参加全国大学生英语竞赛，北京市数学竞赛等各种学科竞赛。大二期间，马超作为队长，以作品“航空发动机故障诊断方法及软件”参加第21届“冯如杯”学生学术科技作品竞赛，获得三等奖。大三期间，马超代表北航参加第六届“飞思卡尔杯”全国大学生智能车竞赛，作为队长的他，不但负责协调各组员之间的分工，并且认真完成自己的任务，最终在同其他高校的激烈竞争中，北航“神州”二队取得了国家二等奖的优异成绩，为北航争得了荣誉，马超也因此获得了科技竞赛奖二等奖的荣誉。

除此之外，马超还积极利用闲暇时间参加了丰富多彩的社会实践和实习活动。大一暑假期间，马超跟随北航社会实践团先后前往天津、哈尔滨两地进行暑期实践，分别在中国汽车研究中心、天津雷沃动力、哈汽集团、中航工业哈飞直升机等公司企业进行参观学习，并且获得了北航优秀暑期实践一等奖的荣誉。马超还分别在大二、大三暑假在佳能大连有限公司和中国民航科学技术研究院进行暑期实习，不但开阔了自己的视野，这些经历也对他的课程学习起到了一定的帮助作用。

马超自进入大学以来，便主动参加各种科学研究工作。依靠大学生科研训练计划(SRTP)项目“基于数学形态学的声发射信号处理技术与软件系统”，马超目前已发表会议论文三篇，其中两篇以第一作者身份发表，在第二届国际适航大会上他还以报告的形式向参加会议的专家学者们介绍自己的研究成果。

马超在学院领导的帮助和自己的努力下，于大三暑假前往美国普渡大学航空航天学院进行了两个月的交流访问，进行有关涡轮叶片

马超曾是2008年北京奥运会志愿者

表面粗糙度的气动和传热研究，取得了一定的成果，并且已递交了一篇 AIAA 会议论文，不但加强了北航和普渡大学之间的合作，也提高了马超的学术水平。回到北航之后，因为对气动研究的热爱，马超目前正在进行恐龙头冠气动问题的研究，他与加拿大阿尔伯特大学生物系合作，希望能够揭示恐龙头冠进化的真正的原因，并且为新概念飞行器的设计提供一定的依据。

马超总是竭尽所能，全心全意为身边的同学服务。进入大学以来，马超先后加入到校学生会和学院学生会中，积极帮助老师工作，热心为同学们服务。在担任交通科学与工程学院学生会主席期间，除了组织学院内大大小小各种活动和上百场比赛外，他还组织多次校级活动，如北航第一届“冬季三项赛”、北航第一届“国防教育月”等。担任小班副班长和组织委员的他，努力活跃全班同学，提高大家的集体荣誉感，增强班级的凝聚力，在任期间，班级获得“优秀体育班级(校级)”、“先锋团支部(市级)”等荣誉称号。

全面发展，是马超对自己的期许。因此，除了学习和工作，马超也很注意自身的艺术修养和体育锻炼。他自学吉他，并且在大一入学时的迎新晚会上，为大家表演了吉他弹唱。马超每天坚持体育锻炼，尤其热爱足球，在大一入学后便担任新生足球队队长，后担任交通科学与工程学院足球队队长，并且取得了北航甲级足球联赛季军的成绩。还曾带领小班取得了交通学院足球联赛冠军的好成绩。目前马超已获得国家足球二级裁判员的资格证书。作为班级篮球队的一员，他帮助小班获得交通学院篮球联赛亚军。还曾代表交通科学与工程学院排球队获得北航排球联赛甲级第五名的成绩。

三年多的坚守与执着使马超拥有了一颗坚韧而感恩的心，优异的成绩和在岗位上兢兢业业的奉献与付出使他赢得了广大师生的一致好评。但他深深知道这些还不够。作为一名北航学子，要时时牢记“德才兼备，知行合一”的铮铮誓言，未来的每时每刻，不管身处何地何职，都要心系母校，心系祖国，投身工作，锐意进取，用行动诠释北航人的含义，用生命谱写新时代青年的最强音。

（原载《北航校报》2012 年 7 月 1 日第 850 期）

平凡似春风　温暖如阳光

——北航电子信息工程学院博士生党员粟傈“学雷锋”纪实

□ 陈 新

粟傈

寄蜉蝣于天地，渺沧海之一粟。莘莘学子之中，她只是一名普通的博士研究生。但当你不经意走过她身边，瞥见她那真诚的眼神和上扬的嘴角，心中自会生出一种亲近与愉悦；如果你有机会走近她的生活，便可透过点滴的言行，强烈感受到这个80后女孩善良的心地和青春的活力，仿佛她的每一滴血液，每一颗汗珠都洋溢着对生活的热爱，折射出青年的使命。

粟傈1988年11月出生在湖南一个普通的干部家庭。2007年考入北京航空航天大学，以优异的成绩和综合素质选入高等工程学院，2010年3月正式加入中国共产党，曾被评为2011年度北京市优秀毕业生。现为2011级电子信息工程学院直博生，担任高等工程学院博士生班学习委员。粟傈热情开朗，积极乐观，在平日的学习工作中，热心帮助他人，关心团结同学，成为师生之间的纽带，默默无闻地为大家服务，将春天般的温暖带给身边的每一个人。在课余生活中，粟傈怀着对生活的热情和对生命的关爱，积极投身各项志愿和公益活动，如打工子弟的周末课堂，松堂临终关怀医院，无偿献血和红十字会的救援培训等。她常常自谓平凡，却总是胸怀大爱，心存感恩，用一致的言行诠释人间的真善美，默默而无私地帮助他人，给身边的人送出一阵阵温暖关怀，为社会贡献出一份份绵薄之力。

在粟傈身上，我们看到了一种薪火相传的精神光辉。虽然雷锋离我们远去已经半个世纪，但是他的精神感染着每一代人。雷锋就活在我们身边，雷锋美德将会一直传承、延续，生生不息。

如沐春风　给人们带来贴心温暖的帮助

粟傈是一个爱微笑的女生，可爱的娃娃脸，给人的感觉既亲近又轻松。无论是同学、老师，还是食堂的师傅、楼管的阿姨，她总是真诚地对待周围每一个人，用笑容书写真诚，用行动传递温暖，令人如沐春风。她的同学常说，粟傈让人感觉特别具有亲和力，在校园里常有人向她询问路线或者时间，她总是热心地给予帮助，遇到有急事的问路人她会耐心地把对方带到目的地，令人倍感温暖。

粟傈是一个植根岗位默默奉献的人。作为班级学习委员，她努力为大家创造良好的学习条件和氛围，在平凡的工作中发挥着螺丝钉的精神。由于高博班的授课教师大都聘自北大、北师大等高校，她主动承担起师生间联系沟通的工作，认真细心地和老师们沟通。课后她热心地为全班同学复印讲义和各类学习资料，“亲，包邮哦！”是她任劳任怨为大家服务的一句亲切的“玩笑”，但她却是实践着这一“承诺”。提起这类事情，她的一位同学感动地说：“粟傈经常一个人辛苦地拿回全班二十几本讲义发放给大家。记得有一次下雨，我发现自己从她手里接过的讲义都是热乎乎的。原来她为了不让讲义被风雨损毁，紧紧地把它们抱在怀里，一路冒着风雨严寒，从复印店将二十几本讲义辛苦地带到教室。尽管汗水夹着雨水落在她的脸上，当看到班上的同学拿到了干燥整齐完整的讲义时，她冻红的脸蛋上却绽放出开心的笑容。她让我们感觉特别温暖。”粟傈就是这样默默奉献，那句“亲，包邮哦！”真真实实地温暖了大家，平时她还贴心提醒大家认真完成学习任务，热心细心的形象深深地印在了同学们的心中。

阳光温暖　为教育实现梦想的草根公益

粟傈不但在学校默默为同学们服务，给身边的人带来温暖，怀着对社会感恩的心，她希望能帮助到更多需要帮助的人，给更多的人带来温暖和希望。

通过学姐的介绍，粟傈在豆瓣平台上了解到一些北京自发的公益组织。她在2011年8月加入北京（LEAD）阳光志愿者俱乐部，一个独立运作、专注于为流动儿童教育提供志愿教育机会的纯“草根”志愿者组织，为北京城区打工子弟学校的孩子提供英语、计算机、艺术、科普、国学启蒙、趣味经济等课外兴趣课。

粟傈用行动践行自己的信念，为社会贡献自己的力量。暑假她开始参与到兴趣组科普实验的教学工作，尽管平日的课业压力和科研任务已经非常繁重，每逢周末她依然放弃休息时间，抽出整个下午担任木兰社区孩子们的手语课助教，丰富打工子弟们的业余生活，给予他们陪伴和关心，让他们感受到一丝丝温暖；更积极参与到组织课程教学活动，参与试讲，为CMC朱房村社区孩子们带来有趣的自然实验课。面对那些对知识渴求却无法享受到学校条件的孩子们，面对那些渴望被关心爱护的孩子们，粟傈的心被深深触动了，“在与打工子弟们的学习和交流过程中，你能渐渐体会到，也许你的一点关心和帮助，给他们带来的知识和温暖可能改变孩子的一生。”

默默奉献　为社会献出善心爱心

想着走着，走着想着，蓦地拨通了长途。“喂，妈妈……谢谢您……阳光依旧暖暖地照在我的身上，总是希望自己能做些什么。”这句话摘自粟傈的文章《暖光》。

这篇文章是她在参与学校蓝天志愿者协会，去北京松堂临终关怀医院后写的感悟，在那里给老人们最后的关怀和照顾，给老人们唱歌，陪老人们聊天，给他们叠纸鹤，也从不同的角度感悟到生命的意义。拥有着一颗真善美的心，她总是有着一种悲天悯人的情怀，她希望自己的积极乐观的生活态度，能够感染更多的人，她希望自己阳光的笑容和内心，能够温暖更多的人。而最重要的是她并不是“总是希望自己能做些什么”，而是“一直用行动在做些什么”。

从进入大学以来，粟傈就坚持无偿献血，作为一个女生，她是如此的坚强和勇敢，想到可能挽救的一个个生命，她总是坚定地走向无偿献血点。看着鲜红的血液从自己身体中流出，她真切地感受到自己作为一个生命的实体意义，“身体流淌着这样温暖的液体，我感谢给予我生命的人。每一个生命都是如此宝贵，想想那些挣扎在生死边缘的人们，都是如此坚强，我们这些健康的人应该给予他们最重要的支持和力量。”

一直在公益道路上前行的粟傈发现，每年学校都会联系北京红十字会组织急救培训，这正是她梦寐以求的。于是，2011年12月，她利用课余时间参与了北京红十字会的急救培训，她认真学习每一个急救知识，心肺复苏、人工呼吸、外伤包扎、中毒急救等，在掌握急救的理论的基础上，更注重老师的实践教学，她将老师做心肺复苏演示的每一个步骤牢记于心，并在教学假人上反复练习，力求每一个动作都准确到位，将来能够有效地救助他人，生命无价，不得有丝毫的大意。通过努力学习，她以优异的表现通过北京市红十字会初级急救员认证。粟傈有时开玩笑说，“大家如果遇到什么问题需要及时救援就召唤我，但其实这些技能一辈子用不上更好，希望所有的人都能健康平安。”

她没有惊天动地的壮举，有的只是一件件平凡的小事，正是她热爱生活，尊重生命，热心真诚，默默奉献的人生态度，让周围的人从中感受到真善美，意识到雷锋精神从未远离。她犹如一束阳光，当光束照在身上，让人倍感人心温暖和人生希望；她仿似一缕花香，当花开在心灵深处，微风拂动，散发出心旷神怡的芬芳。粟傈同学说自己只是在平常生活中做了一些力所能及的小事，只是一个微笑，一声问候，一双援手，一点爱心，能给大家带来温暖和希望，自己也感觉到开心满足。其实社会的温暖，就是来自人与人的互相帮助和关心，只要心怀感恩，乐观向上，真心付出，用心感受，春天般的温暖时时刻刻就在每一个人身边。

（原载《北航校报》2012年3月11日第839期）

把毕业设计写上蓝天

——记我国首次由学生设计研制的火箭“北航一号”研发团队

□ 黄 敏

“北航一号”研发团队

“发射准备，人员撤离！”火箭发射之前5分钟，中国酒泉卫星发射中心发射场数十位官兵严阵以待。

“明白！”宇航学院朱浩等三名学生与学院常务副院长蔡国飙教授应声进入地下掩体，急切地注视着电脑控制系统和屏幕上“北航一号”探空火箭的图像。

非常时刻

北京时间早上8时，远在一个多小时时差之外的西部沙漠刚刚从沉睡中苏醒。在广袤沙地的环抱之中，在晨光清辉的沐浴之下，一支绿色火箭发射架带着一枚2.53米长的白色火箭直指长空，蓄势待发。此刻，200米之外发射指挥中心大厅的所有显示屏都切换成了火箭发射架、控制数据和气象指数画面，发射中心主任张育林等领导与我校党委常务副书记谭振亚教授一起，身着白褂白帽，在指挥大厅密切关注着火箭的发射准备情况。

“3，2，1，点火！”伴随着一声威严的令下，薛松柏同学沉着地按下了电子点火按钮。“嘭……”的一声，火箭尾部瞬时喷出一股耀眼的火焰，箭体呼啸而出，留下一道白烟直刺入万米高空，惊起一群飞鸟四散而去。三名学生立即从掩体内冲了出来，极目远眺，看见火箭携一线白烟逐渐化入云端。“大漠孤烟直”，多么壮观的景象！

此时观之更比古人增添一笔豪迈的情怀。这时，发射指挥大楼三层的观测平台上，发射中心主任与官兵、我校领导与师生，尤其是参研的十余名同学，将鼓励的目光穿透了彼此的心灵之窗，将祝贺的情谊握在了手上。2006 年 11 月 1 日，已注定成为了中国航天人才培养的一个不平凡的日子，他宣告了中国首枚完全由本科学生独立设计完成的探空火箭成功发射。

随后，发射中心的同志在 13 公里外的戈壁滩上找回了火箭残片，发射中心领导带领总工等多位专家与师生们一起，召开了分析诊断现场会，对后续的两次发射进行了指导。上午 11 时和午间 12 时，发射场天高云淡，风速 4 ～ 6 米 / 秒，同学们根据当时的气象情况和首次发射状况而紧急计算后调整了发射角度，又将另外两枚同期研制的探空火箭送上了湛蓝的天空。三枚“北航一号”分别以 67° 和 80° 角箭刺长空，带去了年轻的航天学子对于广阔天空、无限宇宙的探索与问候。这一天，对于酒泉也是一个特殊的日子，他们首次发射了学生研制的火箭，而且首次三箭连发。

发射架上整装待发的“北航一号”探空火箭

不凡历程

听到发射中心领导“发射成功，对于学生来说非常不容易，希望从中能产生一批未来航空航天领军人才”的赞许与祝愿，宇航学院学子百感交集。“北航一号”探空火箭凝结了宇航学院 14 名本科生近一年的心血与智慧，是大部分同学课程设计与毕业设计的主要内容。2005 年 11 月，大四本科生保送研究生的名单刚确立之时，学院立即启动了探空火箭的学生研制计划，让获得保研资格的优秀学生自愿报名参研，并将这 14 名有志于开拓创新的青年学子划分到火箭总体、动力系统、点火控制系统、分离回收系统、数据采集系统和地面发射系统六个不同部分去工作。

“北航一号”探空火箭发射成功

从开始设计到发射历时将近一年，同学们感到受益匪浅。正如负责总体的朱浩同学所言，几乎每一步都会遇到新的问题，大家攻克了研制过程中弹道设计，气动特性计算等许多难题，对工程项目的设计和研制有了深入的认识，提高了实践能力和创新能力。负责发动机设计和试验的王文龙深有感触地说："以前虽然学过火箭发动机、流体力学、空气动力学的课程，但实际设计制作一个发动机需要掌握大量书本上学不到的工程实践知识和经验。我们发动机组的 5 个同学完成电脑设计图后，在老师和航天六院专家指导下，先后修改了 5 次，真正体会到根据理论设计的东西跟工程实际离得很远。记得今年 5 月份我们第一次在内蒙古航天六院进行地面点火试验时，两发实验都失败了，通过分析原因，发现是喷管加工工艺设计没达到设计要求，通过改进加工方法，8 月 31 日我们进行了第二次地面试验，成功定型。""北航一号"在酒泉的成功发射也验证了该火箭发动机的良好性能。

可心收获

从本学期开始，王文龙已开始研究生阶段的学习，由于火箭研制使他熟悉和喜爱上了试验环节，他很乐意跟随导师参与真空羽流重大项目的实验工作。他感到，"北航一号"火箭对于他选择未来的发展方向有很大的影响。负责返回舱分离回收技术的两位同学看到火箭残片之后心情有些沉重，因为火箭没有按照预期分离。然而，这也使他们获得了更多成长的动机，激发了他们未来进一步攻关克难的决心。他们分析故障原因可能出在元器件，由于考虑成本因素选用的都是民用元器件，虽然地面试验可行，但在火箭飞行时高过载的恶劣环境下，很有可能失效，他们会在未来的研究中试验和解决这个问题。火箭的研发也给了同学们许多全方位的锻炼，比如独立思考、潜心研究的钻研精神，突破常规、大胆设计的创新精神，整个暑假打地铺住实验室的吃苦耐劳的精神，14 个同学团结协作、互相学习的团队精神等，还有在航天场所和发射中心感受到的坚定的航天精神，都将使他们终身受益。

"北航一号"研发团队获评"感动北航"年度人物

蔡国飙教授就此谈到，火箭研发是我校航天人才培养新模式的一个有益探索，学生们在本科阶段就全程参与了火箭设计、制作、试验、发射的整个过程，理论与工程实践相结合，是北航航空航天特色和工程技术优势在人才培养上的一个体现。谭振亚常务副书记有感于酒泉发射中心对北航火箭发射的高度重视和无私援助，以及航天科工集团六院、三院和航天科技集团五院的大力支持，说道："他们功德无量，对学生的成长帮助很大，这反映了全社会对创新型拔尖人才的期盼。"

道路在延伸，笔直地通向远方。我校师生坐在返程的汽车上，窗口滑过弱水河边美丽、挺拔的胡杨林，胡杨金黄的叶子映衬着无比纯净的蓝天，美不胜收。薛松柏不由得唱起了自己作词、同学谱曲的《我是航天人》的歌："你是航天人，我也是航天人，一条漫长的路，两颗赤诚的心。只有航天人，最了解航天人，脚下的路越长，心中的爱越深……"

（原载《北航校报》2006 年 11 月 1 日第 686 期）

鸿鹄凌云志　英雄出少年

——记将我国首枚固液探空火箭送入蓝天的“北航二号”研发团队

□ 邓怡 廖行

“……3，2，1，点火！”2008 年 12 月 5 日 15 时 05 分，酒泉卫星发射中心。随着“嘭！”的一声巨响，中国首枚以固液混合火箭发动机为动力的探空火箭“北航二号”犹如离弦之箭，一飞冲天，在广袤的西部戈壁中，伴随着一轮当空红日，镌刻成一幅完美的画面。

“北航二号”研发团队

继 2006 年 11 月 1 日的“北航一号”——中国第一枚完全由本科学生独立设计完成的探空火箭发射成功后，北航宇航学院 17 名同学在 2008 年 12 月 5 日又为中国航天史写下了浓墨重彩的一笔，实现了我国固液火箭成功进行飞行试验零的突破。

“美国人可以用固液火箭将航天员送入亚轨道，我们一定也可以！”

2006 年 11 月，大四本科生保送研究生的名单刚刚确立之时，宇航学院立即在“北航一号”的基础上，启动了“北航二号”固液混合火箭发动机探空火箭的学生研制计划，提出要自主研制出能达到工程应用的首枚固液探空火箭！这是一个大胆的设想，固液混合火箭发动机将传统固体和液体发动机的优点结合在一起，它安全性好、推力可调节、成本低，然而这种火箭发动机设计相当复杂，我国曾经进行过此种发动机的研制，但是还没有飞行成功的先例，这个项目有可能成功吗？

15名有志于开拓创新的青年学子满怀信心地报名参加了项目组（后又有2名研究生参加），被划分到火箭总体与结构系统、动力系统、分离回收系统、控制系统、有效载荷系统和发射系统六个不同部分去工作。大家马上开始了火箭的初步设计工作。通过在图书馆和网站查阅资料、学习“北航一号”的设计经验、对航天科研院所进行调研、请专家对项目进行指导，同学们渐渐进入工程研制的状态，在把书上理论知识运用到工程实际的过程中，却碰到了许多预想不到的问题。比如分离回收系统的设计方案是在“北航一号”原方案基础上进行改进，但因为火箭结构、分离速度等状态不同，方案经过反复修改，花费了半年多的时间才最终确定。有时，还会碰到研制的瓶颈或试验上的挫折，此时大家不免有些着急和灰心。长期从事火箭发动机研究的蔡国飙老师给团队开会时鼓励同学们说：“美国已经有了用固液火箭将宇航员送入亚轨道的先例，我们北航在这方面的研究也有一些基础，大家应该有信心也有这个能力独立研制中国自己的固液混合动力火箭！”宇航学院专门为同学们安排了11位指导教师，学校也把“北航二号”项目选拔到国家大学生创新性实验计划当中，全力支持学生们的创新性实验。

项目组的同学备受鼓舞，全身心投入到试验当中。2007年的暑假烈日炎炎，酷暑难当，“北航二号”的成员都没有回家，十几个人在实验室打地铺，一次次地做试验、采集数据、分析结果、改进方案、再次试验……火箭最难设计的部分就是发动机，所谓“固液混合”，“固”指固体燃料，是丁羟橡胶；“液”指液体氧化剂，是N_2O（俗称笑气），如何控制氧化剂的稳定流量、如何点火、如何使它们充分燃烧……要把这些问题认识清楚并在工程上实现，需要进行大量的理论分析和试验验证。负责发动机总体设计的李君海同学介绍说：“我们在学习固液混合火箭发动机理论研究成果的基础上，循序渐进地进行试验研究，设计了Φ45mm、Φ105mm、Φ220mm三种发动机推力室：Φ45mm的用来研究固体燃料的燃速，Φ105mm的用来检验固体燃料设计，包括结构、药柱型面的可靠性和内弹道性能。

Φ220mm 的是飞行用全尺寸发动机推力室，对飞行用发动机进行地面试验研究，得到飞行用发动机推力、燃烧室压强、燃烧稳定性和效率等性能参数，同时验证发动机的可靠性和稳定性。”

在不断的试验过程中，团队充分发挥了创造性，在技术上有很多的创新点，例如：通过优化设计，很好地实现了固液混合发动机的稳定燃烧，达到了较高的燃烧效率；采用挤压式输送系统却没有使用增压气瓶，在贮箱压力下降的情况下却保持了流量的稳定。这个技术的关键在于设计了流量调节阀，它使输送系统结构简单却保证了流量的稳定性，进而保证了发动机工作的稳定性；优化设计了点火药盒的结构，保证点火器工作的稳定性和结构完整性。点火药选择了硼硝酸钾取代了黑火药，在保证点火能量的同时减少气体产生量，从而降低点火压力。目前输送系统相关技术已经申请了 3 个专利。试验场地安排在云冈 101 研究所内，试验条件比较艰苦。团队成员邓代英说：“夏天山上的蚊子成群结队，穿短袖衣服不一会儿胳膊和脖子都被集中攻击，大家只好忍着酷暑穿长袖的衣服，最后干脆用工作服把头围上，汗水浸透了所有人的衣服。冬天山上温度比城里低几度，而在进行安装时，戴手套会影响安装效率，因此同学们都不戴手套进行发动机的安装，好多同学的手都冻裂了……”

2007 年的五一劳动节，项目组成员进行输送系统中流量控制元件——文氏管的流量特性试验，这是最关键的部件之一，已经做了上千次的实验了，为了让火箭六月份的发射试验能够如期进行，成员们在实验室通宵冲刺，动力组的袁宇说：“那几天我们都不知道什么是累，饿了就在实验室煮点吃的，困了就在车上睡一会儿，看着我们自己的试验成果，大家都感到特别有成就感，这个劳动节很有意义。”

经过一年多的艰苦研究，用于验证固液混合火箭发动机飞行性能的“北航二号”的雏形设计完成了，探空火箭全长 3.42m，箭体直径 0.22m，最大发射质量 110kg，发射仰角 80° 时最大发射高度 8000m，有效载荷质量 15.5kg，项目组所有成员等待着他们亲手研制的火箭能够一飞冲天，去实现年轻的航天人之梦。

“失败并不可怕，失败只说明科研的道路是艰辛曲折的，需要我们以更大的勇气和毅力继续前进！”

2008 年 6 月 6 日清晨，蓄势待发的“北航二号”满载着团队成员的希望矗立在酒泉卫星发射中心的发射架上。7时40分，当“点火！”指令发出后，全体师生屏息凝视，“嘭！”火箭在发射架上爆炸了……沉寂、失望、疑问、自责……发射失败给所有成员沉重的打击。面对这一突如其来的状况，郑志明副校长带领大家把火箭爆炸后的残骸收集起来，之后召集所有团队成员来到会议室，看着大家一言不发地低着头，他走到每一位成员的旁边轻轻拍了拍大家的肩膀，说道，“失败并不可怕，失败只说明科研的道路是艰辛曲折的，在战略上我们要藐视它，但在战术上重视它，让我们以更大的勇气和毅力继续前进。”

团队成员开始分析总结火箭爆炸的原因，大家首先反复观看录像，把发射时录像与发动机地面热试车时的录像进行一帧一帧地对比，发现流量控制阀门已经正常打开，并且在火箭爆炸前瞬间看到了红色的火光，同时发动机推力室头部残骸有火药燃烧后留下的黑色痕迹，这说明点火器已经工作；通过对头部残骸的仔细检查，发现头部连接螺纹处呈喇叭口状，说明它受到的巨大的压力产生了变形，再结合分析贮箱、连接框、输送系统的残骸，在对可能导致爆炸的原因一一进行排除后，大家得出初步结论，火箭是在输送系统正常工作后点火瞬间由于压力峰过高产生了爆炸。

初步找到问题之后，大家要做的是故障归零，这需要对设计参数和先前的试验数据进行审核，利用现有条件开展试验进行故障复现并初步找到问题解决方案。二话没说，所有成员在酒泉卫星发射中心马上进行相关的工作，大家都憋着一股劲，一定要把故障初步原因分析清楚。负责点火技术的史刚同学告诉记者，在这期间正好赶上端午节，却没有一个人休息。

俞南嘉老师原本定在 2008 年 8 月 8 日那天举办婚礼，可是由于这次发射实验的失败，他的计划不得不放弃。他和未婚妻决定将婚期定在“北航二号”发射成功之后。

张国舟老师今年已经是70岁的高龄了，他本来准备看到“北航二号”飞上蓝天之后去美国和女儿团聚，享受天伦之乐。火箭的爆炸让他的行程一推再推。

经历了这次失败，大家对于每个环节的要求更加细致，每次实验数据都要控制在误差范围以内，团队成员相互叮嘱，“这次再不能有一丁点儿马虎，要有准确的数据确保火箭的状态。”通过氧化剂温升试验和推力室爆破试验的结果，分析点火器与氧化剂配合工作时压力峰大小，最终找到了发射失败的故障原因。

实验结果与团队成员对失败原因的初步判断相符，但想要进行再次发射，需要做的工作还有很多，除了对火箭关键部件进行重新设计以外，还要进行更多的验证试验。而此时正好赶上奥运会，北京市内不允许做实验，为了不耽误火箭的研制，航天科工集团六院为学生提供了试验场所，让学生把3个月期间的所有实验临时转战那里。4名成员放弃了在北京观看奥运会的机会，3个月的时间，他们在陌生偏僻的内蒙古呼和浩特郊区艰苦奋斗搭建发动机试车台，每天与牛羊为友、与草原为伴，没有一点儿怨言。吴俊峰回忆当时的情景时说：“当时心里就想着，一定不能让大家的心血白费，一定要让火箭升空。”其实他们也关注着北京奥运会，却只是在每天工作之余打开电视，关注中国健儿的消息。

接下来的几个月时间，整个团队几乎都是在实验室里度过的，跟从前相比，实验室里少了些轻松，增添了紧张严肃的气氛。一次次地试验、一次次地校正、一次次地修改，在第一次设计的基础上，对推力室头部连接部分进行了加强设计，使火箭在保证一定的出架速度的条件下，降低了点火压力峰，另外扩大喷管喉径，降低燃烧室压强，增加安全性。火箭各个部分终于在五个月后全部准备完毕。在所有细节都反复确认、火箭所有部件状态正常的前提下，他们再次踏上发射之旅。“只许成功，不许失败”，和前一次相比，他们更加自信。蔡国飙老师再次把全体成员召集在一起，鼓励大家说道，“我们一定要鼓足干劲，坚定信心，团队每个成员的状态决定着火箭的状态。”

2008年11月26日晚上。“北航二号”的同学们将火箭部分部

“北航二号”探空火箭在发射架上

件和相关物品装车，准备向酒泉出发。27日上午9点，项目组从北京出发；下午2点，到达了这次发射任务的中转站：呼和浩特。在这里，航天科工六院安排了专门的总装车间，这给“北航二号”的试装工作提供了很大方便。在不到一天的时间里，“北航二号”完成了试装、喷漆、分段装箱等准备工作。28日上午10时，“北航二号”项目组出发前往酒泉。经过2000多公里的长途跋涉，项目组于29日晚上8时到达酒泉卫星发射中心！

“北航二号，是你让我们的梦想飞翔！”

在酒泉卫星发射中心，“北航二号”各项准备工作有条不紊地进行着，包括调整、全箭状态检查、试滑、发射演练等相关工作。项目组每天晚上都召开工作会，及时有效地汇总当天的工作情况以及提出新发现的可能存在的问题，大家经常讨论到深夜。就这样，一次次的工作会、评审会；一次次的试验测试与演练；一次次的预想各种可能的问题和提出解决方案……看似并不复杂的准备工作足足进行了5天的时间。

指导老师田辉2007年12月喜得贵子，但是由于一直要指导团队进行实验，无法照顾孩子，妻子只得带着孩子回了湖南老家。2008年12月4日是孩子周岁生日，可这一天田辉老师却正在酒泉卫星发射中心作“北航二号”发射前的最后准备。

“北航二号”固液混合火箭发动机探空火箭顺利回收

12月5日清晨，西部大戈壁还处于沉睡当中，“北航二号”的全体成员已经严阵以待，开始了最后的发射准备工作。发射前10分钟，压力传感器拆除后，马彬老师和袁宇成了最紧张的人，他们必须在3分钟内拧完蒙皮上的26个螺钉，以确保火箭准时发射和发射时的状态。前一天演练时戈壁滩上的温度只有 −6℃，寒风肆虐，手冻僵了，扳手掉到地上，因此这次还专门安排了成员为他们迅速捡扳手，防止意外情况出现。每一个成员都谨记蔡国飙老师说的那句话：“‘北航二号’的状态就看大家的状态了，剩下的工作，所有人都一定要加倍的细心和谨慎……”

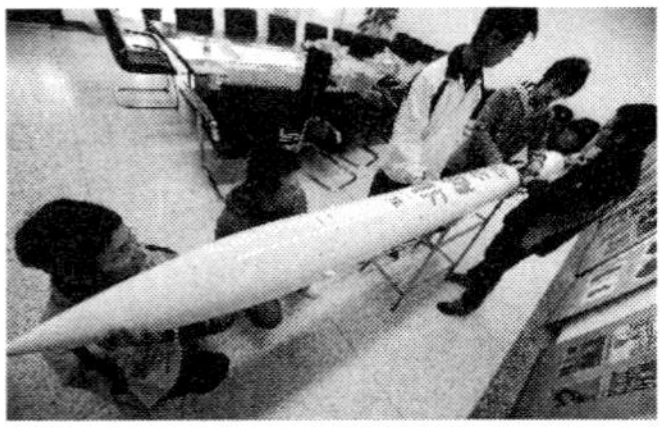

“北航二号”团队成员正在研究成功回收的“北航二号”探空火箭

15时05分，望着“北航二号”探空火箭在天空中画出的完美弧线，发射中心沸腾了！这次真的成功了！笑声、掌声、泪水、拥抱……两年多的艰辛在此时全部被喜悦代替。

看着自己亲手设计的火箭飞向蓝天，团队每一名成员百感交集。两年多来走过的历程，让同学们受益匪浅。负责发动机设计和试验的李茂、邓代英等同学深有感触地说：“以前虽然学过火箭发动机、流体力学、空气动力学的课程，但实际设计制作一个发动机需要掌握大量书本上学不到的工程实践知识和经验。我们发动机组的同学电脑设计图合成完毕以后，在老师和航天六院专家指点下，先后修改了十几次，真正体会到根据理论设计与工程实践的各自特点。”

蔡国飙老师告诉记者，火箭研发是宇航学院航天人才培养新模式的一个有益探索，学生们在本科阶段就全程参与了火箭设计、制作、试验、发射的整个过程，理论与工程实践相结合，是该校航空航天特色和工程技术优势在人才培养上的一个体现。

北航党委常务副书记谭振亚教授在得知“北航二号”固液探空火箭发射成功之后心情非常激动，他告诉记者学校从2005年就开展了大学本科生设计制作探空火箭项目，几年下来，探索了一种通过大型科技制作项目来培养航天优秀人才的模式。“北航一号”和“北航二号”探空火箭研制的全过程都由学生独立完成，包括设计、制造、装配、运输以及发射等过程。这样，通过不同专业学生的合作，培养了学生的专业综合能力；通过理论结合实际，培养了学生的创新能力；通过产学研结合，培养了学生的工程实践能力；同时利用项目的开展，培养了学生团结协作精神。

“北航二号”研发团队荣获国际宇航联大会大奖。图为获奖证书

在回程的汽车上，大家没有了第一次来这里时的新奇感，却增添了对基地的一种崇敬：在祖国大西北的荒漠深处，有着这么一片宝贵的土地，生活着这么一群敬业的航天人；这里没有都市的繁华喧嚣，没有江南的风景情调，有的只是荒漠，有的只是砂石；日复一日，年复一年，中国航天人在这里与戈壁为伴，与日月星辰为伴，与中国航天同呼吸……

“北航二号”研发团队荣获国际宇航联大会大奖。图为学生代表领取奖杯

（原载《北航校报》2009年1月1日第749期）

青春激扬　放飞梦想

——2011 年北航研究生十佳风采

□ 研 文

2010-2011 年度北京航空航天大学“研究生十佳”

编者按：为树立典型，表彰先进，进一步加强研究生学风建设，激发研究生创新意识，鼓励研究生创造更多优秀科研成果，促进研究生全面发展，党委研究生工作部自 2010 年开始，每年开展一次“研究生十佳”的评选活动。“研究生十佳”的评选原则是品德端正，学术突出，工作出色，全面发展。

党委研究生工作部于 2011 年 6 月开展了第二届“研究生十佳”的评选活动。经过学院推荐、研工部初选和现场答辩三个环节，10 名优秀的研究生脱颖而出。在此次评选出的 10 位同学之中，既有获国家科技进步一等奖署名获奖人的高玉建、发表了 9 篇 SCI 论文的孙莉莉，又有热心服务同学的研究生辅导员谭爽；既有从本科到博士一直扎根北航的“土著”殷建丰，又有在国外一流大学联合培养的洪灵菲。相信他们的成才经历和先进事迹，会激励我校研究生奋发进取，潜心科研，全面发展，取得更加辉煌的成绩。

高玉建

高玉建，2002 年进入北航计算机学院，计算机学院 2006 级直博研究生，师从赵沁平教授，现在虚拟现实技术与系统国家重点实验室从事研究、学习。

高玉建于攻读博士学位期间，在虚拟现实技术与系统国家重点实验室参与了实时三维图形平台 BH_GRAPH、北京军区某部数字化战术模拟训练系统、2009年首都国庆阅兵仿真与辅助决策系统、国家863计划项目“多兵种武器平台级分布式虚拟战术综合演练场”、某数字化油田项目中基于浏览器的三维图形绘制引擎以及总装十五所的“三维渲染服务”等十余个重大项目。就读博士研究生期间前往英国剑桥大学进行联合培养学习，开展计算机图形学及人脸表情动画相关研究，主要参与了实验室重点项目 Mind-Reading Project，项目成果在 BBC 电视台报道，并在多个重要国际会议发表。

冯立好

冯立好，2002年考入北航航空科学与工程学院飞行器设计专业，并于2006年7月获得工学学士学位。2006年9月，保送航空科学与工程学院流体力学专业，直接攻读博士学位。

冯立好于2010年1月到2011年1月获得国家建设高水平大学公派留学奖学金，在英国诺丁汉大学从事双方联合申请课题的研究，导师 Kwing-So Choi 教授。攻读博士期间曾获奖励有：空中客车奖学金、优秀研究生奖学金、陆士嘉奖学金、北航十佳学术论文奖（期刊类）。

高丽敏

高丽敏，2005考入北航，2006年转为硕博连读，2007年至2010年作为访问学者在美国特拉华大学机械工程学院及复合材料中心做博士研究工作。

高丽敏的博士论文为《基于碳纳米管的复合材料健康监测》，她在 *Advanced Functional Materials*, *Carbon*, *Composites Science and Technology*, *Philosophy Magazine* 等学术期刊发表论文7篇，国际会议论文6篇。她还是 *Composites Science and Technology*, *Smart Materials and Structures*, *SAMPE* 国际学术刊物的审稿人。并在访问美国期间由于成绩突出获得特拉华大学复合材料中心颁发的 Director’s Award。

谭爽

谭爽，2003年进入北航人文社会科学学院就读本科，2007年作为优秀毕业生保送至北京交通大学攻读硕士，2009年回到北航人文学院继续深造。

硕士阶段作为主要撰稿人参与了导师及校研工部承担的数项课题，并在“慧光杯”学术论坛及院系“惠丰杯”学术论坛中分别荣获二等奖和一等奖。博士两年间，作为主要撰稿人先后参与国家社会科学基金重点课题、联合国 UNDP- 中央编办委托课题、国务院应急办委托课题、工信部委托课题等多项国家及省部级课题，并积极参加各类学术会议；作为第一作者在CSSCI及核心期刊发表学术论文7篇。

现担任北航继续教育学院兼职教师及人文学院博士生班长。

任元

任元，仪器科学与光电工程学院 2008 级博士研究生，主要从事磁悬浮控制力矩陀螺的研究。

任元在硕士阶段发表论文 8 篇，其中 EI 收录 4 篇，SCIE 收录 1 篇。在读博士期间已在国际权威期刊上发表 SCI 论文 4 篇，另在修 3 篇，申请国家发明专利 4 项。同时，他还担任 IEEE 工业电子学协会会员、IEEE 控制系统协会会员、国际著名期刊 *IEEE Transactions on Magnetics* 和 *IEEE Transactions on Industrial Electronics* 审稿人、2011 IEEE 电子学与光电子学国际会议及第二届计算机应用与系统建模国际会议审稿人。

卞宇生

卞宇生，电子信息工程学院 2008 级光学工程专业博士研究生。2008 年北京理工大学光学工程硕士毕业，考取北航博士生，师从郑铮教授。

曾承担国家自然科学基金及 973 项目的研究工作，在表面等离子激元光波导、微纳光子器件及应用等方面取得较为突出的研究成果。现已发表 SCI 论文 5 篇。作为第一作者在光学类国际顶级期刊 *Optics Express* 上发表论文 3 篇，在国际著名期刊 *IEEE Photonics Technology Letters* 发表论文 1 篇，并作为第二学生作者在国际知名杂志*Journal of Optics* 上发表论文1篇。鉴于在光学研究领域突出成果，现受邀担任国际顶级杂志 *Optics Letters* 及 *Applied Optics* 的审稿人。

侯卫国，可靠性与系统工程学院系统工程专业 2009 级博士研究生。

侯卫国 2003 年本科毕业后特招入伍，现服役于第二炮兵西北某部。2007 年考入北航可靠性与系统工程学院攻读硕士研究生，2009 年批准硕博连读，师从张卫方教授。曾参与科研课题 9 项，其中国防 973 项目 2 项，国防技术基础 1 项，撰写国家自然科学基金等项目申请书 4 项，入校以来先后在 *Journal of Aircraft*、*Chinese Journal of Aeronautics*、*Rare Metal Materials and Engineering* 等期刊上已公开发表论文 15 篇，申请国家发明专利 10 项。现担任高年级博士生辅导员、党支部书记。

侯卫国

洪灵菲，2001 年进入北航开始本科学习，于 2005 年 7 月获得信息工程（光电信息工程）专业工学学士和应用数学双学位专业理学学士，并保送直接攻读仪器科学与光电工程学院精密仪器及机械专业博士学位。

2008 年 9 月，洪灵菲以联合培养博士研究生的身份赴美国加州大学戴维斯分校进行了为期两年的学习与交流，主要负责可成型超疏水材料的制备与应用研究，表面微流体和应用于微加工工艺中的自动对准与键合技术是所研究的两个重要应用方向。共发表学术论文 20 余篇，以第一作者发表论文 10 篇，其中 SCI 收录 6 篇（4 篇已发表，2 篇已录用，总影响因子在 20 以上），EI 收录 3 篇，中文核心 1 篇。获得已授权发明专利 7 项，其中第二发明人（导师为第一发明人）2 项。

洪灵菲

孙莉莉，2001 年考入北航材料科学与工程学院，2005 年免试直接攻读材料科学与工程学院博士学位。

曾发表 SCI 期刊论文 13 篇，其中第一作者 6 篇；发表于 *Journal of Materials Chemistry* 杂志的文章被评为 hot article 。获得授权专利

孙莉莉

1 项，曾作为学生第一及第二完成人多次参与航空基金、航空支撑、自然基金和装备预研等国家重大科研项目与课题。现担任 Materials Research Society (MRS) 协会学生会员、Society for the Advancement of Material and Processing Engineering (SAMPE) 协会学生会员。

殷建丰

殷建丰，宇航学院飞行器设计专业 2010 级博士研究生在读。主要研究方向为：航天器动力学与控制、编队飞行、空间碎片、碰撞分析等。

殷建丰曾多次在重要期刊、国际会议上发表论文。本科期间曾获得国家奖学金，第十七届“冯如杯”科技竞赛二等奖（第一作者）。博士在读一年期间，已累计发表录用文章 6 篇，其中在航空学报发表 EI 收录文章 2 篇， AIAA/AAS 顶级国际会议发表文章 4 篇，并多次赴美国宣读论文，另有在审 SCI 期刊论文 1 篇，EI 论文 1 篇。此外，协助导师在编学术著作 1 本，在北航研究生学术论坛投稿 1 次，并做宣讲会 1 次。现担任宇航学院 2010 级研究生辅导员，负责学院 2010 级研究生的日常管理和服务工作。

（原载《北航校报》2011 年 10 月 1 日第 826 期）

插上理想的翅膀腾飞

——记北京市高校“十佳示范班集体”北航仪器科学与光电工程学院381741班

□ 廖 行

编者按：仪器科学与光电工程学院2008级381741班，作为遥感科学与技术专业的首届本科生，曾代表北航参加了首届北京市“我的班级我的家”示范创建活动，成为学校首个荣获“北京市十佳示范班级”荣誉称号的优秀班集体。大学四年里，381741班多次荣获过北京市先进集体、北航先进班集体评选一等奖、北航“优秀实习队”一等奖、标兵团支部、优良学风班、体育先进班、宿舍文明班等荣誉称号。“追求集体卓越”已经成为班级同学们成才发展的共同信念。

北航仪器科学与光电工程学院381741班

草树知春不久归，百般红紫斗芳菲。2012年4月，随着王京同学被报送到北邮信息工程学院攻读硕士研究生，北航2008级遥感专业同学都找到了未来的发展去向。最终，全班26名同学中，共有21人继续在国内外著名大学或研究机构攻读研究生，包括北航、清华、北大、中科院等，其中有9名同学保送研究生，全班升学率达到81%。作为获得了北京市高校“十佳示范班集体”、北京市先进集体、北航先进班集体一等奖等荣誉的班级，在本科的最后一年，381741班再一次交出了令人满意的答卷。

构建学术氛围，促进学风建设

2008年9月，北航成立了遥感科学与技术专业（国家十六个重大科技专项之一的高分辨率对地观测系统的核心部分），并迎来了第一届本科生——来自18个省市的26名优秀而可爱的同学。仪器光电学院源于在钱学森先生的提议下，我国惯性技术的奠基人之一林士谔先生创建的“航空陀螺及惯性导航”专业，及我国著名的测试专家黄俊钦先生创建的“航空仪表与传感器”专业。在学院专业60年的发展历程中，始终以航空航天为特色，瞄准国家和国民经济建设的重大需求，取得了一批重大成果，成为我国惯性导航技术和航空机载测试技术的发源地和人才培养的摇篮，为我国国防科技事业做出了重大贡献。建立遥感技术专业是学院进一步发展的又一重要契机，为此学院上下对遥感专业的发展、对遥感专业的学生都倾注了大量的心血。

2008年5月12日，汶川地震，在道路阻断、情况危急之时，高科技手段得到了应用，遥感卫星为我们提供了清晰照片，让抗震救灾得以有效开展。来自四川的宋瑞同学感触很深：“这次地震使我认识到了遥感技术对救灾的重要性，所以我选择了北航遥感专业，而且一定要学好它。”作为北航遥感科学与技术的第一届本科生，381741班的所有同学怀揣理想，将不断发展北航的遥感专业、振兴中国的遥感科学视为共同愿景，这也是他们坚持不懈、不断前进的强大动力。

381741班同学深知：大学，学为先导，无论在什么时候，对于知识的追求，都应是一个学生恒久不变的信念。学风则是一个班级追求卓越的基石，积极向上、团结互助的学风是班集体探索求知的有力保障。在学院的精心培育与正确引导下，381741班的每一名同学在四年中真正做到了德智体全面发展，“集体追求卓越”、“一个都不能少”成为了班级的共同目标与信念。

381741班倡导以学术氛围建设促进学风建设，几年以来取得了显著成果。学院邀请了多位在该领域学术造诣深厚的专家教授进行专业讲座。在请进来那些名师学者的同时，同学们还走出去参与实践，尽量多地参加学术性会议，拓宽视野，感受氛围。大一下学期，同学们参观了中科院非线性力学实验室、高温气体重点实验室、激光智能制造实验室等多个国家重点实验室，对专业有了进一步了解。大二上学期，全体同学都参与了第三十届亚洲遥感大会，听取了多场代表了专业前沿和专业发展方向的学术报告，并针对自己关心的问题与亚洲各国同学交流讨论，受益匪浅。

在这样的学风影响下，同学们的整体学习成绩在学院一直位居前列，英语四级一次性通过率达到100%，四年里无一人退学、休学、降级试读等，全班共获国家奖学金2人次，国家励志奖学金6人次，北航优秀奖学金一等奖4人次，累计奖金十万余元。刘文涛、高淦等同学多人次荣获校级、市级甚至国家级数学、物理竞赛大奖。381741班连续两年被评为学校优良学风班。

加强社会责任感，勇于担当，铸就成长

为了培养同学们的社会责任感，班级经常组织大家参与公益活动。大一开始，班委便带领26名同学来到松堂关怀医院，组织了“向患病老人送温暖”的活动，班里的每一位同学都体会到作为一个年轻人的社会责任。四年来，同学们共参与社会公益活动多达百余人次。

国庆60周年的阅兵场上，班里大部分同学都随“神舟飞天”方阵一道，昂首阔步地从天安门前走过，展示了北航大学生的风采。训练过程中，大家吃了很多苦，熬过通宵，淋过大雨，但是一直坚持着。他们用实际行动践行了爱国、奉献、友爱、互助、进步的精神。

381741班在一支强而有力的班级干部队伍的积极组织和带领下，全班26名同学团结一心，共同成长，共同进步。在党建工作、班级事务工作等方面，不断取得好成绩。贾迪同学说：“回顾大学四年在北航的学习生活，我们班之所以取得今天的成绩，很大程度上归功于班长汪振同学的付出，他连续三年被全班推选为班长，在工作中亲力亲为、任劳任怨，牺牲了自己很多的休息和娱乐时间，大家都被他的行为所感动，因此都积极参与班级活动，团结一心，共同进步。”

理论联系实际，积极参加科技实践

在学院的关心和支持下，381741班同学积极参与学术交流与科技实践，形成了“研究型学习”的良好班级氛围。同学有想法主动寻找教师，教师有课题积极联系学生，学生与教师间形成了以科技竞赛为平台，以实践创新为依托的良好互动关系。在第21届冯如杯上，

381741 班同学表现抢眼，获得二等奖 2 项，三等奖 6 项的优异成绩，获奖总数占学院的四分之一，位列学院 27 个班级中的第一名，为仪器光电学院在近两届冯如杯竞赛中获得团体总分第 5 和第 2 名做出了重要贡献。

学院为本科同学提供了良好的创新平台和科研环境，积极鼓励同学们参与到科技竞赛和学术活动中来，通过配备指导教师，对同学们的科技创新能力进行培养。381741 班在本科阶段便有很多同学进入学院的重点实验室，参与到教师的课题当中，了解遥感学科前沿研究什么、如何研究，带着问题去上课，明明白白学知识。同时，学院组织了“仪器光电杯”科技竞赛，为本科生和教师之间构建了学术交流与沟通的桥梁，四年期间，共有 12 名老师指导 381741 班同学完成了 28 个科技项目。

本科期间，柳青、牛春跃两位同学获国家大学生创新计划 SRTP 立项并高质量通过结题答辩，李罡等多位同学参与到国际大学生物联网创新创业大赛、微软亚洲俱乐部编程 PK 赛等大型赛事之中，并取得优异成绩。李宇光同学参加了在捷克布拉格举行的 SPIE 年会，应邀向国际同行介绍研究成果，2 篇文章被论文集收录（EI 检索）。宋瑞同学则以第一作者身份发表核心期刊文章 2 篇。

四年来，381741 班组织了一系列卓有成效的实习、实践活动，取得了良好的效果。大二下学期，同学们在班主任赵峰老师的带领下，奔赴河北省香河大气观测站，进行遥感实验。同年暑期，同学们前往遥感科学国家重点实验室的河北怀来遥感综合试验场，参与到正在那里开展的大型星—机—地同步联合遥感观测实验中去。2011 年 7 月 3 日至 23 日，381741 班全体同学在中科院长春光学精密机械与物理研究所进行了为期三周的大三暑期生产实习，获评北航“优秀实习队”一等奖。

一次次的社会实践，使同学们接触到了遥感学科发展的最前沿，奠定了对学科发展前景的信心，这些都成为了同学们刻苦学习、开展创新性工作的源动力。学院赵慧洁书记勉励同学们：“新时期对遥感人才提出了新的要求，同学们在学好遥感知识的同时，应努力提高动手和实践能力，这样才能更好地为祖国的遥感事业贡献青春”。

我与班级共奋进，我的班级我的家

在四年的大学时光中，381741 班连续两年取得了学院田径运动会团体总分第一的好成绩。大一学年，班级开展了体育走廊锻炼活动，同学们在每周一、周三晚 9 点半准时到场参加锻炼，这一活动持续了整个学年。大二学年，班级开展了乒乓球联赛，形成了体育锻炼的长效机制。

组织体育活动的同时，班级也积极开展了丰富多彩的经验交流会、时事辩论会、趣味运动会、寝室联谊、郊游等活动，注重全面发展，提高人文素养，培养高尚的情操。大学期间，班级还组织了多次集体出游活动。同时，结合时事热点，381741 班多次组织主题班会。这些文体活动给每位同学紧张的学习生活增添了一抹亮丽的色彩，不仅加强了班级成员之间的交流，增强了班级凝聚力，而且促进了同学们个人综合素质的提高。班级中形成了你追我赶、互帮互助的良好风气，带动了班级工作的全面发展。正如王京同学所说，“381741 不仅是一串数字，更是我们的家。”在家庭般的氛围下，班集体获得了一系列的荣誉，连续多年被评为北航“优秀团支部”、“宿舍文明班”、“体育先进班”等。

亦师亦友，成长路上一路有你

381741 班的 26 名同学是遥感专业的第一届本科生，平日里他们总是开玩笑说，“我们这 26 人，该载入北航遥感专业的史册。”但其实每个人心里都明白，这个所谓“前辈”的称号，对于学院，对于与同学们亦师亦友的班主任和辅导员而言，更是一份沉甸甸的责任。

班主任赵峰老师作为与同学们同年进入北航的年轻教师，为人热情、有活力，热爱专业、热爱学生。担任班主任以来，他及时关心班内每位同学的思想动态，定期举行班会活动，组织进行和学科相关的科技实践活动，使同学们对自己的专业和未来更有信心，对自己的人生目标更加明确。赵峰老师曾说：“我也是一步步从学生时代走过来的，能将经验、教训及时反馈给大家，希望同学们从中受益、少走弯路，这是我的心愿。”班级郭一庆同学重理论、轻实践，赵峰老师特意与郭一庆谈心。在随后的过程中，他谨遵赵老师的教诲，真正做到了理论与实践的结合，取得了2个冯如杯二等奖的好成绩。在冯如杯竞赛中，一些同学没有深厚的专业知识，因此设想的一些功能无法实现，每当这个时候，赵峰老师便会主动担当起指导老师的重任，耐心辅导，认真讲解，使同学们在科研创新以及专业研究方面有了很大的进步。

在生活中，与同学们年龄差距不大的辅导员佟杰为班上同学提供了很大的帮助。每当有人遇到问题，她总会不厌其烦地与之交流，并及时与家长进行沟通，多管齐下，帮助其走出困境。同学们都称她为知心姐姐。平时，她也总是指导同学们要树立正确的目标，积极参加学科和课外活动，这样花样年华才不会被辜负。

四年来，同学们每当遇到突发情况，都会第一时间想起她，她也总会第一时间赶到。大二上学期，李罡同学半夜突发急性肠胃炎，佟杰辅导员接到电话后，第一时间赶到了北医三院，并及时联系了班主任赵峰老师，一同陪他输液直到天亮。辅导员佟杰经常说："要做学生终生难忘的辅导员"。四年来，就是在这句话的激励下，同学们为了不辜负辅导员佟杰的辛勤付出，认真学习，积极实践，取得了一个又一个的好成绩。仪器科学与光电工程学院房建成院长评价说："我们要多培养出像381741班这样优秀的班集体，更好地帮助同学们插上理想的翅膀，让同学们自信心的火焰越烧越旺、斗志越来越强，让学生离梦想加速靠近！"

"人心齐，泰山移"。正是这样，所有人上下齐心，才有了381741班今天的成绩。6月，将是离别的季节，也是总结过去展望未来的良好契机。回想两年前，2010年6月20日，他们在北京市高校学习型班集体创建示范活动中，从55所高校的56个班级中脱颖而出，获评北京市"十佳示范班集体"的荣誉称号，载誉而归……镜头再次聚焦在26个年轻的面孔上，他们稚气褪去、满怀自信，目光坚定，意气风发，承载着青春与梦想的航船即将起航，与母校——北航一起踏上新的征程。

（原载《北航校报》2012年5月21日第846期）

实战出成绩　拼搏蕴辉煌

——记第十二届“外研社杯”全国英语辩论赛北航获奖团队

□ 韩奕倢　卢越

你相信吗，一位理学院学生的英语水平能与英语专业的同学相媲美，另一位低年级同学能在众多高年级同学里成为佼佼者；你相信吗，这对仅仅磨合了两周就上场比赛的辩手组合获得了全国季军！他们就是理学院大四的刘业伟同学和经济管理学院大一的李蕾同学。在第十二届“外研社杯”全国大学生英语辩论赛上，李蕾和刘业伟经过了与其他队伍的激烈角逐，终于在120支参赛队伍中脱颖而出，为北航带回了一等奖季军的骄人成绩！他们将会在明年作为中国的代表队参加在马来西亚举办的全亚洲辩论赛。

第十二届“外研社杯”全国英语辩论赛获奖团队

小荷尖尖蕴成功　沉稳执着铸佳绩

“外研社杯”全国英语辩论赛是由外语教学与研究出版社主办，剑桥大学出版社和国际辩论教育协会联合主办的一项国内水平最高、影响最大的全国性英语辩论比赛，今年举行第十二届比赛。

英语辩论赛与普通的中文辩论不同的是，每个队伍中只有两名选手，这不仅需要选手们具有扎实的背景知识，清晰的逻辑思维，更考验了每名选手的应变和两人之间的协作。敏锐的头脑，过人的机智，流畅的语言，这些是参加辩论赛选手的必备的素质能力，而英语辩论赛对于选手的要求更加严格。选手们不单单具备这些能力，他们还要有英语式的表达思维，标准的语音语调和流畅的英语口语表达能力。

这样，才能够赢得台下观众钦佩的掌声和评委们的认同。

去年刚刚入学的李蕾在赛前两个月还不知有辩论赛这个事情。在北航赛区海选时只是抱着试试看的心态参加了比赛。而后，她在海选中获得了骄人的成绩，成为北航赛区的第一名并获得最佳辩手称号。随后，她便和刘业伟组合，备战全国总决赛。李蕾成为了这一届辩论赛年龄最小的选手，当我们问道李蕾作为一个新生要与来自全国各地的学长学姐们比赛时的感触，李蕾说自己一直没有介意年龄小这个问题，相反，她更有着一种成熟、稳重的气质，一种敢拼敢赢的勇气和一种初生牛犊不怕虎的霸气。小荷才露尖尖角，成功也蕴含在尖尖小荷中。

作为理工科的学生，同学们可能会忽视英语的学习而把大部分时间用来学习专业知识。而刘业伟在大学期间非常注重英语的学习和英语口语表达能力的训练，他不放过任何展示自己的机会，先后参加了北航本科生语音比赛，“我心中的奥运”主题演讲比赛，“21century”演讲比赛，“外研社杯”英语辩论赛等等。他说：“从实战中磨砺自己，从实战中锻炼自己，从实战中丰富经验。”在这些比赛中，他慢慢地成长，慢慢地使自己的参赛经验丰富起来。刘业伟从刚开始接触英语辩论，到一点一点地成熟和沉稳，从对英语辩论的入门到如今能自由驾驭比赛，与这些宝贵的经历是分不开的。

艰辛压力默默承担　协作诤言助攀顶峰

李蕾第一次参加英语辩论赛便获得了全国季军，刘业伟在他本科生涯即将结束时也如愿以偿取得了佳绩。或许在外人看来，他们这一路也许走得很顺利，其实，这一路走得很艰辛。

在比赛前夕，李蕾每天晚上都要和她的搭档刘业伟进行磨合，以最大程度弥补自己辩论技巧的不成熟和比赛经验的不足。那一段时间李蕾每次都要练习到深夜，高强度的训练让李蕾这个瘦小的女孩儿有些吃不消了。但李蕾是不会为这些困难所屈服的，她就是这样一天天坚持着高效率的训练，她每天上完课要去自习，然后就是训练，所以每天只能睡五六个小时。李蕾就一直这样默默地努力训练，默默地承担着多于其他选手的压力，正是这高强度的训练和对辩论深入的思考才使她很快掌握了辩论的技巧，激发了她的潜能。

李蕾、刘业伟，这一对组合，给人们一种强大的气势。在比赛时，他们的分工明确，每一个环节都是有条不紊地进行着。李蕾有良好的逻辑思维能力，由她来搭建辩论内容的骨架。刘业伟有优秀的语言表达能力，由他往骨架里填充内容，这样，他们每一场精彩的辩论都是“有血有肉”的，内容充实而又不失条理。他们很善于总结比赛，并且发现问题加以改正。合作初期，他们虽然赢得了比赛，但他们发现自己的配合和一些高水平队伍比起来还是有一定的差距的，团队合作的欠缺不会让他们走得很远，于是刘业伟便把之前比赛的辩论题目搜集起来，和他的搭档重新辩论，并把评委给出的每一句评语做了研读，他们仔细研究了其他参赛队伍的辩论特点，总结出了正方和反方的辩论模式，并制定出适合他们的辩论方式，逐步形成了他们自己的辩论风格，使得他们在场上能够得心应手地发挥每个人的长处，为他们一步步走到最后打下了坚实的基础。

在练习时，刘业伟和李蕾都把对方的缺陷和错误很直白地明确指出来，李蕾说：“我是一个很外向爽朗的女孩儿，说话不喜欢转弯抹角，总是很直接地说出要害。刘业伟是大四的学长，我本来认为他不会接受我的意见。但是他虚心听着每一个细节，因为，这些付出都是为了我们这个团队！”在比赛结束之后，刘业伟说：“当时的意见对于我们的成功有很大帮助！”的确，在如此紧迫的时间里，他们能如此直接地指出对方的问题，虚心接受并加以解决，帮助他们一步一步斩破荆棘前行，一步一步攀上顶峰。

（原载《北航校报》2008年10月11日第741期）

莘莘学子践行“学习的幸福”

——北航机械工程及自动化学院同宿舍8名男生齐保研

□ 邓 怡

机械工程及自动化学院同宿舍8名男生齐保研

在2009年北航免试推荐研究生工作中，机械学院2006级一个宿舍的8名男生全部获得了保送资格，一人免试推荐到北京大学前沿交叉学科研究院攻读生物医学工程专业研究生，其余七人均在本校保研。这几年，北航“一宿舍六朵金花全部上研”、“一宿舍七名男生都考上研究生”这样的新闻屡见不鲜。今年，一个宿舍，8名男生，全部保送，这一喜人的成绩再次展示了北航以良好的育人氛围、优良的学风建设为学生创造了“幸福学习”的环境。

“当初报考北航，很重要的原因就是她的学风优良！”

北航从建校初期就以治学严谨、教育质量高著称，已为国家输送了数万名高水平的人才。发射澳星的捆绑式火箭总设计师王德臣、通信卫星和“神舟号”飞船的总设计师戚发轫、科研试飞英雄王昂、国家发明一等奖获得者高歌等都是北航的毕业生；更有一批校友当选中科院和工程院院士。

一直以来，北航在北京的高校中就以“学风优良”著称，“到北航就是来学习的”、“北航学习氛围非常浓，想不努力都不行”……这是在学生当中广为流传的话。

很多学生家长把学生送到北航来，也是因为她有非常良好的学风，每年学校会在毕业生里面进行调查，“你对北航最满意的地方是什么？”超过80%的同学选择最满意的是学风。特别是2000年以来，北航的生源在大多数省份都能够排在全国的前十名，生源非常好。这样多的好学生集中在一起，给学风建设奠定了扎实而良好的基础。大家互相交流，互相学习，互相帮助，对学生整体水平的提升大有裨益。

8名保研学生中有一位来自安徽的学生汪瀚，他的高考成绩十分优秀，填报志愿的选择面很宽，当问他为什么对北航“情有独钟”时，他说：“除了从小对航空航天事业非常向往之外，北航学风好是我选择她的重要原因。来到这里，发现北航真是个学习知识的好地方，同学之间‘比、学、赶、帮’的健康学习氛围和积极的精神状态，让我们觉得每天上课、上自习、争先恐后地占座都是非常开心的事情！”

“良好的学习氛围是学生幸福学习的前提”

北航一直把学风建设作为思想政治教育的重中之重，学校制定了“强化基础、突出实践、重在素质、面向创新”的本科教学培养方针；构建了“核心课程、实验与实践教学、科研实践训练”等三大体系；推行每年一度的“学风建设月”，坚持开展全校范围的“优良学风班”答辩活动；鼓励教师和学生工作干部深入研究学风建设，撰写理论文章，不断深入探索建立学风建设长效机制。

在北航，学风建设被喻为一项“细胞工程”。从学生个体这个“小细胞”来看，从每天自习教室和图书馆座无虚席到课间围着老师孜孜以求，处处体现了北航学生“端正的学习态度、科学的学习方法、良好的学习习惯、勤奋的学习精神”；对于班集体这个“中细胞”，通过“优良学风班”评比、小班内学习经验交流会、主题班会、专题讨论课、英语知识竞赛等丰富多彩的方式，营造了浓厚的学习氛围；对于年级这个“大细胞”，学校针对不同年级制定学风建设量化指标，扎实开展“一对一”帮扶活动，积极树立和大力宣传模范典型；每个院系都有自己的“学星”、“学习标兵”、“学习十佳”的评比活动，学校还为学生举办“北航大讲堂”、前沿讲座等丰富多彩的学习型活动。

8名保研学生的辅导员庄岩介绍说：“学校和学院积极营造良好

的育人环境，着力培养学生们向上的精神状态。这8位同学各有所长，汪翰学习基础扎实，傅有翼文艺体育有特长，熊强综合成绩一直位居年级前两名，安迎和学习最勤奋，赵楠动手能力很强，李楠思维很活跃，吕田文采好，黄龙风趣幽默。他们团结齐心，每个人在自己擅长的方面从不保守，无论是本班的还是外班的同学，他们都会热情地与之探讨，共同进步。在习惯性的学习中他们做到了能够一起面对难题，一起寻求方法，一起享受快乐。”

保研学生吕田说：“从大一开始，宿舍8个人谁先起床就会叫其他人，大家上课经常是坐在一起的。这三年里，我们养成了晚上一起上自习的习惯，很少有谁会在十点之前回宿舍。”

三年下来，这个宿舍的每名学生都多次获得各项奖学金，共获得新生优秀奖学金1人次，学习优秀奖学金7人次，社会工作优秀奖学金3人次，校三好学生5人次，校优秀学生干部3人次，校优秀团员2人次，国家奖学金4人次，国家励志奖学金5人次，曾宪梓奖学金1人次，宝马奖学金1人次，钱江摩托奖学金1人次。

“科技创新和社会实践是学生幸福学习的必备要素”

学生参加科学研究是北航数十年一贯的传统。学校注重对学生全面素质、创新能力的培养，鼓励本科生“进教研室、跟课题、做研究、勇创新”，北航本科生毕业设计（论文）的90%左右、研究生学位论文的100%是结合科研课题进行的。近年来在全国大学生各种学科竞赛中北航学生均名列前茅。具有北航特色的“冯如杯”学生学术科技作品竞赛举办了十九届，已经有数万名学生参赛，千项优秀作品产生，在“挑战杯”全国大学生课外学术科技作品竞赛中，北航是唯一连续获得“优胜杯”的高校，今年还捧得了“挑战杯”。

吕田在谈起大学生科技创新时说：“我们8个人中，赵楠的动手实践能力最强，他带着我们积极参与科技制作，我们还有人进入学院机器人所跟老师和师兄师姐一起做实验、搞发明。特别是参加‘冯如杯’竞赛的那段时光，让我们学习了从失败中一次次爬起的精神，感受到成功的背后那种坚韧不拔的勇气，把这些宝贵的实践经验和精神财富带到专业学习中来，会让我们的学习更有目标、更有动力。”

北航不仅重视学生的科技创新能力，也注重让学生参与社会实践，提出了“三年三类三层次”比较全面科学的社会实践理论。学生在校园里有丰富多彩的社团文化，走出校园可以参加各种社会实践活动。在北航，学生很少有“死读书”的，成绩名列前茅的学生很多都是爱好广泛、全面发展。

8名保研学生中，有2名党员，2名预备党员，4名入党积极分子，他们全部担任过学生干部，吕田连续四年担任班级团支书，他们中有的还是社团成员、文艺骨干，傅有翼同时担任机械学院羽毛球队队长、学院足球队主力、校管弦乐团骨干。在他们的带领下，他们所在的360711班获得了很多荣誉，其中包括北京市优秀班集体和首都高校“先锋杯”团支部。这么多的社会工作，会不会影响他们的学习呢？傅有翼说：“工作、活动和学习之间一定是挤压关系，而不是覆盖关系，社会工作可以督促我提高学习的效率。高质量地完成学业，然后做些有意义的事，生活就充实多了。”安迎和是北京奥运会和残奥会的优秀志愿者，他说：“学习中纲举目张的方法能有效地分类和归纳学过的知识，而社会工作犹如涓涓溪水充实紧张的学习，丰富内心的感动，历练成熟的心态。”

在北航，勤奋学习早已蔚然成风。温家宝总理说：“在北航学习是幸福的！”这句话激励了全体北航师生，“同宿舍8名男生全体保研”的好消息再次为北航人增添了信心和动力。学生们深深懂得“骏马自知前程远，无须扬鞭自奋蹄”的道理，他们将在今后的岁月里继续拼搏、再创佳绩，要为北航添彩、不为青春留白！

（原载《北航校报》2009年11月11日第773期）

少年强则中国强

——北航航模队北美夺冠记

□ 王集旻

北航航模队荣获 SAE
国际航空设计大赛冠军

神九飞天，逐梦太空。当中国依靠自主创新制造的神九飞船驶入茫茫太空时，全世界的目光都聚焦在新一代中国航天人的身上；而在地面上，有这样一群二十岁出头的年轻人，他们用自己的实际行动向世界证明：少年强则中国强，中国“太空长征”的胜利绝非偶然。

这群毛头小伙子来自北京航空航天大学的航模队。在今年 4 月底进行的世界大学生航空设计大赛中，他们经过奋力拼搏，以总分 312 分获得了高级组冠军。谁都没有想到，作为第一支来自中国的代表队，在这样一项堪称航模界“世界杯”的赛事中，北航航模队竟然不鸣则已、一鸣惊人，创造了属于自己的“飞天”神话！

那些年，我们一起造的飞机

“我们用多一点点的辛苦，来交换多一点点的幸福”，歌手孙燕姿在 12 年前这样吟唱道。这两行字，如实地印证了北航航模队当时近乎“疯魔”的备战状态。

去年 11 月，在国家体育总局航空无线电模型运动管理中心和北航的共同努力下，北航航模队确认参赛，而当时距离正式比赛只有短短 5 个月了。时间很紧张，又是第一次参加，没什么经验，大家摸着石头过河，分工合作，尽管最终只能去 8 名队员，但很多航模队的老师和队员都跟着忙活。

这项比赛同以往传统的航模赛事相比有很大不同，参赛选手除了要比常规的飞行技术之外，还要撰写技术论文，并要进行答辩，更不用说飞机要亲自动手设计和制造了。

队员们夜以继日地进行着各自手头上的工作，从飞机设计制造、技术论文写作，到比赛报名、申请签证、食宿交通等后勤保障，几条战线齐头并进，甚至连寒假也不能闲着，队员们在回家过年时还要将自己负责的部件带回家设计，并且年初八就赶回学校，着手进行整机的制造和试飞。

如此严格的自我要求，让团队高效且富有战斗力。2 月 28 日，第一架飞机顺利升空，一个月之后，升级版的第二架飞机也成功起飞！

在那些埋头工作的日子里，熬夜设计成为家常便饭。参与比赛的同学几乎都是大三大四的学生，课程很紧，其中大四的学生还面临毕业设计，加上飞机必须提前一个月发到美国的比赛地点亚特兰大，队员们几乎拿出了所有空闲时间，每天晚上都是在后半夜才能回宿舍休息。

“备战的时候很累，每天就只能睡几个小时，这样说不是抱怨，而是这个比赛的确需要付出巨大努力。最后夺冠的时刻，大家很激动，但回过头想想，这些和我们的付出成正比，”参赛队员、仪器科学与光电工程学院 2008 级本科生张谦淡定地说。

北航航模队参赛飞机外场试飞

成功不是坐等来的，如果成功坐船来，那么你必须先让劳动的汗水淌成一条河流，张谦这样总结自己的收获。

兵马未动，粮草先行

这群人，包括北航博士生、此次赛事的指导老师王耀坤，都没有独立出国的经历。因此除了赛事本身的准备工作，同学们还要为后勤保障的方方面面费心。用王耀坤的话来说，这些环节如果出现问题，有可能造成满盘皆输的结局。

北航航模队成员在 SAE 国际航空设计大赛中沉着应对答辩环节

王耀坤是此次比赛的带队老师之一，对他而言，飞机的打包运输是最令人担心的问题，之前在国内的比赛经常有飞机在运输过程中被损坏的情况发生。根据大家的调研，快递是最安全的方式，但价格昂贵，海运便宜，但时间太长。最终，团队选择了走物流公司的方式，这样做既省“银子”，运输时间上也能接受，可缺点是无法跟踪其行程，以至于出发当天，王耀坤他们也不知道飞机身在何方。

等到大家到达宾馆见到箱子的时候，王耀坤竟然没有勇气亲自去验证飞机的好坏。“我真害怕看到飞机变成一地碎片，让同学们的努力白费啊！”

订车订房更是让这群生活经验不是很多的同学感到闹心。在网上预订海外的宾馆和租车，大家始终觉得不靠谱。“用信用卡在网上交完订金，我的心里很忐忑，都不知道能不能找到宾馆，”王耀坤说。

另一位北航航模队的指导老师、飞行器设计专业副教授万志强说，这些事情看似不起眼，但却在无形中锻炼了同学们的生活自理能力，这些久居象牙塔的学子，不光要学习课本知识，更要在实际生活中锻炼成长。

不鸣则已，一鸣惊人

俗话说，良好的开始，是成功的一半。赛前精心的准备，本应让队员们从容不迫，但真到了比赛的日子，“幺蛾子”却上下飞舞。

张子旭是航空科学与工程学院2009级本科生，也是本次比赛的飞行操控手，飞机性能的展示很大程度上要取决于他的临场发挥。这个发型酷似“超级赛亚人”的男孩，航模从小玩到大，为了这次比赛，他每天要练习数百次飞行，阳光把小张的皮肤晒得黝黑，但他痴迷不悔。经过刻苦的训练，一架算上载重重达50斤的飞机，在他的调教之下总算变得服服帖帖了。

国际航空设计大赛会场展示，北航航模队成为焦点

仿佛老天爷故意作对，飞行比赛当日，共有五次试飞，张子旭的第二飞演砸了，当时由于预留的降落航线不够，飞机的下降速度很快，又无法修正，于是一下子冲到了草地上。小张心情沮丧极了，但队中的成员并没有埋怨他。

“他们假装镇定地跟我说没事，但我知道他们心里一定很着急，”张子旭回忆说。

事后证明，张子旭没有辜负队友的期待，在剩下的两次飞行中，他顶住压力，表现出色，尤其是在决定胜负的第五轮。当时北航队同竞争对手难分伯仲，队伍临时决定加大载重搏一把，结果张子旭这回没有“掉链子”，有惊无险地完成飞行。

在英文答辩环节，又出了一个不大不小的状况。北航队的飞机总设计师颜旭峰负责答辩，但他惊奇地发现，国外每一支队伍竟然都配有一名穿着得体、长相姣好的女生专门负责答辩，由于台下评委是清一色的男性工程师，这一举措似乎可以取得很多印象分。

“当上台的时候，我觉得评委眼睛里的光彩顿时就没了，”颜旭峰开玩笑地说。

笑话归笑话，航模队的答辩分还是很高的，在所有 75 支参赛队中名列第四。

“他们是未来的希望！”

这样的好成绩让北航和航电模中心都始料未及。

“我们其实在 2004 年的时候就想去参加这个比赛，但一直没敢去，怕自己实力不够，这次去参加比赛也并没有想到夺冠，毕竟是世界级的知名比赛，”航电模中心模型部主任王雷坦诚地说。

“中国的航模队有些谦虚过头了，北航队这个冠军的科技含量非常高，这个冠军说明中国学生的自主创新能力、动手能力和团队协作能力都能在世界范围内占有一席之地，它让我们看到了中国航模发展的新希望，也一定会引领更多的孩子走上这条创新之路，最终将对整个国家的航天科技事业做出贡献，”王雷说。

（原载新华网 2012 年 6 月 19 日）

北航航模队荣获 SAE 国际航空设计大赛高级组冠军。图为获奖作品、奖杯及证书

辉煌六十载　学子展风采

——记“新中国成立60周年成就展”北航研究生讲解员志愿者

□ 王 健

北航研究生讲解员志愿者团队

“辉煌60年——中华人民共和国成立60周年成就展”集中展现了新中国建国60周年以来在政治、经济、文化等方面取得的辉煌成就。在“辉煌60年”成就展上，活跃着来自我校14个院系的44名研究生，包括10名博士研究生和34名硕士研究生。他们以深厚的专业底蕴，温文尔雅的气质，征服了观众，成为此次成就展中一道靓丽的风景线。

“光荣的使命，我们时刻都在准备着！”

六月，绿树成荫。工业和信息化部办公厅将选拔参加“辉煌60年——中华人民共和国成立60周年成就展”工业和信息化展区讲解员这个神圣而艰巨的任务交给我校，我校各级党政领导对这项工作高度重视，积极配合，各部门之间密切沟通，协同合作，着手准备志愿者的选拔准备工作。研究生管理处、团委在全校范围内进行了深入广泛地宣传，各院（系）研究生积极响应，踊跃报名。经过两轮激烈的面试选拔，最后有44名同学脱颖而出，有机会代表北航承担此次光荣的讲解任务。

八月，骄阳似火。讲解员的带队老师顶着难耐的酷暑，奔波于工业和信息化部、国防科工局和学校之间，在两天时间内，老师和在校的讲解员同学通宵达旦，与时间赛跑。搜集整理好了所有人的证件信息，并办好了所有人的政审程序。配合工业和信息化部相关领导联络参展事宜。尚未过完暑假的同学们纷纷提前返校，积极着手准备讲解工作。出征的前一日，8月31日，副校长魏志敏谆谆教诲，希望讲解员们把北航人的气质在所有参观展览的各界民众前展现出来。

九月，秋风习习。9月1日上午，研究生讲解员们集中进行了第一次专业培训。首先以专家讲座的形式向同学们介绍了中国工业化和信息化60年的发展历程和现状，帮助同学们对此次展览无论是在深度和广度上都有了一个全新的了解。接下来，在解放军总参某部张馆长的指导下，同学们又集中学习了吐字发音，体态仪表等基础讲解知识和技巧。同学们努力学习，取得了很大进步，达到了预期目标，为日后的讲解工作打下了坚实的基础。经过两天的朝夕相处，同学们由陌生到熟悉，并在最后的互动环节中，迸发出友谊的火花并且展现了当代研究生蓬勃朝气的精神风貌。

“艰巨的任务，我们克服困难努力完成！”

9月15日，44名讲解员和2名带队老师告别学校，进驻北京邮电会议中心，开始了讲解前为期两天的封闭集训。从14日接过厚厚的一本讲解词，到16日晚第一次专场讲解，其间只有短短两天的时间。要在如此短的时间里背下这些生硬的讲解词已经是一件困难的事情，更何况还要以讲解员的标准把纸上的文字变为生动的语言。时间紧、任务重、标准高，难度可想而知。但作为北航人，研究生同学们没有向困难低头，而是化压力为动力，发扬航天精神，迎接挑战，顽强拼搏，抓紧一切时间努力背诵、练习。走廊里、花园里处处可以见到同学背诵、讲解的背影。在不懈的努力下，同学们迅速消化和掌握讲解工作中所需要的各种知识和技巧，取得了飞跃式的进步，表现了极高的政治素养和学习能力，在16日当晚，出色完成了为李长春同志的专场讲解任务，得到了各级领导的肯定。

第一次专场讲解的圆满成功让同学们很受鼓舞，情绪高涨，在之后的讲解中，大家更是驾轻就熟，如鱼得水，充分发挥自身高学历、高素质的优势，完成了为胡锦涛、江泽民等党和国家领导人以及参加十七届四中全会的中央委员和候补委员的参观讲解任务，完成了外事

北航研究生讲解员志愿者为来宾讲解

专场、老同志专场、国庆观礼团专场等专项讲解任务。在众多展区的解说员中脱颖而出，得到了中央首长以及各级领导的肯定和表扬。

9月20日，“辉煌60年——中华人民共和国成立60周年成就展”正式对公众开放，同学们第一次齐聚在北京展览馆，花团锦簇，人山人海，同学们斗志昂扬，精神抖擞，迫不及待地走上自己的工作岗位，以饱满的热情和亲切的笑容为数以万计的普通观众进行了精彩、专业的讲解，并且耐心细致地回答每一个观众的每一个问题，展现了北航学子深厚的专业背景，获得广泛好评。

在这一个月的时间里，同学们每天的工作看似是枯燥无聊的。但实际上每天都有不同的收获和乐趣。在一次次看似重复的讲解中，同学们不断充实着背景知识，从最开始的小心翼翼、生怕出错，到后来的生动讲解、灵活自如；从最开始对展品的一知半解，到后来对所负责展台的如数家珍；从最开始仅仅了解本专业的相关知识，到后来跨专业知识的熟练应用，大家每天都在不停地进步。

在一次次看似重复的讲解中，同学们不断积累着彼此的友谊。工作时间，同学们团结友爱、互帮互让；休息时间，同学们相互学习，放声欢笑，不仅仅迸发出美丽的友谊之花，还充分展现了当代研究生乐于奉献、积极向上的精神风貌。

据不完全统计，展览期间，日均观众超过3万人，加上正式展览之前的专场接待任务，我校讲解员志愿者累计接待社会各界民众近百万人次。展览期间，我校讲解员队伍作为展场非专业、高学历的讲解员团队，成为了场馆内的一道亮丽的风景，不仅吸引了大量的普通观众，也吸引了新华社、中央电视台、《北京日报》、《经济观察报》以及新浪网、搜狐网等众多主流新闻媒体的关注与报道，在社会上引起积极反响，广受好评。

“我们将把志愿服务精神继续发扬！”

整个活动期间，学校各级党政领导始终高度重视此次活动的进行情况，并且一直牵挂着参加此次活动同学的工作、生活和学习，为参展的研究生志愿者们提供了有力的支持。9月29日上午，魏志敏副校长在研究生管理处和团委负责人的陪同下，冒雨前往北京展览馆慰问了承担“辉煌60年”成就展工业和信息化展区讲解工作的研究生同学和带队老师，充分肯定了我校讲解员的工作，并表示各位讲解员充分展现了当代高学历人才的素质修养以及“尚德务实，求真拓新”的北航精神，学校将继续配合工业和信息化部做好讲解员的后勤保障工作，圆满完成国庆讲解任务。临别时，魏志敏副校长再次叮嘱大家发扬北航学子优良传统，不辱使命，为新中国60华诞献礼。

10月23日下午，我校召开国庆60周年成就展研究生讲解志愿者工作总结会。工信部领导和校领导对此次活动的圆满成功表示祝贺和感谢，高度赞扬了44位讲解员同学和带队老师在此次成就展中杰出的工作和贡献，并希望各位同学将参与讲解活动的志愿服务热情和精神积极传播，继续发扬，带动周边的其他研究生同学，共同感受新中国成立60年来翻天覆地的变化和各领域建设的伟大成就，共同努力为祖国今后更加辉煌的明天贡献力量。

（原载《北航校报》2009年11月11日第773期）

用微笑和奉献诠释青春的华美

——记北京奥运会、残奥会北航志愿者

□ 陈 敏 周树波

北京奥运会、残奥会北航志愿者团队

“也许很多年过去后，我们会遗忘很多事，但是我坚信有一些记忆将永远被我们铭记，就像这个夏天。这个暑假里我学会了承担与付出，学会了责任与信念，学会了容忍与追求，学会了微笑与奉献。或许我的整个青春将因为这个夏天的经历而走向新的轨迹！”2008年9月20日晚，值完首都机场最后一班岗回到宿舍的骆寰宇完成了他“志愿者日记”的最后一篇后，合上了那厚厚的日记本，闭上眼开始回想这70多天志愿者生活中的汗水和欢笑。就在当晚19点，北京奥运会、残奥会所有志愿者工作正式结束。从7月1日到9月20日，北航5000多名志愿者始终活跃在首都机场、场馆、“蓝立方”、地铁口、北航校园等各个岗位上，用微笑和服务为奥运会做着自己的贡献，也为自己的青春涂写着浓墨重彩。

青春的期盼：让奥运梦想飞扬

百年奥运，梦圆北京，对几乎所有的志愿者而言，为奥运会服务都是自己心中向往已久的事情。

来自北京的城市志愿者张玉英告诉我们：“小学六年级的时候，北京申办奥运，那时北京的奥运氛围就已经十分浓烈，我也是从那个时候决定做一名志愿者的。”童年的梦想与奥运有关，有多少志愿者的梦想同奥运一起成长。

“当初报考北航的部分原因就是北航有奥运场馆，可以当奥运志愿者。”作为北航场馆交通口志愿者的吕海波这样说。

因为梦想的存在，奥运会志愿者开始招募的时候，同学们踊跃地递交了自己的报名表。笔试、面试、培训、测试赛，一步一步地，大家慢慢走近着自己的奥运梦。

“7 月 8 日上午，我们第一次身穿蓝色的奥运会志愿者服装走进 T3 航站楼里，当时的航站楼对我们而言还是那么陌生，想起来有一种很恍惚的感觉，好像突然之间，梦想就在眼前实现了。”机场注册口志愿者李琬玢现在还能回忆起初次接触自己岗位的感受。

就这样，7 月 1 号开始北航城市志愿者正式穿上制服走进志愿者工作站，7 月 8 号，首都机场各个业务口志愿者正式进入岗位开始上岗，7 月 15 日，举重场馆志愿者正式开始培训上岗……怀揣着对志愿者工作的热情，怀揣着服务奥运的梦想，怀揣着锻炼自己的信念，怀揣着克服困难的决心，各个岗位的志愿者开始了自己正式服务奥运会的历程，而这段历程，注定将永远铭记在自己生命之中。

青春的执着：让汗水融化成满脸笑容

对于始终处在奥运会前线的志愿者来说，奥运会不仅仅是一场盛宴，更是一份责任。

“虽然准备了许多，但真正走进场馆内服务，我们的心里还是打着小鼓。换句话说，对以后可能发生的情况，我们心里还是没底，当然这不是因为我们的专业水平不过关，更多的是我们感受到了作为志愿者，我们身上所承载的那份责任。”当谈到奥运志愿服务的开始时，礼宾服务志愿者李儒雅这样说。

作为一名礼宾志愿者，李儒雅和她的同事们每天除了要迎接几十乃至上百位的贵宾以外，还负责着场馆内外上百面国旗会旗的升降、调换，同时在比赛日，他们还要协助颁奖典礼业务口的工作，“工作真的很累，从每天早上六七点到晚上十点，我们基本上都处于工作状态。”

北京奥运会、残奥会北航志愿者微笑服务

的确，为了让自己的客户群满意，他们默默地奉献了许多。

奥运第一天，作为首枚金牌候选地的北航，迎来了超出预计之外的贵宾和记者，由于贵宾坐席没有编号，因此在一开始时，贵宾坐席的分配产生了一点小问题，而且由于贵宾数量众多，有些记者还尝试着从其他看台进入贵宾席，因此形势不是很乐观。面对这种情况，团队很快作出了调整，通过加派志愿者增加临时的岗位，加强与贵宾、记者之间的沟通，志愿者们很快掌控了局势，周到细致的服务向来自五湖四海的国际友人们交出了一份优秀的成绩单。

“虽然很累，但依然很开心，这是我们国家第一次主办奥运会，每天当我们亲手升起鲜艳的五星红旗时，我们都为奥运会能在祖国进行而感到由衷的自豪，同时我们也为自己能够成为奥运大家庭中的一员而感到万分开心。”虽然对那种“忙到要崩溃”的生活“心有余悸”，但话里话外，李儒雅依然透露出了那一份眷恋。

70 多天的志愿者生活中，北航学子尽己所能，为奥运、为祖国挥洒着青春的汗水。很多人在自己的岗位上一站就是四五个小时，尽管双腿都麻木了，他们却始终保持着微笑，很多人通宵坚守在自己的岗位上，两眼发肿却不知疲倦。志愿者的工作不是想象中的那么轻松，或者说，志愿者的工作很苦很累，但是大家却从来不曾抱怨。

北航体育馆交通志愿者吕海波每天的任务是协调车位，疏导交通，奥运第一天，为了能在最短时间内让车子停入指定位置，他的脖子上挂了八台手台……而且那一天他们完全没有换岗。

孙晋是奥运会北航场馆物流志愿者，她的任务是协助主管联系、采购、接运场馆内所需的物资，身处一个完全幕后性质的岗位，在奥运期间，国际举联副主席是她接触的唯一一个赛会相关人员，而这也是由于一次阴差阳错她被派遣去当这位举联副主席的临时翻译。

作为一名安检协查志愿者，王同雨的任务主要是协助安检志愿者对观众及工作人员进行安检以及检票，在奥运期间，他以及他的同事没有一次进入场馆，每次休息就在安检大棚。

作为首都机场 T2 航站楼迎送业务口的组长，张江伟在整个奥运会过程中每个夜晚都没有好好休息过，“有时候要给其他业务口的同学安排休息的地方，有时候会临时有航班，有时候得按时叫大家起来去站岗，所以自己就没法好好睡觉了。”

为了考研，魏博没有报赛会志愿者，但为了能为奥运贡献自己的一份力量，他毫不犹豫参加了北航平安奥运行动，成了一位平安奥运志愿者，协助学校维持学校秩序，而以此为代价，他也度过了一个最繁忙的暑假。

如此种种，每个志愿者都有着属于自己的故事，有着属于自己的艰辛，可是这种种艰辛之后的快乐和感动也同样只有志愿者们自己才有着最深切的体会！

或许在很多人眼里，隶属于观众服务业务口的坐席服务志愿者业务口是一份划算的工作，只需要在开赛前后迎送一下观众，其他时间可以自由安排，甚至还可以看比赛。其实不是这样的，在很多的表象后面，掩藏着不少鲜为人知的故事。

志愿者赵珍永远忘不了在奥运举重比赛结束的那一天发生的一件事，“那天，比赛结束了，观众渐渐地离场了，忽然，一位老人走向了我，他拍着我的肩膀说，‘好样的，志愿者，谢谢你们啊！’或许老人的话引起了大家的共鸣，随后走过我跟前的人都向我说了谢谢。”

北航奥运志愿者将“微笑圈”送伊拉克大使

那天的赵珍是在无比感动中结束工作的，据她的统计，那天的离场，她收获了 39 个谢谢，“那天太让我感动了，当那么多的感谢抛向我时，我一直在想，不管以前有过多少的委屈与不快，就凭这些感谢，值了！”她的话也一样令人感动。

同样令人感动的事例还有很多很多……“我们的工作可以说是“马不停蹄”，有时候一天要激活了一百多张身份卡。虽然忙碌，甚至一遍又一遍重复着同样的工作，但是我感觉自己是快乐的。我们有时也会有惊喜，还记得那次世界游泳天才菲尔普斯站在眼前，网球名将纳达尔对面经过……我们经常这样同体坛诸多明星邂逅，这是令很多人羡慕的经历。记得在看开幕式时，看到各国代表团入场时，目光一刻不眨地盯着屏幕并不住地向身边的朋友激动地说着哪个运动员的身份卡是自己亲手激活的，那一刻，可以感受到前所未有的幸福。”机场注册口的李琬玢这样描述她的快乐。

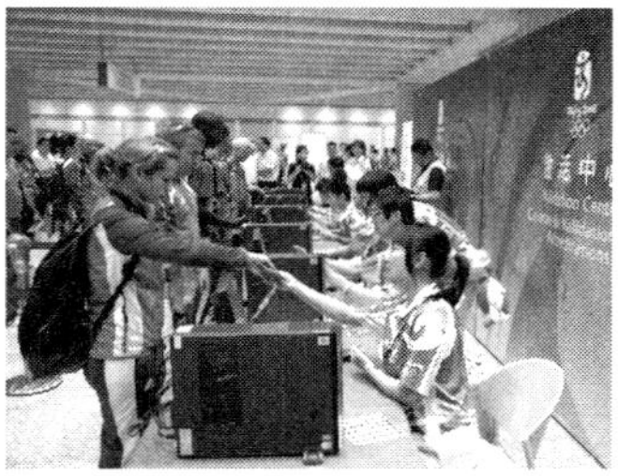

北京奥运会、残奥会北航志愿者为运动员激活身份卡

而机场迎送口的骆寰宇印象最深刻的是一次有一个美国媒体团因为飞机晚点，凌晨两点多才下飞机，于是他们十余个志愿者一起在登机口等待着客人的到来，最后用微笑和祝福打动了本来因为晚点而心情糟糕的客人。而他们也用生疏的中文不断地回应着说“谢谢”。“其实客人的认可是对我们最大的鼓励，也是我们最大的幸福。”骆寰宇的话代表着所有志愿者最朴实的心声。

对于大多数志愿者而言，最大的幸福可能仅仅就是听到一句“谢谢”。

或许在这场奥运会之前，他们还是任性稚嫩的青年人，在这场奥运的洗礼中，他们学会了去承受辛苦，去体会快乐，去执着地追求自己的梦想，执着地承担自己的责任。这一次苦乐相伴的志愿者的经历，带给了他们很多很多……

青春的蜕变：在奥运中成长的“80后”一代

谈及奥运经历，哪一个奥运志愿者都能够滔滔不绝地讲上一讲。一场奥运，让这些“80后”的大学生们经历了太多，也收获了太多。

似乎这是一场成长的蜕变。责任，成为了每天工作的关键词。微笑，本就是最可爱的表情，而青春交给志愿者们的使命，让他们的微笑中添了一抹坚定与责任的颜色。

一位作为闭幕式舞蹈演员的志愿者曾对记者说，“这段日子是我成长以来经历的最辛苦的一段日子，也许以后都再不会有相似的经历了。当在太阳的曝晒下流汗排练的时候，当坐在地上盒饭还没吃完却又要赶场的时候，我希望这样的时间赶快过去。现在，它们已经真的过去了。然而再次回首，我却有太多太多的美好回忆值得纪念，连当时半夜在鸟巢候场时只能躺在地上睡觉的日子都变得弥足珍贵了。它让我变得坚强，现在纵然在生活、学习中遇到再大的艰辛，只要想想那时的磨炼，就可以鼓励自己坚持下去，再大的困难都可以克服。”

而作为首都机场的志愿者，丁志超告诉我们，“我们每天面对的都是全世界各个国家和地区的人们，对他们而言，我们代表的就是整个国家的形象，我们的素质展示着整个国家的素质，所以从走进航站楼的第一天我们就学会了忘掉自己，我们是作为国家的形象在这里服务。这些天让我更多地了解了自己的祖国，也更加深刻理解了爱国的真谛。”

成长，当然并不只在意志的锻炼上，志愿者这份可以参与社会的工作让大学生们走出校门，提前了解了社会工作的状态。

一位在举重馆内颁奖仪式业务口工作的志愿者向笔者讲述了她工作中的一位重要楷模，“我们的经理是一位有着多年社会工作经验的人，跟他一起工作，为人处世的道理都可以学到很多。经理待人很和蔼，对身边的每个人都考虑周到。从不生气，让每个跟他合作的人都觉得轻松。而我们这一代人，却容易急躁，很难公正地看待别人，正需要培养这种大度之气。经理做什么事都有条不紊，这是因为他总是提前做好相应的准备，从而任何情况都能指挥若定，颇有大将之风。有时，经理还会教我们一些专业的摄影知识，教我们怎样写工作总结，教我们多积累经验进入社会之后才能做得更好。”

举重馆礼宾业务口的李儒雅说，“为了这次奥运会，我们都付出了很多，从初中开始，我就一直关注着、追逐着奥运，现在凭着我自己的努力，我终于实现了自己的梦想，这次奥运会给我的最大收获就是让我明白了经过足够的努力，梦想是可以实现的，这次奥运肯定会大大地提升我的自信心。”

在记者采访的过程中，也渐渐体会到，志愿者的工作过程也不全是一帆风顺，会有自己的烦恼与委屈。一位做志愿者时正值大一的女孩说，经过了一个暑假的工作她变成熟了。“有时很努力却还是会受到批评，心里十分委屈。可是既然选择了志愿者，就要咽下苦水换上笑容。要告诉自己，整装之后再以崭新的面貌出发。每个人心中都有一杆秤，只有真正做好，才能获得认可。即使遇到波折，也绝不自怨自艾。”

友谊，是北航志愿者们都体验到的共同收获。对此，不管身在什么岗位，志愿者们用不同的声音道出了共同的心声。

一名残奥会时才加入志愿者团队的学生说，“刚见到一起工作的几名同事时，他们互相已经很熟悉了。而我觉得自己是在他们之外

北京奥运会、残奥会北航志愿者工作中

的。然而没有想到几天之后，我们成为要好的朋友。他们热情开朗，工作时有用不完的精神，好像浑身都闪着青春的光芒。我们一起解决问题，一起互相支持，一起快乐工作，一起经受历练，一起收获成长。这一路走来，大家始终并肩前进。即使告别了奥运会，也会在校园碰到时露出最真诚的笑脸，让洋溢的热情化作一声：‘最近好吗？’”

共同经历了人生重要的过程，才会培养出长久坚定的友谊。奥运，让更多的有志大学生聚到了一起，从此成为伙伴。

如此“鸟巢一代”，如此“80后”，足以有勇气有毅力有能力去面对未来的种种挑战，足以让我们看到祖国未来的希望。

青春的信念：让奥运精神长存

时光流转，转眼之间奥运会已经结束两个多月了，当时北京街道上随处可见的蓝色志愿者服装似乎都渐渐消失了踪迹，可是，当时身穿它们的志愿者并没有消失，他们依旧活动在志愿活动的各个角落。

举重场馆志愿者张顺家正在精心准备一份ppt，“这上面主要是我们做志愿者工作时的一些照片和体会，这是用来给没有直接接触奥运，接触志愿者的大一学弟学妹们做宣讲的，我们系很多人都准备去讲，大家都希望把自己在做志愿者时的收获传递给更多的人。”

刚刚成为宇航学院志愿者工作部副部长的常珩正在策划着给学院安排一些新的志愿活动，“虽然奥运会结束了，但是中国的志愿者事业还有很长的道路要走，志愿者不仅仅是服务在奥运会中，更要服务在生活的各个角落，我只是希望能够提供更多的机会让同学们去接触志愿者这项工作，去感受奉献的快乐。”

首都机场媒体口志愿者韩景峰在自己的总结中写道：

“把奥运精神深刻化和普遍化是每个志愿者必须要有的素质和必须要做的事。志愿精神不仅仅是当上奥运会志愿者，有时候给别人一句安慰的话、一个鼓励的眼神，你就是他人生中的志愿者。”

同样的思考同样的行动还有很多很多，奥运会是结束了，可是没有人把它当做自己志愿者生涯的结束，大家渐渐把微笑当成了一种

北京奥运会、残奥会北航志愿者团队与残奥会举重代表团合影

习惯，把奉献当成了一种必然，而事实上，自己的生活也因为这些习惯而变得不一样。

“现在似乎总在不经意间就微笑起来，生活似乎也变得更加美好了，我结识了更多的朋友，也获得了更大的学习上的动力，尤其是英语的，在志愿者工作中我更明确地感受到了英语的重要性。”机场注册口志愿者李琬玢微笑着告诉记者。

“志愿者的经历告诉了我们身上肩负的重大责任，以前一直觉得浑浑噩噩的我现在也找到了学习和生活的动力。”举重场馆志愿者马维忠说。

是的，奥运会结束了，可是志愿工作还有很多很多，年轻的“80后”今后的路还有很长很长，但我们相信，奥运会的洗礼后，年轻的他们拥有了足够的信念和能力去走好今后的人生，我们也相信，微笑必将在他们脸上永远地存在下去，甘于奉献的志愿精神必将在志愿者和更多的人心中长存下去。

（原载《北航校报》2008年11月1日第743期）

图书在版编目（CIP）数据

群星的足迹 ： 创新育人中的北航 / 北航文化与艺术传播研究院编． -- 北京 ： 北京航空航天大学出版社，2012.8
ISBN 978-7-5124-0911-8

Ⅰ．①群… Ⅱ．①北… Ⅲ．①北京航空航天大学－优秀教师－生平事迹②北京航空航天大学－模范学生－生平事迹 Ⅳ．①K825.46

中国版本图书馆 CIP 数据核字（2012）第 182883 号

群星的足迹——创新育人中的北航
北航文化与艺术传播研究院　编
责任编辑　张德生　刘晓明
*
北京航空航天大学出版社出版发行
北京市海淀区学院路 37 号（邮编 100191）　http：//www.buaapress.com.cn
发行部电话：(010)82317024　传真：(010)82328026
读者信箱：bhpress@263.net　邮购电话：（010）82316936
涿州市新华印刷有限公司印装　各地书店经销
*
开本：787×1092　1/16　印张：20　字数：436 千字
2012 年 8 月第 1 版　2012 年 8 月第 1 次印刷　印数：3000 册
ISBN 978-7-5124-0911-8　定价：45.00 元